佛教中陰身思想

之源流與發展

釋常延 著

感恩序言

　　年近半百，還能重返學校讀書，如無特殊因緣的促成，是不可能的事，當此論文完稿之際，內心除了感恩還是感恩。首先最要感謝的是指導教授藍吉富先生，由於先生的鼓勵，才有到佛光讀書的因緣。在撰寫論文期間，從確定題目、規畫大綱，到資料運用、論證推理，甚至遣辭用字，先生總是在最關鍵的地方，給予最即時的提醒和指正，不但使這篇論文得以順利完成，同時也提昇了我的學術研究能力，這樣的恩情，永誌不忘！

　　在學期間，受益最多的是洪漢鼎教授的「詮釋學」課程，由於洪師高明的教學技巧，使我得以在佛學之外，學習到觀察人類在理解時受到前見制約的真相。而洪師所教導的「哲學詮釋學」理論，正是我在處理關於有無「中有」的論諍問題時，最重要的思辨依據。透過哲學詮釋學家的洞見，面對佛教「中有」思想的論諍與變遷時，似乎多了一分直達問題核心的透視能力，不至於停滯在論諍表面，而人云亦云。這種洞然明白的喜悅，又豈是筆墨所能形容？對於洪教授，乃至詮釋學史上的專家學者們，謹致上最誠摯的敬意！

　　對十多年來只靠每個月二萬多元薪水維持生活的筆者而言，本無多餘的錢可以再進修，但在考取研究所時，卻意外得到一筆二十萬元的獎學金，剛好足夠付四個學期的學費，這筆錢讓我完全沒有後顧之憂地在進修之路上勇往直前。可惜的是，直到今

天，我還不知道捐贈者是誰，只能在此致上最誠摯的謝意！三年來，雖然因為有眾多善緣的協助，所以並未動用到這筆錢，但它卻像「無盡藏」一般，鼓勵著我繼續為法前進，不容許我生起任何退縮的念頭。但願這筆善款，能成就無量善法因緣，以回報捐贈者，乃至一切眾生！

就學期間，在各方面都得到許多人的幫助，例如胡文姬免費提供住處、郭寒菁提供電腦設備、藍忠仁和鍾碧銀夫婦細心的醫療照護，而林素珠夫婦和法鼓山宜蘭共修處的師兄、師姊們就像觀世音菩薩一樣，總是有求必應。如果沒有他們，我一定無法順利完成學業。撰寫論文的過程中，周柔含在日本幫我影印期刊論文、高澍玉幫忙翻譯日文資料、果徹法師幫忙解決梵文的讀音問題。這篇論文，可說是許多人合力完成的，並非一個人的成就。

最後還要特別感謝二個人，一個是從高中以來，一直提供經費給我讀書的二姊，她就像母親一樣，始終無怨無悔地照顧我。另一個是相識三十年的老朋友趙碧華，她總是給我許多方面的支持，並且提供最新的現代資訊，使我不至於隔絕在時代的脈動之外。正因為有她們二個人的長期護持，我才能心無旁騖地將全部心力用在佛學的研究上面。

有恩於我的人實在太多，不及備載，但願將一切善業功德，迴向給所有曾經幫助過我的人，以及法界一切眾生！

林孟穎

二〇〇五年七月

謹誌於佛光宗教學系

推薦序

　　印度佛教在佛陀辭世之後，教團內部曾有若干思想諍論，像引起「十事非法」事件的「出家眾可否受蓄金錢」的問題，「阿羅漢果是否會退轉」的問題，以及「中有之存在與否」的問題，都是後世信徒與研究者所常加論述的。

　　依據《異部宗輪論》的記載，當時教界諍論的問題是相當多，而且大小不一的。後代佛教徒對這些問題並不一定全然在意。不過，其中有若干論述則延續迄今，仍然為佛教徒所矚目，像前文所指出的三事即是如此。南傳佛教徒仍然秉持不蓄金銀戒，並且否定阿羅漢會退失果位，也不認為人死後會有中有。與此相反的是，漢傳佛教徒已不持守不蓄金銀戒，藏傳佛教徒則主張人死後有中有，因而更形成「中陰救度法」的法門。至於對阿羅漢是否有退，則並不在意。因為北方的漢傳與藏傳，信仰的是大乘菩薩道，對於「阿羅漢果位是否會退失」一事並不關心。

　　這種南北傳佛教的現代信仰態度，告訴我們的是：現代世界各地的佛教徒，他們的信仰基準並不全然相同。

　　同樣是信仰佛教，但所信仰的內容卻南北有別，而且相互衝突，這種現象是會讓局外人大惑不解的。如果仔細地追索下去，往往會發現問題並不簡單，會發覺其中是有複雜的歷史因緣的。後世佛教徒對中有概念的取捨，便是一個顯著的事例。藏傳佛教徒相信中陰救度法，但是南傳佛教徒卻否定中陰身的存在。造成這樣南北信仰互異的原因，原本就是歷史上的複雜因緣所致。

　　常延法師這部專著，就是對歷史上之中有問題的深入探討，也是對中有概念在佛教史上之複雜發展所作的解析。全書大體呈現出下列幾項成果（參見本書第五章結論）：

　　（一）對古代佛學界中有問題的相關諍論，做一疏解。並認為這一諍論的產生，與各部派所建構之輪迴理論有關。因此，部派之所以有不同的中有理論，其實肇源於對各自宗義的維護。

　　（二）中有思想在佛教經論中，存有種種異說，並非全然一致。

　　（三）對中有的概念內涵做一釐清。（這一點最有助於讀者去理解中有的內涵與特質）

　　（四）展示中有思想在各個佛教體系中的發展概況。

　　由於具備這些內容，因此，讀者在閱讀過本書之後，對於中有概念的內涵與外緣問題，當必較容易把握；同時，對於後世佛教界對中有或取或捨的緣由，當不至於茫無所解。

　　本書是常延法師就讀佛光大學宗教學研究所的碩士論文，就全文的架構、問題意識、邏輯分析、文獻運用等方面來看，本書都具有頗高的水平。比起近數十年來臺灣佛學界的碩士級論文而言，可以說是一部值得稱許的佳作。因此，這次能夠出版成書，自有一定程度的意義。

　　本書即將付梓，法師囑序，我當然接受。茲誌數語如此，以表示我內心的讚歎與歡喜。

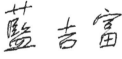

中華佛學研究所研究員

爲今生劃下圓滿句點以奔向美好來生
—— 中陰身研究之積極意義

　　這本書初稿完成於十一年前，甫一完稿就已接到出版社的出版合約，但因正準備出家，就被我當作世俗瑣事而擱置了。近來由於關注老年安養議題，而重新檢視這本論文，意外發現它被其他論文大量引用，卻未標明出處，甚至有一個引介此論文的網頁還標錯了作者姓名。而在臺灣博碩士論文資訊系統中，這本論文被下載了二千多次，可見許多人對這個議題有高度興趣。因此，決定正式出版，以方便關注此議題者閱讀和引用。

　　回想當年將這本論文呈於聖嚴師父座前，師父邊翻閱邊讚許嘉勉，最後還把感恩序言中的人名念了一遍之後說：「這些人都列上了喔～」當下我無言以對，沒有將心中的話說出口，在本書付梓前還是要補述一下。當時我對自己寫的論文，並無信心，所以不敢在感恩序言中提及曾就讀佛學研究所，受教於聖嚴師父門下，唯恐有辱師門。現在回想起來，慚愧萬分！不但沒有誠實面對自己，而且不免有忘恩於爲我奠定教理基礎以及研究能力的師長之嫌。事實上，如果沒有聖嚴師父的教導、以及中華佛學研究所的學術訓練，乃至在法鼓山爲信眾講授佛法的因緣，怎可能寫成這樣的論文？深厚的恩情埋藏在生命底裡，三十多年來，雖拙於言說，卻幾次懇辭其他團體的邀約，始終留在法鼓山服務，也

以弘揚聖嚴師父的思想為己任；準確地說，或許應該是弘揚大乘佛法的精髓以及漢傳佛教的精神，更為貼近師父的核心思想，也更符合師父的期望吧?!

　　本書的研究成果有二重意義：在學術研究方面，完成了漢譯佛典的「中陰身」思想源流考證，透過思想脈絡的釐清，有助於理解今日南北傳佛教對「中陰身」見解的不同，其實是歷史發展的必然結果；而在中陰身形類能否轉變的議題上，從交錯複雜的論辯過程，可以發現佛教從自力解脫轉向他力救濟的微妙變化軌跡，恐怕也是後期佛教產生超薦度亡觀念的根源所在。另外，在宗教信仰方面，本書對「中陰身」內涵特質的整理，有助於明確區別佛教「中陰身」和靈魂、鬼魅、亡靈等的不同。尤其重要的是，透過「中陰身」轉生歷程的身心情境的詳細描述，可以知道臨終時受業力影響的實際狀況，為臨終助念，乃至覺性照顧的必要性，提供了堅實的理論依據；而臨終覺性照顧能力的培養，卻必須奠基於平日的個人生活態度、以及時時覺知當下身心的能力上；因此，如何建立足以影響生活態度的生命價值觀，以及時時覺知當下身心的方法練習，便成為非常值得關注的的人生必修課題。從這個角度來看，藏傳佛教結合禪觀練習的「中陰解脫密法」，自有其回應佛教修行原理的正面意義；相較之下，漢傳佛教無論在臨終助念或面對死亡的具體修行法門的引導上，卻較少建構完整的實踐理論系統，尚待有志於弘揚漢傳佛教者加強補足。

　　為了已過耳順之年的自己而關注老年安養問題，卻意外促成了本書的出版因緣，我相信老人安養議題和本書之間必有不可思議的關聯性。「中陰身」研究的積極意義，不在於探究「中陰身」是否存在，而是為我們指出了這一期生命結束，到下一期生命繼起之間的身心狀態，透過對此階段的深入了解，我們可以更

加確定自己必須準備哪些資糧，才能在這個關鍵時刻，爲今生劃下圓滿的句點，以奔向美好的來生。對佛教而言，如何面對生老病死的人生課題，本來就是不可分段切割的；當這一期生命結束時，我們是否有能力在這個關鍵時刻提起正念，平靜以對？這可以透過老病或種種逆境現前時，我們能否保持正念，不起煩惱來檢驗；而面對逆境，保持正念的能力，卻必須在平常勤加練習。因此，讀者如果能在閱讀本書之後，生起即時修行正念以培養覺性照顧能力的決心，那這本書的出版，就非常有意義了，這也正是我最衷心的期盼和最誠摯的祝福！

釋常延

二〇一六年三月

序於法鼓山女寮圖書室

目錄

〔論文原序〕感恩序言　*3*

推薦序　藍吉富　*5*

〔出版序言〕為今生劃下圓滿句點以奔向美好來生

　　　　──中陰身研究之積極意義　*7*

第一章　緒論　*15*

第一節　問題陳述與研究目的　*16*

第二節　研究範圍與文獻評介　*18*

第三節　研究方法與論文結構　*24*

第二章　「中有」是否存在之諍論　*27*

第一節　有無「中有」之辯論　*30*

　一、「無中有」之論證與反方之回應　*32*

　二、「有中有」之論證與反方之回應　*47*

　三、小結　*62*

第二節　有無「中有」論諍原因之解析　*67*

　一、教證方面之論諍原因解析　*67*

　二、理證方面之論諍原因解析　*70*

　三、小結　*80*

第三節　對有無「中有」論諍之批判與異調　*82*

　　一、對有無「中有」論諍之批判　*82*

　　二、有無「中有」之異調　*89*

　　三、小結　*94*

第三章　佛教經論中之「中有」概念　*97*

第一節　「中有」之特性　*101*

　　一、誰能見到「中有」　*101*

　　二、「中有」之生起與飲食　*105*

　　三、「中有」之功用與特殊能力　*113*

　　四、「中有」形相諸問題　*118*

　　五、小結　*128*

第二節　「中有」之轉生歷程　*130*

　　一、化生「中有」之歷程　*131*

　　二、「中有」之結生歷程　*141*

　　三、「中有」之存在時間　*152*

　　四、小結　*159*

第三節　「中有」形類能否轉變之問題　*160*

　　一、「中有」形類不能轉變　*161*

　　二、「中有」形類可以轉變　*166*

　　三、小結　*172*

第四章 「中有」概念在漢藏兩地之發展舉隅 *175*

第一節 「中有」概念在漢傳佛教發展之例 *176*
　　　一、《釋淨土群疑論》對「中有」問題的討論 *177*
　　　二、印光大師對「中有」的看法 *183*
　　　三、小結 *192*

第二節 「中有」概念在藏傳佛教發展之例 *194*
　　　一、《中有大聞解脫》與《六中有自解脫導引》 *196*
　　　二、寧瑪派對「中有」的詮釋 *199*
　　　三、小結 *218*

第五章 結論 *221*

　　　一、綜論研究之結果 *221*
　　　二、對本研究之檢討 *225*
　　　三、後續研究之展望 *226*

參考文獻 *229*

〔附錄一〕部派論典主張「有中有」之論證內容 *241*
〔附錄二〕部派論典主張「無中有」之論證內容 *263*

第一章

緒論

　　本書原稿是二〇〇五年作者在佛光大學宗教學系完成的碩士論文《「中有」之研究》，「中有」，即通常所說的「中陰身」。但「中陰身」一詞在中國民間流傳已久，一般人對它的理解，並不一定和佛教的定義完全相同，因此本研究採用玄奘的翻譯——「中有」，以避免讀者一開始就在語意上受既有印象的影響。

　　「中有」，是梵語 antarā-bhava 的漢譯，在漢譯佛教經論中，隨不同翻譯家而有「中陰」、「中蘊」、「中陰有」、「中間有」等不同譯名。❶這是佛教爲死亡與再生之間的生命存在狀態，所安立的專有名詞。❷本書將針對佛教「中有」思想之起源、內涵與發展等相關議題，進行深入的探討研究。

---

❶ 有關 antarā-bhava 一詞之翻譯，玄奘（602-664）譯作「中有」。後秦・鳩摩羅什（344-413）、東晉・佛馱跋陀羅（359-429）、唐・菩提流志（562-727）等皆譯作「中陰」。唐・義淨（635-713）譯作「中蘊」。而在元魏・瞿曇般若流支所譯（宋元明本則標爲菩提流支譯）的七十卷本《正法念處經》中，或譯作「中有」（卷 10，T17, 55a），或譯作「中陰有」（卷 34，T17,197c）。失譯的《三彌底部論》卷下則譯作「中陰」或「中間有」（T32, 469b-471c）。

❷ 《阿毘達磨俱舍論》：「於死有後，在生有前，即彼中間，有自體起。爲至生處，故起此身。二趣中間，故名中有。」（T29, p. 44, b9-11）

第一節　問題陳述與研究目的

「中有」這個名詞因為美國伊文斯・溫慈（Walter Evans-Wentz）在一九二七年編著、出版的一本書 *The Tibetan Book of the Dead*（中譯本：《西藏度亡經》❸）而流傳至西方世界，以藏傳佛教寧瑪派思想為主的「中有」（藏 bar do）概念，❹遂為世人所熟知。然而，在佛教經論中的「中有」概念，是否完全和《西藏度亡經》所說的一樣呢？這是一個亟待釐清的問題。

釋如石在〈《西藏度亡經》略究〉一文中，❺批評該書的「中有」概念有些已經受到苯教的影響，❻並不符合《瑜伽師地論》和《俱舍論》的「中有」教義。而且他推斷：「若依大小阿毘達磨論典，中有應該『聞不得』《度亡經》的。」所以他呼籲不要弘揚《度亡經》的度亡理念，以免助長經懺歪風。（釋如石，2001：45）問題是《瑜伽師地論》和《俱舍論》的「中有」概念，就真的能代表所有佛教經論的「中有」思想嗎？而且，《瑜伽師地論》和《俱舍論》的「中有」概念是否完全一樣呢？有沒有可能佛教經論中的「中有」概念，根本就不一致，甚至是

---

❸　徐進夫譯，一九八三年由臺北天華出版社出版。

❹　某些學者也並不同意這本書能代表寧瑪派的觀點，而認為那是伊文斯・溫慈所加工過的西方觀點。（沈衛榮〈幻想與現實：《西藏死亡書》在西方世界〉，《中有大聞解脫》附錄 p. 185-186）

❺　2001，《法光學壇》第五期 pp. 45-57。

❻　苯教（藏 Bon），又稱棒教、笨波教，俗稱黑教。為佛教傳入西藏以前，西藏人所信仰之原始宗教，屬薩滿教（Shamanism）之類，即行靈魂崇拜、咒術、犧牲供養之民間信仰。西藏的喇嘛僧稱佛教為 chos（法），稱苯教為 nag-chos（黑法、邪教之意）。參見《中華佛教百科全書（六）》p. 3420. 2，《佛光大辭典》p. 5053。

始終都在不斷演變發展呢？在大、小乘經論中所說的「中有」，真的都無法「聽聞」嗎？如果「中有」有聽聞力，就一定能聞教得度嗎？「中有」階段是否有轉變的可能？如果能轉變，促成轉變的關鍵又在哪裡？對於這些問題，在佛教的經論中是否早已討論過？而討論的結果如何呢？如果不先釐清這些問題，就任意以某部佛教經論的思想代表全體佛教的「中有」概念，或據之檢視不同傳承的「中有」思想的話，恐怕會掛一漏萬，徒增齟齬。

南傳佛教的奧智達比丘（Aggacitta Bhikkhu），在他寫的 *Dying To Live-The Role of Kamma in Dying and Rebirth*（中譯本：《何去何從 —— 業‧死亡‧轉生》❼）書中提到：「最原始、最真確，把喬答摩佛陀的教示流傳至今的正統上座部佛教則堅稱，轉生是死亡後立刻發生的。」意思是說死亡和轉生之間，根本沒有像漢藏佛教所說的「中陰身」存在，但他認為這只是表面的差別，實際上可以把漢傳和藏傳佛教所相信的「中陰身」，「看作是另一次轉生的生命體，那麼，儘管上座部仍可能會質疑那種每週一次的『小死』與四十九天的期限，然而，這便可以融洽地調節到彼此在學說上的不一致。」（奧智達比丘，2004：23-24）姑且不論所謂「正統上座部」是否真能代表最原始、最真確的佛教，但三個不同的佛教傳統之間，對於「中有」存在與否的看法，真的只是表面上的差別嗎？或根本就是部派佛教時期有無「中有」論諍的遺緒呢？漢藏佛教可以把「中陰身」看作是「另一次轉生的生命體」嗎？有沒有可能會因為接受這樣的看法，而使自己的輪迴理論陷入自相矛盾的危機呢？「有中有」和「無中有」的諍論癥結究竟在哪裡？這些問題如果不加以釐清，就率然以「有中有論」來反對「無中有論」，或以「無中有論」反對

---

❼ 本書在二〇〇三年由香港聞思修佛法中心‧禪行編譯組編譯、出版。

「有中有論」，或試圖依單方面的意見來調節二說，恐怕都將流於主觀而有所偏失。

　　佛教經論中的「中有」概念，究竟有哪些內涵？而佛教經論對於有關「中有」的問題，討論過哪些議題，又有哪些諍論呢？當此不同傳統的佛教思想交流日益頻繁之際，學術界有關「生死學」的研究方興未艾之時，全面而深入地釐清佛教經論對於死後與再生之間的「中有」概念，應該是刻不容緩的重要課題。

　　因此，本論文選擇佛教「中有」思想作為研究主題，並以澄清上述諸問題為研究目標，希望透過本研究，能夠獲得如下的成果：1.釐清有無「中有」的論諍過程、原因及其發展。2.釐清佛教經論中的「中有」概念內涵。3.略探「中有」概念在不同傳承的佛教體系中之發展概況。

第二節　研究範圍與文獻評介

　　本書在原典文獻資料的運用方面，是以漢譯佛典為主要研究範圍，所引用的南傳或藏傳佛教資料，也以中文譯本為主，不涉及巴利文或藏文的原典資料。而在研究內容方面，是以漢譯佛教經論的「中有」概念為研究主軸，為了進一步探究「中有」思想的發展情形，才又涉及漢傳佛教和藏傳佛教學者對「中有」概念的特殊詮釋，並不以全體漢傳佛教或藏傳佛教為研究對象。因此，無論是文獻資料或研究內容，本論文都是以漢譯佛教經論為主要研究範圍。

　　與本書研究範圍相關的現代研究文獻，截至二○○四年為止，並沒有以漢譯經論為主的「中有」研究之專書出版，而只有極少數的單篇論文。在臺灣地區的博碩士論文之中，也只有在二○○四年出現一篇以《大毘婆沙論》的「中有」議題為主的

論文。❽但是，相隔十年後的二〇一四年，出版了一本果濱撰的《漢傳佛典「中陰身」之研究》。現在，將這些已經發表的論文和專書評介如下：

一、論文部分

（一）中文著作共有四篇

1. 楊白衣〈生有之研究 ── 兼論中有觀〉（1977，《佛光學報》第二期）。

這篇論文主要的討論重點是結生過程，由此而帶出有無「中有」之論諍，但因未能謹慎釐清論諍雙方之背景，所以一方面用「有中有論」之觀點說明結生過程，一方面卻認為「中有」概念是受到外教，尤其是婆羅門教的影響而來。既然如此，依「有中有論」所建立的結生歷程，不是也應該受到批判嗎？「有中有論」和「無中有論」對於結生歷程的說明，究竟有何不同？恐怕是在討論「生有」問題之前，必須先釐清的重要關鍵。❾

2. 釋宗平〈說一切有部之中有觀 ── 以有無和轉變為主〉（1999，《正觀》第九期）。

這篇論文主要是以《大毘婆沙論》為主，討論有無「中有」之論諍、「中有」之形狀，以及「中有」業可不可轉的問題。在處理有無論諍的議題方面，這篇論文已發現主要是和部派「說明業果相續的現象不一有關」，（釋宗平，1999：101）但論述

---

❽ 二〇〇四年，還有一篇南華大學生死學研究所李函真的碩士論文《中陰解脫之研究 ── 藏傳佛教「中陰超度法」的生死意識轉化內涵》，則是以藏傳佛教中陰救度法配合喪葬儀式為主的研究，故和本書研究主題不同。

❾ 有無「中有」論者對於轉生方式的不同主張，在本書第二章第二節之二，有詳細的討論。

甚簡略,並無法凸顯論諍的癥結。在「中有」的形狀問題上,對於「中有非趣所攝」的種種推論,還頗有商榷的餘地。而在關於「中有」業可不可轉的議題上,已經注意到此議題和「中有」存在時間的相關性,但是關於有部論師對於時間的不同主張所衍生的問題,以及毘婆沙論師一定要在主張「中有」業不可轉的同時,主張「中有」只能存在極短的時間,很快就會前往結生的問題上,此篇論文的看法似乎還頗有討論的空間。❿

3. 釋悟殷〈論師的中有觀〉(2001,《部派佛教系列(上編)——實相篇、業果篇》)。

這篇論文應該是截至目前為止,討論「中有」相關問題,最深入的一篇作品,尤其是同書的其他幾篇論文,例如:論師的時間觀、論師的業力觀、論師的輪迴觀等,也都和「中有」問題息息相關,所以這本書對於本研究而言,是極重要的參考資料。作者是站在印順法師有關部派佛教的研究成果上,專門以《大毘婆沙論》為主,進行一系列的主題研究,在這篇論文中,對有無「中有」論諍的癥結尤其有深入的分析,提供給本研究極多的啓發,這確實是一本研究部派佛教思想的重要著作。

4. 顏建益〈《阿毘達磨大毘婆沙論》「中有」相關議題之探究——以「中有救度」為核心〉(2004,華梵東方人文思想研究所碩士論文)。

這是到二〇〇五年為止,唯一一篇與本研究範圍相近的碩士論文,作者企圖透過《大毘婆沙論》的「中有」相關議題來探究「中有救度」的可能性,並認為可因此和藏傳佛教寧瑪派《中有大聞解脫》的「中有救度」思想之間,建構一道溝通的橋樑。問

---

❿ 有關「中有」形類可否轉變的主張和「中有」存在的時間等問題,在本書第三章第二節之三和第三節中,有詳細的討論。

題是，以說一切有部為主的毘婆沙論師是絕對不容許「中有」形類可以轉變的，《阿毘達磨大毘婆沙論》明明說：「阿毘達磨諸論師言，中有於界、於趣、於處，皆不可轉。感中有業，極猛利故。」（T27, p. 359, b25-26）又說：「住本有時，有此移轉，非中有位。」（T27, p. 359, c11-12）所以，對《阿毘達磨大毘婆沙論》的論師而言，只有在「本有」位才有救度的可能，到了「中有」位就絕不可能救度了。而毘婆沙論師們之所以如此堅決主張「中有」形類不可轉變，事實上又和其整體的宗義思想有密不可分的關係，可謂牽一髮而動全局，在論師的縝密學理論證系統中，這是不容紊亂的。❶所以這篇論文的基調，應該還有很大的商榷餘地。

（二）日文著作共有四篇

1. 伴戶昇空〈中有〉（1979，《印度學佛教學研究》27-2）。

這篇短文主要是考證「中有」成為佛教專有名詞的過程和依據，作者認為「中有」一詞是在西元前三至四世紀頃，才成立的佛教專有名詞。而所以產生這個名詞的主要依據，雖然一向說有「健達縛」（梵 gandharva）、「意成有情」、「中般涅槃者」等經證，但作者認為「中般涅槃」是其中最重要的依據，他認為有部學者將「中般涅槃」的「中」解釋為「中有」，是諸部派中最具有革命性的創見。這篇論文最重要的貢獻，應該是有關「中有」成為專有名詞的時間推論，所以本研究直接採用他的考證結果。

2. 川村昭光〈「中有」の研究 その1、その2〉（1980、

---

❶ 有關「中有」形類可不可轉的議題，在本書第三章第三節中，有詳細的討論。

1983，《曹洞宗研究員研究生研究紀要》13、15）。

這是一篇以「中有」為主題，而整理與此主題有關的部派論典資料的作品。雖沒有深入的研究，但是卻提示了探討此問題的重要部派論典，例如《集異門足論》、《法蘊足論》、《大毘婆沙論》、《俱舍論》、《成實論》、《舍利弗阿毘曇論》、《三彌底部論》、《大般涅槃經》，以及南傳《論事》等，在過去還沒有電子佛典可供快速搜尋的情況下，這篇論文應該是研究「中有」相關問題的重要參考資料。

3. 加治洋一〈『三彌底部論』解讀研究 —— 中有の存在に関する議論（上）、（下）〉（1987、1988，《大谷學報》V.67, n. 2、n. 4）。

這是將漢譯《三彌底部論》中，關於有無「中有」的辯論內容，以日文加以詳細譯註的作品。對於解讀《三彌底部論》的相關內容頗有幫助，並且提供了和其他相關經論 —— 例如《大毘婆沙論》、《俱舍論》、《成實論》、《雜阿含經》等相互參照的方便。

4. 池田練太郎〈中有の機能について〉（1991，《印度學佛教學研究》39-2）。

這篇論文主要是討論「中有」出現的原因，以及「中有」在說一切有部的輪迴理論上的必要性。作者認為有關「中有」出現的原因，除了伴戶昇空所強調的屬於解脫方面的「中般涅槃」的經證之外，更應該重視生死輪迴方面的意義，所以他在論文中特別討論了有關健達縛的特性問題。而在「中有」存在的功能意義方面，作者主要是論證「中有」的概念，並不是像川村昭光所說的只是「做為教化一般民眾的理論」，而是說一切有部學者在整體的宗義思想上所建構的輪迴理論中，必須要建立的概念。

二、專書部分

果濱撰《漢傳佛典「中陰身」之研究》（2014，臺北：萬卷樓）。

就學術研究角度而言，這本書有許多疏失，且舉其中較嚴重的三點：（一）沒有掌握學術界相關主題的研究成果。作者果濱說在他出版此書之前，有關中陰身的研究只查到二篇以藏傳資料為主的碩士論文，❷他說：「可惜未有人專門研究漢譯佛典經論的中陰身學。」（果濱，2014：3）事實上，我在二○○五年已完成了以漢譯佛典為主的《「中有」之研究》，且隨即將電子檔提供給國家圖書館臺灣博碩士論文知識加值系統公開下載；而在我的論文之前，日本和臺灣學者共發表了八篇論文，已有相當重要且關鍵性的研究成果。（二）錯解名相定義。例如該書說：「中陰身的梵語為 antarā-bhava，原指人死亡之後至再次投胎受生期間的一個『神識』狀態，或說一個『過渡身』的『化生』物質，類似民間所說的『靈魂』狀態。」（果濱，2014：113）又將《阿毘達磨大毘婆沙論》等經論所說的「四有」，解讀為「人死後的中陰身還可再細分為本有、死有、中有、生有四個時期」，（果濱，2014：120）可說完全錯解了佛教經論中所共許的「中陰身」之基本定義。❸又例如把四食中的「思食」理解成第六意識，乃至以為中陰食香是「觸食」，（果濱，2014：143-147）似乎都錯解了這些名相的基本

---

❷ 所指的二篇碩士論文分別是：二○○三年李函真的《中陰解脫之研究——藏傳佛教中陰超度法的生死意識轉化內涵》以及二○一○年李亙為的《寧瑪派中陰教授修行次第之詮釋及其對中小學生命教育之啟發》。

❸ 《阿毘達磨俱舍論》：「頌曰：死生二有中，五蘊名中有。……論曰：於死有後，在生有前，即彼中間有自體起，為至生處，故起此身。」（T29, no. 1558, p. 44, b6-10）

定義。❶（三）誤讀經論本義。例如該書舉《證契大乘經》、
《大智度論》的原文，解讀為是在說明中陰身的「住所」問題，
認為「中陰身未轉世之前並沒有明確一定的住所，似乎是隨緣
而住的」。（果濱，2014：153-154）但其實原文是在討論前後
世之間如何聯繫，才不會落入斷見或常見的問題；而且這一經
一論，都並不同意有部派論師所主張的「中陰身」存在。❶又例
如對於瀕死之際四大融解的次第，特別以漢譯經論的描述和藏
傳佛教的傳統說法做了對比，（果濱，2014：19-24）然而，是
否能將所舉經論的描述理解成四大消融的次第，進而和藏傳佛
教中陰救度法敘述的過程做比較，還頗有商榷的餘地。以上三
點，對於學術研究論文而言，已屬極嚴重的疏失，其他問題就不
再贅言評論了。

第三節　研究方法與論文結構

　　本書主要是以文獻研究為主，針對三個預設的研究目標，
進行文獻資料的搜尋、整理和分析。首先處理「中有」是否存在

---

❶ 《阿毘達磨俱舍論》：「食有四種：一段二觸三思四識，段有二種：謂細及
麤，細謂中有食，香為食故。」（T29, no. 1558, p. 55, a9-11）有關四食的
定義，另參見《中華佛教百科全書》「四食」條。

❶ 《證契大乘經》站在反對有「中陰身」的立場上，採取改變「中陰身」定義
的策略，（T16, no. 674, p. 655, a27-b6）詳見本書第二章第三節之二「有無中
有之異調」之（二）。又，龍樹《大智度論》回答有關「細身」（中陰身）的
問題：「問曰：……細身是神，世世常去入五道中。答曰：此細身不可得。
若有細身，應有處所可得，如五藏、四體一一處中求，皆不可得。問曰：此
細身微細，初死時已去……非五情能見能知，唯有神通聖人乃能得見。答
曰：若爾者，與無無異……。」（T25, no. 1509, p. 149, b16-23）可見，龍樹
根本否定了提問者所說的「細身」（中陰身）。

的問題，在川村昭光的研究基礎上，進一步利用電子佛典的搜尋功能，將相關的資料聚集後，進行解讀、歸納整理和分析研究。詳細考察有無「中有」的辯論內容，並且解析產生論諍的原因，進而探討佛教內部對有無論諍之批判，以及有無「中有」的種種異見。

　　經過以學理論證的方式，探討「中有」是否存在的問題之後，在無法取得定論的情況下，要如何進一步探討以承認「中有」為前提，所發展出來的「中有」概念內涵呢？所以本研究繞道借用宗教現象學的研究態度，將「中有」的研究放在宗教現象的領域中來考察，從宗教現象學派對宗教現象的基本研究態度出發，即：1. 先不從特定立場出發，❶而是先儘量去理解對此現象的描述；2. 接受其存在於某些獨特的宗教經驗中；3. 不草率地將此現象的存在可能性，附從於其他實質的力量──如心理、社會、歷史、文化等因素。（黎志添，2003：50）依著這樣的研究態度，全面整理大小乘經論中的「中有」概念內涵。

　　在完整掌握經論中的「中有」概念之後，進一步以漢傳佛教和藏傳佛教學者對於「中有」的特殊詮釋為例，進行比較研究，以便了解「中有」思想在不同時空中的發展概況。

　　本書之結構，乃依據所預設的三個研究目標而建立，共分五章，除了緒論和結論之外，主體研究部分是從第二章至第四章，主要內容是：

　　第二章、「中有」是否存在之諍論。探究有無「中有」的辯論內容，解析產生論諍的癥結，進而探討佛教內部對此論諍之批判，並且針對「有中有論」的種種不同看法進行比較研究。目的

---

❶ 例如部派佛教各宗派在討論「中有」存在問題時，就是都已經從特定立場出發了。

是釐清有無「中有」的論諍內容、過程、原因,及發展。

第三章、佛教經論中之「中有」概念。先跳開有無之諍,而以更開放和尊重的態度,全面考察佛教經論所記載的「中有」概念,目的是釐清佛教「中有」思想的概念內涵。

第四章、「中有」概念在漢藏兩地之發展舉隅,這是在完整掌握佛教經論中之「中有」概念的基礎上,進一步以漢藏佛教學者對「中有」概念的特殊詮釋為例,進行比較研究,目的是了解佛教「中有」思想在不同時空的發展概況。

第二章

「中有」是否存在之諍論

　　考察現有的漢譯佛典文獻，「中有」一詞，最早出現在《阿
毘達磨集異門足論》和《阿毘達磨法蘊足論》等說一切有部的早
期論書之中。❶而從《阿毘達磨集異門足論》和《阿毘達磨法蘊
足論》對此名詞未經解釋就自然地直接使用的情形來看，❷或許
可以推測在編纂《集異門足論》的西元前三、四世紀間，❸「中
有」已經是佛教界普遍使用的一個獨立術語了。（伴戶昇空，
1979：182 上）但是，從大約成立於西元前二、三世紀間的南傳
《論事》批判「有中有」說的情形來看，❹「中有」存在與否的問

---

❶ 在《長阿含十報法經》中雖提到「中有」：「七有：一為不可有、二為畜生
　有、三為餓鬼有、四為人有、五為天有、六為行有、七為中有。」（T01, p.
　236, b14-16），但經學者研究結果，這段經文是大約在二、三世紀間才被附加
　進去的。（伴戶昇空，1979：183 註 1）另外，在《雜阿含經》卷 25 中，雖
　曾出現「中陰眾生」一詞，（T02, p. 178, a5-6）但這段經文已被近代學者考
　證出是求那跋陀羅所譯的《阿育王譬喻》的部分異譯，是被誤編在《雜阿含
　經》中的。（釋印順，1994：上 b1）而且，也有學者認為這是依說一切有部
　的思想而將 gandharva 直接譯作「中陰」的結果，原文並不是 antarā-bhava。
　（伴戶昇空，1979：183 註 1）
❷ 詳見 T26, p. 396, a7-p. 398, b22；T26, p. 425, c28-p. 427, a1；T26, p. 498, c6-7；
　T26, 507, c2-8 等相關文獻資料。
❸ 《阿毘達磨集異門足論》大約成立於佛滅後百年乃至二百年頃，約當西元前
　四世紀至西元前三世紀左右。（木村泰賢，1968：51-54）
❹ 《論事》，據南傳史傳記載，本書係阿育王時代第三結集時，由目犍連子帝須

題，似乎一開始就沒有取得佛教界的共識。而漢譯論典，如《阿
毘達磨大毘婆沙論》❺、《成實論》❻、《阿毘達磨俱舍論》❼、
《三彌底部論》❽等部派的論書中，都詳細記載了有無「中有」
的辯論內容，可見「中有」是否存在的問題，在當時是不同部派
之間的重要議題之一。針對有無「中有」的諍論，雙方如何證成
各自的主張？產生諍論的真正原因究竟是什麼？除了截然對立的
定有或定無的立場之外，佛教內部是否還有其他看法呢？這些問
題，都將是本章所要探究的重點。

　　開始本章的探討之前，還有一個觀念必須稍加說明，那就
是與「中有」概念有密切關係的輪迴思想。早在釋迦牟尼佛出世
時，印度已經發展出具有哲理論證系統的生死輪迴和涅槃解脫
思想，而成為當時普遍流行的信仰。❾生命在無盡的時空中不斷

所撰。然而一般認為應成立於阿育王以後至西元前二世紀末之間。(《中華佛
教百科全書（九）》p. 5402.2；另參見水野弘元《巴利論書研究》pp. 307-
309)。又其批判「有中有」說之內容見《論事》二，pp. 58-64。

❺ 《阿毘達磨大毘婆沙論》，自一〇〇年至一五〇年間於北印度迦濕彌羅（今克
什米爾）編輯而成，為說一切有部教理之集大成者。參見《佛光大辭典》p.
3642。

❻ 《成實論》，西元四世紀印度的訶梨跋摩（Harivarman）著，有關《成實論》
的所屬部派，印順認為此論「近於經部義，而不能說是經部。如果說宗派，
『成實論』是可以自成一宗的。」(釋印順，1981：580)

❼ 《阿毘達磨俱舍論》，世親造於五世紀。

❽ 《三彌底部論》，是唯一一部漢譯的正量部論典，在眾多以有部為主的論典總
是止於對「無中有論」之論破，而未見敵方回辯的記述模式下，本論卻詳述
了「無中有論者」的答辯，所以本論可說是研究「中有」諍論的重要資料。
（對於與本論有關的「中有」問題之研究，參見日本加治洋一之相關研究。）

❾ 在佛教興起以前的印度思想界，發展到以初期奧義書為主的時代，奧義
書對後代思想影響最大的是宇宙原理「梵」（brahman）與個體原理「我」
（ātman，或譯作神我）的合一說，以及業與輪迴的教義。（服部正明，1986：
71）在奧義書時期不僅建立了輪迴理論，更進一步提出如果經過修行達到

輪迴受苦，雖是生命的普遍現象，但追求超出生死輪迴，以獲得
解脫自在，更是生命的最終目標。這樣的印度傳統輪迴解脫觀，
是釋迦牟尼所肯定的。然而，佛陀的輪迴解脫觀和印度傳統或
同時代思想家的最大差異，在於否定有一永恆不變的「我」（梵
ātman）存在於輪迴之中，無我而輪迴，無我而解脫，可說是佛教
獨樹一格的最大特色。雖然對於如何調和無我與輪迴理論之間的
矛盾，是從部派佛教以來，乃至今日許多佛教學者仍繼續在努力
探究的問題。❿但是，無論學者之間的見解如何歧異，無我的輪
迴觀，卻始終是佛教各家所共許的前提。⓫因此，在討論與輪迴

無欲的境界，那麼此人死後，他的「自我」便可回歸到宇宙實體的「梵」之
中，而與梵合一，不再受輪迴生死之苦而獲得解脫。所以在奧義書時期，不
但完整地建立了輪迴理論，也建立了解脫理論。

❿ 佛教主張諸行無常，一切現象都是刹那生滅，根本沒有永恆不變的實體存
在，所以在三世輪迴中，既無作者，也無受者。既然如此，又如何能成立
業果輪迴的聯繫呢？這在理論上，似乎造成相當的困難，為了提出合理的
詮釋，佛教分化出不同的部派主張。（釋印順，1992：50）近代學者也有許
多人相繼探討此問題，例如印順在《唯識學探源》（1992：50-52）以及《性
空學探源》（1998：60-72）中皆有深入的探討；日本學者如木村泰賢的《原
始佛教思想論》pp. 133-135、和辻哲郎的《原始佛教的實踐哲學》pp. 333-
344，都特闢專章討論；黃俊威更有《輪迴與無我》的專著。另外，還有不少
針對此問題的單篇論文，例如郭朝順的〈無我的輪迴〉（1998：65-81）、日
本雲井昭善的〈輪迴と無我について〉（1954：280-282）、增田英男〈無我
と主體性〉（1965：110-113）、上野順瑛的〈無我輪迴の主體〉（1958：130-
131）、〈原始佛教に於ける無我輪迴說の理論的意義〉（1958：190-193）、〈原
始佛教に於ける無我輪迴說の理論的構造〉（1961：120-121）等。

⓫ 例如犢子部可說是此中的異數，該部為了解釋前後世的相續關係，而說有非
即蘊非離蘊的「不可說我」。這大膽說「有我」的結果，當然受到教內學者
的破斥。（T29, p. 156, c2- p. 158, c21）然而，即便是像犢子部這樣，他還是
必須以雙非的方法（如非假非實、非有為非無為、非常非無常、非即蘊非
離蘊等），並且加上「不可說」來定義其所說的「我」，（釋印順，1992：56）
其主要原因當然是為了顧及佛教「諸法無我」的根本教理。

轉世過程有密切關係的「中有」問題時，無論是主張「有中有」
或「無中有」的學派，都是在這既承認輪迴，又同時必須主張無
我的前提下，進行討論的。例如世親的《阿毘達磨俱舍論》在
討論「中有」的相關問題之後，還特別結論說：「無我唯諸蘊，
煩惱業所爲，由中有相續，入胎如燈焰，如引次第增，相續由惑
業，更趣於餘世，故有輪無初。」（T29, p. 47, b27-c1） 強調在
轉世過程中，雖由「中有」相續，但這也只是惑業所感的假名諸
蘊的流轉而已，並沒有永恆不變的神我存在，所以說「無我唯
諸蘊」。

第一節　有無「中有」之辯論

　　部派佛教時期的論師們，對於「中有」的問題，有二種主
要的看法：一是主張「無中有」，認爲有情在一期生命死後，馬
上就隨自己的善惡業力，往生善趣或惡趣，並不需要藉「中有」
去投胎轉世，所以主張「三界死生，皆無中有」。（T27, p. 352,
b18）二是主張「有中有」，認爲有情在一期生命結束後，經業
力的牽引，必須先化生爲「中有」，再由「中有」去轉生。「有
中有論者」之間，對於三界受生是否都有「中有」，意見並不一
致，例如以《阿毘達磨大毘婆沙論》爲主的有部論師，主張「欲
色界定有中有，無色界無」。（T27, p. 352, b18-19）但另有其他
論師提出「無色界中，亦有色故，亦有中有，如欲色界」。（T27,
p. 352, b19-20）或「欲色界中，業猛利者，即無中有。業遲鈍
者，即有中有」。（T27, p. 352, b22-23）等種種不同主張。本節
在討論有無「中有」之辯論時所定義的「有中有論」，是相對於
「三界死生，皆無中有」而說的，其中又以「欲色界定有中有，
無色界無」的有部思想爲主。

　　根據世友所造的《異部宗輪論》記載，❷主張「無中有」的
部派是：大眾部及其支派一說部、說出世部、雞胤部，以及由上
座部分出的化地部本宗（T49, p. 15b-16a、p. 16c-17a）；主張「有
中有」的部派，是說一切有部以及化地部的末宗（T49, p. 16b、
17a）。在《阿毘達磨大毘婆沙論》中，稱「無中有論者」為「分
別論者」，未指明所屬部派；❸稱「有中有論者」為「應理論
者」。在屬於正量部的《三彌底部論》中，則稱「無中有論者」
為「諸部」，論中雖詳細記載有無雙方的往來辯論，但以「實
有中有」作結。世親的《俱舍論》，則稱「無中有論者」為「餘
部」，可見自部是主張「有中有」的。而在所傳部派有種種異說
的《舍利弗阿毘曇論》中，❹甚至只是敘述「無中有論」之主張，

---

❷ 《異部宗輪論》，全一卷，印度世友（Vasumitra，一、二世紀頃）撰，是研究
　部派教義，以及部派佛教史的重要資料。（佛光大辭典 p. 5155，中華佛教百
　科全書（七）p. 4376.1-4378.1）
❸ 根據印順的考證，此《大毘婆沙論》的分別論者，「是印度本土，尤其是流
　行於北方罽賓區的化地、法藏、飲光──三部」。（釋印順，1981：413-417）
　另外，日本學者赤沼智善認為是指化地部，木村泰賢則認為是屬於大眾部分
　支的案達羅學派，而呂澂則認為是：「泛說當時一般採用分別說的態度和方
　法，並沒有指定哪一派，其中既有化地，也有南方上座，甚至案達的大眾
　部。」（呂澂，1982：54-55）總之，《大毘婆沙論》中的分別論者，是在「中
　有」的議題上，和毘婆沙師採取對立思想，而主張「無中有」。有關分別論
　者的相關研究，可參考（法）André Bareau 著・郭忠生譯的〈分別說部之思
　想〉（《中華佛教全書（三）》p. 1200.1）。
❹ 《舍利弗阿毘曇論》，關於本論之成立、弘傳，及其論旨與各部派之關係，有
　下列說法：（一）根據《大智度論》卷二、《部執異論疏》與《三論玄義》等
　之說，本論係佛陀十大弟子之舍利弗所講說，後由犢子部弘傳。（二）《法
　華經玄贊》卷一則認為本論係正量部之教義。（三）若由本論第二十七〈緒
　分・假心品第七〉之立論內容觀之，則顯然與大眾部所立之義相同，故可謂
　本論論旨亦通於大眾部之教說。（《佛光大辭典》p. 3500）印順則指出此論是
　屬於較古型的上座部論書，先上座部──雪山部，分別說系的大陸學派──

而未指稱論述者。另外，訶梨跋摩所著的《成實論》第二十四品
〈有中陰品〉、第二十五品〈無中陰品〉，其中亦未明確指稱論
述者為誰，但本論之立場，多反駁說一切有部之理論，❶所以可
說是「無中有論」的重要資料。至於南傳《論事》〈中有論〉，❶
乃站在南方上座部的立場，直接以問答方式評破「有中有論」；
論中所評破的「有中有論者」，如根據覺音論師（Buddhaghosa）
的《論事註》（*Kathāvatthu-ppakaraṇa-aṭṭhakathā*）所說，則是指
「東山住部」與「正量部」，（《論事》二，pp. 58-59；水野弘
元，2000：315、342）然而論中並未詳述此二部之主張。❶在這
一節裡面，將依據上列論書中之資料，詳細探討雙方辯論過程所
提出的種種觀點。

一、「無中有」之論證與反方之回應

　　《阿毘達磨順正理論》提到，「無中有論者」認為如果主張
「有中有」，既與正理相背，也與聖教相違。❶其實無論贊成或
反對「中有」，雙方都是依正理和聖教來證成自家主張，也以違

　　法藏部等，犢子系本末五部，都以《舍利弗阿毘曇論》為本論。（釋印順，
　　1981：66）
❶　《出三藏記集》說《成實論》作者訶梨跋摩：「研心方等，銳意九部。採訪微
　　言，搜簡幽旨。於是博引百家眾流之談，以檢經奧通塞之辯，澄汰五部，商
　　略異端。考覈迦旃延，斥其偏謬。除繁棄末，慕存歸本，造述明論，厥號成
　　實。」（T55, p. 79, a15-19）可見本論反對毘婆沙師之立場。
❶　《論事》，全書由二十三品二一七論組成，係以錫蘭大寺派之分別上座部立
　　場，對諸部派之不同說法，加以批評駁斥的論書。（《中華佛教百科全書
　　（九）》p. 5402.2）
❶　有關各論書對有無「中有」論者之稱名及所屬部派，請參考本節後之表一。
❶　《阿毘達磨順正理論》：「有，與理、教並相違故。」（T29, no. 1562, p. 468,
　　b19）

背正理和聖教來駁斥對方。因此，我們可分別從教證和理證兩方面，來探討雙方所以主張或有或無「中有」的理由。

（一）教證方面之辯論

就佛弟子而言，如果要和佛教內部的學者辯論，最有力的方法，當然是舉出佛陀的教說爲證，因爲佛陀的教說是所有佛弟子共同的依止。但是，有無「中有」的問題，之所以產生論諍，就是因爲早期的契經中，佛陀並未曾說過「中有」這個名相。[19]因此，論諍雙方都只能舉出間接的教證，賦予自家的詮釋，而詮釋結果又南轅北轍，當然就諍論不休了。綜觀「無中有論者」所舉的教證，大約可歸納出六項：

1. 佛不曾說有「中有」眾生

對於「無中有論者」而言，最有力的教證就是佛不曾親口說過「中有」，他們首先從佛在列舉所有眾生的形類時，並未將「中有」列入，所以認定無「中有」。主要從三方面舉證：

（1）佛只說定有五趣

在契經中，佛只說過定有地獄、畜生、餓鬼、人、天等五趣，並未曾說定有「中有」。[20]這當然是論辯雙方都共見的事實，但是「有中有論者」卻提出不同的看法，他們認爲佛說法有「應說卻不說」的情形，例如佛曾對葉波國人說：「應多有所告，而我不說。」可見，並不能因佛不曾說過「中有」，就認爲

---

[19] 在成書於四世紀的《成實論》和成書於五世紀末的《俱舍論》之前的論典中，如《大毘婆沙論》、《順正理論》等的「有中有論者」，都未提出四有和七有的經證，應該可以推測早期並無佛說「中有」的直接經證。

[20] 《三彌底部論》（T32, no. 1649, p. 469, b25-26）。

「中有」不存在。❷

（2）佛只形容過五趣眾生相

「無中有論者」又以佛只形容過五趣眾生相，卻不曾形容過「中有相」為證，認為並無「中有」。❷面對此事實，「有中有論者」認為，佛之所以不說「有中有」，就是因為如果明確說「有中有」的話，會產生許多歧見，為了避免增長論諍的題材，所以佛說法時不涉及有無「中有」的問題。因此，不可因佛未說「中有」，就認為無「中有」。❷

「有中有論者」之說，似乎有以當前情境，反證古人用心之嫌，恐怕難以令人信服。

（3）佛未曾說過「中有」境界及眾生趣入「中有」之道

「無中有論者」舉出在經典中，佛曾告訴舍利弗說自己可以了知五趣的境界，以及眾生所以流轉五趣，乃至證入涅槃之道。但是卻不曾看到佛說過「中有」的境界，以及眾生所以趣入「中有」之道，可見並無「中有」。❷

但是，「有中有論者」卻認為「中有」就像是可以載運眾生到五趣受生的車乘，而五趣是所要到達的目的地，二者並不同類，所以不能因佛說五趣時，沒有同時說「中有」趣，就認定無

---

❷ 《三彌底部論》：「如佛語葉波國人：應多有所告，而我不說，不可以佛不定說故，言無法可說。是故佛不定說中間有故，是故不可說無中間有可知。」（T32, no. 1649, p. 470, a17-20）

❷ 《三彌底部論》（T32, no. 1649, p. 469, c17-18）。

❷ 《三彌底部論》：「多論處不應說此語。若佛說有中間有，生多論處，不應問有中間有、無中間有。是故，不可說無中間有。」（T32, no. 1649, p. 470, b8-10）又，有關此段之解釋，參考加治洋一，1987：36上。

❷ 參見《三彌底部論》（T32, no. 1649, p. 469, b8-13）、《成實論》（T32, no. 1646, p. 256, c24-25）。

「中有」。㉕

　　考察「無中有論者」的上述三條教證，強調的是「中有」並不存在於佛陀所歸納的有情形類之中，因此證明並無「中有」。如果有「中有」的話，那麼，「中有」便成了第五生、第六趣、第八識住、第十有情居了，這當然是所有佛弟子都不能同意的。㉖所以在「有中有論者」的回應中，最能針對問題給予有效反駁的，應該是以「中有」當作車乘的比喻，而五趣是車乘所要到達的目的地，二者不同類。如此一來，就巧妙地避開了承認「中有」會落入第六趣的謬誤之中。而事實上，就「有中有論者」而言，他們也的確認為「中有非趣所攝」（T27, p. 358, b26）毘婆沙師們就提出了「中有」和五趣不同類的種種理由，例如：①「趣」穩定而安住，「中有」則如陽焰一般不能穩定安住。②「趣」是果，「中有」是因，因當然不即是果。③「趣」相粗，「中有」相細，細則不現見、不明了，粗則能現見明了。④「趣」如田地，「中有」如兩塊田地之間的走道。㉗可見，「中有」和五趣是不同類的，所以即使佛在分析眾生形類時，只歸納了五趣，卻不能因此而認定沒有「中有」。

㉕《三彌底部論》：「不說五道處乘故，是故佛不說中間有，非是無中間有故。如從此城往彼城，不說乘應至彼處。不可以不說乘應至彼處，言無乘，中間有亦如是。」（T32, no. 1649, p. 470, a2-5）

㉖ 南傳《論事》論主和「有中有論者」的對答是：「（自）有中有耶？（他）然。（自）是第五生、第六趣、第八識住、第十有情居耶？（他）實不應如是言，……乃至……。」（《論事》二，p. 59）可見雙方都不同意「中有」可以是第五生等。

㉗ 參見《大毘婆沙論》（T27, no. 1545, p. 358, c4-16）。

2. 佛不曾說感「中有」業

佛教主張各種生命形態和生命特質，都是由眾生自己所造作的業力感得的，因此對於業力有極詳細的分析。「無中有論者」即以佛陀在分析種種業力時，未曾說過感「中有」之業，所以認定「無中有」。他們從二方面來舉證：

（1）三時報業中無「中有業」

佛依受報時間，將業力分成現生受報業、來生受報業，以及後生受報三種。其中並無受「中有」報業，可見「中有」不存在。❷

（2）五趣報業中無「中有業」

「無中有論者」又以佛曾分別說明能感得地獄等五趣果報之諸業，卻不曾說有能感得「中有」果報之業為證，而主張定無「中有」。❷

但是，「有中有論者」認為「中有」本來就是由決定來生之業所感得的，只是藉它乘至受生之處罷了。而能決定來生之業，即是受生五趣之業，所以佛不必另說「中有業」。因此，不應以佛未說「中有業」而否定「中有」之存在。❸

「無中有論者」的上述二條舉證，以三時報業中無「中有報業」來否定「中有」的推論，並不甚合理，因為三時報業是依時間所作的分類，而「中有」屬於生命存在類型，所以在三時報業中，無「中有報業」，並不能論斷有無「中有」。相較之下，

---

❷ 參見《成實論》（T32, no. 1646, p. 256, c25-27）。
❷ 參見《三彌底部論》（T32, no. 1649, p. 469, b21-23）。
❸ 《三彌底部論》：「是人積聚造業，應受六道、生色界、無色界。是其所向道，以此業成中間有，乘至受生。是故，佛不說中間有業。佛不說中間有業故，是故無中間有，不應爾。」（T32, no. 1649, p. 470, a12-15）

第二條舉證，就是有效的舉證了，因為五趣業果間的緊密關係，是雙方共許的前提，其中既然沒有「中有報業」，當然就可以因此懷疑「中有」存在的可能性了。❸所以我們看到反方提出救論時，仍然必須將「中有報業」保持在五趣報業的範圍內，而說「中有報業」和五趣報業並無不同。一方面可避免落入「中有」是第六趣的謬誤，一方面也保持了「中有」只是轉生車乘的一貫主張。

3. 佛不曾授記生「中有」處

具足三明六通的佛陀，能以其「死生智證明」了知眾生將以什麼業力因緣，投生到何處，所以佛陀能為人授記未來生處。「無中有論者」即以佛曾為人授記生於五趣，例如授記提婆達多應入地獄、都提婆羅門投生畜生趣、姑羅柯投生餓鬼趣、給孤獨長者生天、儜佉王還生人處等，卻不曾見佛陀為人授記生於「中有」處，因此論斷無「中有」。❸

「有中有論者」對此說的回應，仍是強調「中有」只是轉生過程的暫時存在，並非真實的異熟果報體。而五趣則是眾生命根所寄，是承受種種苦樂果報、造作種種善惡業之真實處所。佛所授記的生處，是指真實處所而言，所以當然不會說有人生到「中有」處。❸對「有中有論者」而言，「中有」只是相應於實

---

❸ 在南傳《論事》中就從五個方面說明「中有」不屬於有情之類的事實，而論證「中有」並不存在。（留待下一小節「無中有論」之理證中再詳細討論。）參見《論事》二，p. 59-62。

❸ 參見《三彌底部論》（T32, no. 1649, p. 469, b15-18）。

❸ 《三彌底部論》：「不住處故，佛不記中間有。是處眾生，命根苦樂、法非法交關勝處，是佛所記。是故，佛不記中間有。」（T32, no. 1649, p. 470, a8-10）

存的五趣的暫時存在罷了，所以當然不會有人被授記往生「中有」處。

4. 佛說造五逆罪者無間生地獄

「無中有論者」以佛曾說如果有人「造作增長五無間業，無間必定生地獄中。」（T27, p. 356, c18-19）既然說「無間」生於地獄，死生之間當然不可能再有「中有」存在。❸❹針對此經證，「有中有論者」則從二方面來反駁：

（1）批駁「無中有論者」的詮釋謬誤

「有中有論者」以敵方錯解經義，來會通敵方所舉的經證。主要提出二點理由：①無間生者，未必是「生有」。世親在《俱舍論》說「中有」生起，也可以名之為「生」，所以在「死有」之後，無間生起的是地獄「生有」之方便——地獄「中有」。❸❺契經只說「無間生那落迦」，並沒有指明是生起地獄「生有」，所以當然也可以是指生起地獄「中有」了。❸❻②敵方犯了固執表面文義之過失。《大毘婆沙論》和《俱舍論》認為如果一定要執著「無間」的表面字義，而說無「中有」的話，那麼，經文說造作五無間業者必生地獄，難道一定要造滿五種無間業的人，才會墮地獄，只有造作其中一種乃至四種，就不必墮地獄了嗎？而且

---

❸❹ 參見《三彌底部論》（T32, no. 1649, p. 469, b29-c2）、《大毘婆沙論》（T27, no. 1545, p. 356, c17-20）、《俱舍論》（T29, no. 1558, p. 45, b12-20）。

❸❺ 「中有」是「生有」之方便，乃有部論師一向之主張，參見《大毘婆沙論》：「如說七有：一地獄有、二傍生有、三鬼界有、四天有、五人有、六業有、七中有。彼說五趣及彼因、彼方便名有。謂地獄有等，即是五趣。業有是彼因，中有是彼方便。」（T27, no. 1545, p. 309, b15-19）

❸❻ 《阿毘達磨俱舍論》：「或誰不許中有是生，那落迦名，亦通中有。死有無間，中有起時，亦得名生，生方便故。經言『無間生那落迦』，不言爾時即是生有。」（T29, no. 1558, p. 45, b17-20）

既說「無間生」，那應該在造業後的第二剎那即墮地獄，不必等到身壞命終，但事實上有經百年才墮地獄者。❸可見不能只從字面解讀經義，就認定沒有「中有」。

（2）重新確認契經之眞實意趣

「有中有論者」認爲此段經說主要有二個意義：①排除往生他趣的可能性，強調凡是造作五無間業者，命終後必定墮入地獄，而不會往生他趣。②排除現生受報和隔越多生受報的可能性，強調造五無間罪者，必定在來生受報。所以契經本意不在於否定「中有」的存在，那純然是敵方之誤解。❸

上述的辯論，是涉及對同一段經文的詮釋問題，嚴格說起來，雙方的解釋都有道理，都沒有違背字面文義，只是各依自宗的立場去理解罷了。

5. 佛說有即身墮無間地獄之衆生

「無中有論者」以佛陀曾指出有衆生就其現世之身，於一念中直墮無間地獄爲例，❸證明並無「中有」。

「有中有論者」針對此說的解釋是，有人因惡業勢力太強，所以不待命終，地獄火焰焚身的苦相先至，這是先受現世報業，再受次生報業的現象。事實上，仍是命終之後，乘「中有」身而

---

❸ 參見《大毘婆沙論》（T27, no. 1545, p. 357, a20-25）以及《俱舍論》（T29, no. 1558, p. 45, b14-17）。

❸ 參見《大毘婆沙論》：「彼經意遮餘趣、餘業，不遮中有。……此是彼經所說意趣。」（T27, no. 1545, p. 357, a14-20）以及《俱舍論》（T29, p. 45, b12-14）、《三彌底部論》（T32, p. 470, a21-23）

❸ 參見《三彌底部論》（T32, no. 1649, p. 469, c20-22）以及《阿毘達磨俱舍論》（T29, no. 1558, p. 45, b7-8）、《中阿含・降魔經》：「彼時，惡魔便於彼處，其身即墮無缺大地獄……。」（T01, no. 26, p. 622, a17-18）

墮地獄。⑩這一段辯論，還是涉及對同一經文的詮釋問題。

6. 佛曾說死後「求住中間無所止」

「無中有論者」以「再生汝今過盛位，至衰將近琰魔王，欲
往前路無資糧，求住中間無所止。」的偈語爲證，⑪認爲既然說
「求住中間無所止」，可見並無「中有」。⑫《大毘婆沙論》的
「有中有論者」針對此教說的解釋，和上述「造五逆罪無間生地
獄」的教說一樣，認爲這段偈語的本意也是在排除「他趣」，及
「他業」，並不排除「中有」。（T27, p. 357, a26-27）世親則認
爲這段偈語的本意在說明人生短暫，迅速消逝，刹那不住；而
「中有」階段，爲了往生應生之處，能突破所有障礙，也是刹那
不住的。⑬在世親的眼中，這段偈語不但不能證明「無中有」，
而且還是對於「中有」特性的說明。

（二）理證方面之辯論

佛弟子聽聞經教，目的在依教起修，悟道證果。由聽聞經
教，到依教起修之間的重要環節是如理思惟，唯有透過如理思
惟，才能保證修行方向的正確性和結果的準確性。部派論師更
將如理思惟的過程，組織成嚴密的學理論證系統，對於修學過

---

⑩ 參見《阿毘達磨俱舍論》（T29, p. 45, b8-12）、《三彌底部論》：（T32, p. 470,
　b12-15），又，參考加治洋一，1987：36 下。

⑪ 此偈語參見《別譯雜阿含經》卷 5：「……壯盛及衰老，三時皆過去，餘命
　既無幾，常爲老所患；近到閻王際，婆羅門欲生，二間無住處，汝都無資
　粮……。」（T02, no. 100, p. 403, c6-9）

⑫ 參見《大毘婆沙論》（T27, no. 1545, p. 356, c20-23）以及《俱舍論》（T29, no.
　1558, p. 45, b20-24）。

⑬ 《俱舍論》：「此頌意顯彼於人中速歸磨滅，無暫停義。或彼中有，爲至所
　生，亦無暫停，行無礙故。」（T29, no. 1558, p. 45, b25-26）

程中所遭遇的任何問題，都給予嚴謹的論證。而這些論證的主要
依據，雖然是出自經教，但由於個人思惟角度的不同，所建構的
學理系統也就大異其趣，甚至背道而馳，有無「中有」之諍，就
是一個明顯的例子。針對「中有」存在與否的問題，「無中有論
者」在學理上的論證，大致可歸納七點來說明：

1. 「中有」不屬於有情之類

　　「無中有論者」提出五點理由，說明「中有」不屬於有情之
類，因此證明並無「中有」存在。這五點理由是：（1）三有、
五趣、九有情居、七識住等，是佛教對於有情的分類，這是辯論
雙方所共許的前提。因此，「中有」既然非三有、五趣、九有情
居、七識住所攝，則非有情之類；而且，凡是有情必有輪迴以及
生命自體，但「中有」卻都沒有。（2）一切有情之生命皆由業所
感得，卻沒有可感得中有之業。（3）並沒有「中有」處可供有情
投生。（4）一切有情皆會生老病死，乃至死後再生。而「中有」
卻無生老病死及死後再生。（5）三有皆具五蘊，「中有」卻不
具五蘊。❹凡是三界中實際存在的生命狀態，如欲有、色有、無
色有等，皆具備這五方面的條件。「中有」既然不具備此五種條
件，當然不存在。❺

　　有關「中有」不屬於有情之類的問題，在上節中已說明過
「有中有論者」的看法了，基本上「有中有論者」就是認定「中
有」只是為了轉生所暫時現起的存在，是往趣來世的車乘，當然
不屬於有情之類。所以對「有中有論者」而言，「無中有論者」否

---

❹ 「有中有論者」認為：「中有之有情是（微細）不可見而色受等亦不如他粗
　　大」。（《論事》二，p. 64 註3）意即「中有」所具，乃是微細之五蘊，不同
　　於三有之粗大五蘊。
❺ 參見《論事》二，p. 59 之四 -p. 61 之七。

定「中有」屬於有情之類的論證,並不能否定「中有」的存在。

2.「中有」無存在之意義

「無中有論者」認為「中有」無任何存在意義,因為凡是具有存在意義者,必然有可表顯的功能作用,例如有壽限長短、老病等變化、造作善不善業、對五塵境產生愛不愛等貪著心,而且要以服飾莊嚴其身等等。但是,「中有」卻完全沒有上述這些作用,可見「中有」並無任何實存之意義。❻

「有中有論者」則指出「中有」是此生歿後,轉生到下一世用的,所以並非無用的存在。❼雙方這有用無用的標準,完全是由各自的學理論證系統來認定的,❽所以註定不會有交集可言。

3. 非一切有情之轉生皆需「中有」

南傳《論事》主張如果不是一切有情之轉生,都必須有「中有」的話,就不應說轉生一定要靠「中有」聯繫。例如墮無間地獄者、或是投生無想天者、或投生無色界者,就都沒有「中有」。既然這些有情之轉生不必要靠「中有」的聯繫,那麼,如何能說轉生一定要有「中有」呢?❾

有部論師認為墮無間地獄者仍有「中有」的理由,已如上述。而他們雖主張無色界無色,故無「中有」,但是卻不能因某些轉生情況不必要「中有」,就認為「中有」不存在。因為對有部論師而言,「中有」屬於色法,所以只有在欲界和色界的轉生

---

❻ 參見《三彌底部論》(T32, no. 1649, p. 469, c8-12)。

❼ 《三彌底部論》:「應到彼,故有用。用中間有故,往彼受生。是故,中間有非無用。」(T32, no. 1649, p. 470, a28-b1)

❽ 有關導致有無論諍的學理因素,將在本書的第二章第二節中詳細討論。

❾ 參見《論事》二,p. 62 之八 -p. 63 之十一。

過程中才需要此媒介，在不屬於色法的無色界，當然不需要了。

上述「無中有論者」之主張，並不合理，因為並不能因在某些情況下，不存在某事物，就否定該事物存在的可能性。

4. 「有中有」將墮無窮過

「無中有論者」認為如果於「死有」和「生有」之間，可以安立「中有」的話，那麼，在「中有」和「生有」之間，也可以再安立「中有」，結果將會有無窮無盡的「中有」，那就無法確立「中有」存在的意義了。❺⓿

「有中有論者」則舉佛說有「中間禪」為例，認為既然能在初禪和二禪之間確立「中間禪」，而不會犯無窮過；那麼，於「死有」和「生有」之間安立「中有」，當然也不會犯無窮過了。❺❶如果「無中有論者」接受「中間禪」，卻不接受「中有」，豈不是有落入雙重標準之嫌？

5. 「中有」與「生有」無法區別

「無中有論者」認為「中有」和「生有」既然都是死後再生的生命存在狀態，二者根本無法區別，他們提出了四點論證：

（1）「中有」有觸，即與「生有」無別

「無中有論者」認為如果「中有」具備六根，能緣六境，產生六識，根境識三和合而生觸的話，那麼，這已是具體的生存狀態了，應該叫作「生有」。反之，若「中有」不能觸，便無受等

---

❺⓿ 參見《三彌底部論》（T32, no. 1649, p. 469, c5-8）。

❺❶ 《三彌底部論》：「如佛所說，有中間禪，非是不定。如第一第二禪，是其中處，佛說有中間禪。中間禪中，佛不說更有中間禪。如是應知，中間有非不定。」（T32, no. 1649, p. 470, a24-27）

種種生命存在之特質，也就不能算是一種生命存在狀態。所以，如果「中有」無觸，則「中有」並不存在；如果有觸，就是「生有」，而不能叫作「中有」。❷

（2）受「中有」形，即是受生

「無中有論者」根據經說，主張當捨去此世的五蘊身，再受生另一五蘊身時，即名爲「生」。所以，如果說眾生死後，受生具有五蘊之「中有」身，即與「生有」無異。如果未受生五蘊身，即是未生，亦無「中有」。❸

（3）「中有」有死，即名爲生

「無中有論者」以「中有」會死或不死來難問敵方，如果「中有」會死，就是已生起之具體生命了，因爲有生，才會有死；所以「中有」無異於「生有」。如「中有」不死，豈不成爲常住之法？❹有法常住，當然是所有佛弟子都反對的。

（4）由業所成，即是「生有」

原始佛教主張業感緣起，以業力爲因緣而生起，「無中有論者」認爲凡是由業力因緣再生者，即名爲「生有」。所以，如果「中有」是從業因緣生，即與「生有」無異。如果「中有」不從業因緣生，又從何而生呢？❺佛弟子當然不許有任何生命存在狀態是不從業因緣生的。

---

❷ 《成實論》：「若中陰有觸，即名生有。若不能觸，是則無觸。觸無故受等亦無，如是何所有耶？」（T32, no. 1646, p. 256, c27-29）

❸ 《成實論》：「若眾生受中陰形，即名受生。如經中說：『若人捨此身，受餘身者，我說名生。』若不受身，則無中陰。」（T32, no. 1646, p. 256, c29-p. 257, a2）

❹ 《成實論》：「若中陰有退，即名爲生。所以者何？要先生後退故。若無退，是則爲常。」（T32, no. 1646, p. 257, a2-4）

❺ 《成實論》：「以業力故生，何用中陰？又若中陰從業成者，即是生有，如說業因緣生。若不從業成，何由而有？」（T32, no. 1646, p. 257, a4-6）

　　「有中有論者」針對上述四點有關「中有」和「生有」無法區別的問題,所提出的答辯是,我方正是從「生有」的性質中,再細分出「中有」的,所以二者性質相近是正常的,並不會有上述的過失。但二者仍有不同,「中有」是在此世五陰壞滅後,能令神識轉生至下一世之迦羅羅(梵 kalala,胎內五位之初位)者,亦即是聯繫「死有」和「生有」之間的轉接者。❺

　　從這一段辯論,很明顯看到雙方都同意有死後存在的生命,但是對死後的生命存在狀態,卻有認知上的根本差異,這或許是值得我們特別留意的論諍關鍵所在吧?

6. 「中有」與「生有」一異皆成過失

　　「無中有論者」進一步提出的問難是:「中有」和「生有」二者究竟是一或異?如果二者是一,那麼,死後所現起的,就是「生有」,而非「中有」。如果二者是異,那就是各不相干的二種存在,「中有」和「生有」無關則無法成立業果的相續關係。所以,無論主張「中有」和「生有」二者是一或異,都不能成立「中有」。❺

　　「有中有論者」認為「中有」和「生有」二者既可說是同,也可說是異。如果從二者受生之處而言,二者屬同一界,所以可說二者是相同的。如果從二者的性質而言,「中有」好比是通往某目的地的車乘,「生有」則是目的地,所以二者是不相同的。因此,無論「中有」和「生有」二者是一或異,都可以成

---

❺　《成實論》:「我以生有差別,說名中陰,是故無如上過。是人雖中陰生,亦與生有異。能令識到迦羅羅中,是名中陰。」(T32, no. 1646, p. 257, a7-9)

❺　《三彌底部論》:「若中間有,共生一法者,是其生有,非是中間有。若不同法生,成別道名,如八正道。如是同法、不同法成過,是故無中間有。」(T32, no. 1649, p. 469, c13-16)

立。❸

7. 業力能至，不需要「中有」

　　原始佛教的輪迴理論，主要是業感緣起，所以「無中有論者」最直接的理證，就是提出只要藉業力就能完成轉世，並不需要經由「中有」的聯繫。❺在《舍利弗阿毘曇論》〈非問分‧緣品第五〉中，當解釋到十二因緣的「行緣識」時，提及「最後識滅，初識續餘道生」的情形是「最後識滅已，初識即生，無有中間。」就像「影移日續，日移影續，影之與日無有中間」（T28, p. 608, a18-a19）一樣，而這前後生之間，又如何聯繫呢？論中有一段非常素樸而詳細的說明：

> 謂此滅彼生，謂此終彼始。非彼命彼身，非異命異身。非常非斷。非去非來。非變，非無因，非天作。非此作此受，非異作異受。知有去來，知有生死，知有業相續，知有說法，知有緣。無有從此至彼者，無有從彼至此者。何以故？業緣相續生。

（T28, no. 1548, p. 608, a26-b2）

今生來世的生命，既非同一亦非別異；生命的存在，既非常住亦非斷滅。雖然明明有生死輪迴，但是，並無不滅之實體由此去彼，或由彼來此；這些看似有去有來、有死有生的輪迴現象，都是因緣所生，既非無因而有，亦非造物主所創，既非自作自受，亦非他作他受。而使生死相續不斷的因緣，就是業力。

---

❸　《三彌底部論》:「二處生故。生中間有處、往受生處，此二處同法、不同法。云何同法？同界故。云何不同法？乘與生處異故。是故，不可言無中間有。」（T32, no. 1649, p. 470, b4-6）

❺　《成實論》:「以業力能至，何用分別說中陰耶？」（T32, no. 1646, p. 257, a9-10）

　　但是，值得我們注意的是，《舍利弗阿毘曇論》這部較古型的上座部論書，也同時是主張「有中有」的犢子系本末五部之本論，（釋印順，1981：66）從這部論書的地位來看，可以證明由業力因緣使生死相續不斷的主張，本是論諍雙方所共許的；然而，就在此前提下，卻還是有一部分學者認為必須由「中有」來聯繫前後世，例如犢子系就是「有中有論者」。所以，我們似乎有必要更審慎地深入探究，才能了解雙方論諍的真正癥結所在。

二、「有中有」之論證與反方之回應

　　「有中有論者」對於「中有」存在的論證，以及反方的回應，仍然從教證和理證二方面來探討：

（一）教證方面之辯論

　　「有中有論者」為了證成「中有」所舉的教證，大約有十二條：

1. 入胎時健達縛現前

　　「有中有論者」以入母胎三事現前的經說為證，❻所謂三事是指：「一者母身是時調適、二者父母交愛和合、三健達縛正現在前。」他們認為如果沒有「中有」，則無法解釋三事中的「健達縛」現前；因為「前蘊已壞」，入胎時現前的「健達縛」，當然是指「中有」而言。（T27, p. 356, c26-p. 357, a1）考察「有中有論者」之所以會認為「健達縛」即「中有」，是因為他們同時

---

❻ 《中阿含經》：「三事合會，入於母胎。父母聚集一處、母滿精堪耐、香陰已至。此三事合會，入於母胎。」（T01, no. 26, p. 769, b23-25）又《中阿含・梵志阿攝恕經》（T01, p. 666, a8）

主張欲界「中有」以氣味爲段食，而「健達縛」這個名詞的許多
意義中，❻正好有「食香」的意思，所以他們認爲契經中的「健
達縛」就是「中有」的別名。❻

　　「無中有論者」提出反駁說，入母胎時，並無鼓等種種樂器
聲，所以不應說有樂神「健達縛」現前，❻而應說「蘊行」。❻
他們認爲這是「有中有論者」把梵語的 skandha（蘊，巴利
khandha）誤以爲是 gandharva（健達縛，巴利 gandhabba）所造成
的誤會。

　　「有中有論者」反問敵方，無論是說「健達縛」現前，或說
「蘊行」，都可證明「中有」的存在，因爲死後業力所執取的就
是「中有」，否則「蘊行」又指什麼呢？（T27, p. 357, b14-16）
對於「無中有論者」的「蘊行」之說，雖然學者間有不同的考據
解讀，❻而 2011 年新加坡帕奧禪修中心瑪欣德比丘發表〈甘塔拔

---

❻　健達縛（梵 gandharva，巴利 gandhabba），又作乾闥婆、犍闥婆、彥達婆、
　　乾沓婆、乾沓和、巘沓縛。意譯爲食香、尋香行、香陰、香神、尋香主。此
　　語有多種意義，有時是指與緊那羅一起奉侍帝釋天而司奏雅樂之神，所以又
　　作樂神、執樂天等。（參見《佛光大辭典》p. 4371）

❻　《俱舍論》：「欲中有身資段食不？雖資段食，然細非麁。其細者何？謂唯香
　　氣，由斯故得健達縛名。」（T29, no. 1558, p. 46, b8-10）

❻　「無中有論者」認爲「健達縛」是指與緊那羅一同奉侍帝釋天，而司奏雅樂
　　之神，故有此反駁。

❻　《阿毘達磨大毘婆沙論》：「健達縛言，經不應說，彼無鼓等諸樂器故；應說
　　蘊行，彼蘊行故。」（T27, p. 357, b13-14）「蘊行」的解釋，可參考《三彌底
　　部論》：「如揵闥婆處故，日向道故。是人先造善惡道，臨死時隨善惡業道向
　　其人。日是故佛說揵闥婆處，不明中間有。」（T32, no. 1649, p. 471, a29-b3）

❻　蘊（梵 skandha，巴利 khandha），和健達縛（梵 gandharva，巴利 gandhabba）
　　的前二個音節發音相近，世親在《俱舍論》中也曾提到健達縛的意思不只一
　　種，而且有時會念成短音如「設建途（śakandhu）及羯建途（karkandhu）」
　　（T29, no. 1558, p. 46, b8-11）這就和「蘊」的發音更接近了；「無中有論
　　者」或許因此認爲這是由於音近所造成的混淆。而加治洋一認爲這或許

是「中有」嗎？〉的短文，站在「無中有論」的立場，引用巴利
經典的相關註解以及巴利語法分析，認爲：「gandhabba 應解釋
爲『去到那裡的有情』（tatrūpagasatto），即正隨業力投生到該
投生之趣的有情。」文章中的解釋，並沒有超越已見於漢譯《三
彌底部論》的內容，反而讓我們更明確地了解到「有中有論者」
爲什麼會這樣反駁了。

「無中有論者」反詰敵方，既然你說四生皆有「中有」，但
是現在你所引用的經證，卻只適用於說明胎生和卵生有情之投
生，並不適用於濕生和化生的有情，如何能用三事入胎的經證來
證明四生皆有「中有」呢？（T27, p. 357, b16-19）

「有中有論者」則認爲三事入胎之例，當然只是針對適合的
投生情況說的，並不一定要全面適用於四生。但是，即使此例不
適用於說明濕生和化生有情之轉生，卻也不能因此就認爲沒有
「中有」。（T27, p. 357, b19-21）

2. 有中般涅槃人

「有中有論者」認爲契經中「五種不還果」之一的「中般涅
槃」人，❻即是指在「色界中有」階段般涅槃的不還果聖者，因
此肯定有「中有」。❼

但是，「無中有論者」認爲所謂「中般涅槃」的意思，應是
指有一類不還果聖者，是在欲界和色界之間受生，並於該處般涅
槃。所以「中」是指出涅槃之所在處，就像佛經中指出某人的死

是 gandharva 的俗語形（prākṛta 形）被聯想成 skandha 所致。（加治洋一，
1988：77 註 46）另參見《三彌底部論》（T32, no. 1649, p. 471, a29-b3）。
❻ 參見《雜阿含經》七三六經（T02, p. 196, c11- 20）、七四〇經（T02, p. 197,
a21-27）。
❼ 參見《大毘婆沙論》（T27, no. 1545, p. 357, a1-2）。

處、去處、所在處一樣，並不是說另有「中有」存在。❻至於這中般涅槃的地點究竟在哪裡？「無中有論者」間又有四種異說，「有中有論者」也一一加以反駁：

（1）某些「無中有論者」說「中般涅槃」是在中天般涅槃。

「有中有論者」對此說的反駁是，佛所說的三界二十八天之中，並沒有「中天」，所以這是沒有根據之言。更何況如果因「中般涅槃」而立「中天」之名，那麼相對於其他四種不還果聖者的入滅處，豈不是也應該有生天、有行天、無行天，和上流天了嗎？而事實並非如此。❻然而，「無中有論者」也可以同理反詰說，如果因中般涅槃而說有「中有」，那麼相對於其他四種不還果聖者，是不是也應該建立生有、有行有、無行有、和上流有呢？❼

（2）某些「無中有論者」說「中般涅槃」是在捨欲界而未至色界途中入滅。

「有中有論者」對此說的反駁是，如果沒有「中有」，那麼所謂「捨欲界而未至色界」途中，究竟依何身入滅呢？所以必須有「中有」。❼

（3）某些「無中有論者」說「中般涅槃」是在生色界後，不久即入滅。

「有中有論者」對此說的反駁是，既已生於色界，然後才入滅者，即名為「生般涅槃」，非「中般涅槃」了。而且，如果到了受生處不久即般涅槃就是中般涅槃的話，那麼，生到無色界而

❻ 參見《成實論》（T32, no. 1646, p. 256, c8-11）。
❻ 參見《大毘婆沙論》（T27, no. 1545, p. 357, b27-c4）。
❼ 參見南傳《論事》二，p. 63，十二、十三。
❼ 參見《大毘婆沙論》（T27, no. 1545, p. 357, c4-7）。

般涅槃者，也可以叫作中般涅槃。但是，契經中明明說：「得五下分結盡，中般涅槃。」（T02, p. 196, c15-16）所以只有色界才有中般涅槃，如果無色界也有中般涅槃，就違反契經所說了。❷

（4）某些「無中有論者」說「中般涅槃」是在生色界後，壽量未盡而入滅。

「有中有論者」的反駁是，如果壽量未盡而入滅，就是「中般涅槃」的話，那麼欲界、無色界都可以有「中般涅槃」者，而不只是在色界才有，如此便與經說不合了。❸

以上四點辯論內容之中，第一點是雙方都有同樣的矛盾，可說是旗鼓相當；第三、四點，則是「無中有論者」辯輸，因為其論義明顯和「中般涅槃」的經證相違；至於第二點，死後依何身入滅或轉生的問題，實涉及雙方所建構的轉生理論不同，正是雙方僵持不下的關鍵所在，留待下一節再仔細分析。

3. 有意生身眾生

「有中有論者」以世尊曾說：「此身已壞，餘身未生，意成有情，依止於愛，而施設取。」為證，認為世尊所說的「意成有情」（或譯作「意生身」），即是「中有」。❹

「無中有論者」以犢子梵志和佛的對話來反駁，據說已離欲界煩惱的犢子梵志有一位已離色界煩惱的同學死了，犢子梵志以天眼通在欲色界遍尋不著他那位同學的投生處，所以去請示

---

❷　參見《大毘婆沙論》（T27, no. 1545, p. 357, c8-13）。

❸　參見《大毘婆沙論》（T27, no. 1545, p. 357, c13-19）。

❹　參見《大毘婆沙論》（T27, p. 357, a2- 6）、《三彌底部論》（T32, p. 470, b21-24），與所引經證近似的經文，見《雜阿含經》：「佛告婆蹉。眾生於此處命終，乘意生身，生於餘處。當於爾時，因愛故取，因愛而住，故說有餘。」（T02, no. 99, p. 244, b3-5）

佛陀，是否該同學已斷滅了？佛於是說此人因貪著與味愛相應之
禪定境界，所以已生至無色界，並非斷滅。因此，佛所說的意生
身，是指無色界意生身而言，並不是指「中有」。⑦

　　「有中有論者」的回辯是，雖然意生身可以代表幾種不同
的意思，例如代表化身、或劫初之人、或色無色界身、或「中
有」，但在此經中，佛明明說「餘身未生」，既然未生，怎可能
是指無色界身呢？所以「意成有情」，一定是指「中有」，而非
無色界之意生身。⑦

　　但是，《成實論》中的「無中有論者」則又從另一個角度解
讀此經，他們認為這是經典中佛陀依提問者之不同狀況，而做
不同回答的結果，因為犢子梵志執著神與身異，為了對治其偏
執，所以佛陀才會特別強調在未受生之間，有以愛為因緣所執
取的「意生身」生起，以表示神與身不異。⑦ 如此一來，未受生
之間的「意生身」便成了只是為了對治的方便教說，而非真實存
在了。

4. 四有或七有

　　「有中有論者」以「四有」、「七有」為證，證明有「中
有」。⑦

---

❼　參見《大毘婆沙論》（T27, no. 1545, p. 357, c19-29）、《三彌底部論》（T32, no. 1649, p. 471, a13-18）。

❼　參見《大毘婆沙論》（T27, no. 1545, p. 357, c29-p. 358, a8）。

❼　《成實論》：「《和蹉經》說：若眾生捨此陰已，未受心生身，於是中間，我說愛為因緣，是名中陰。」（T32, no. 1646, p. 256, b16-17）又：「是經中問異答異，是和蹉梵志所計身異神異，故如是答：中陰中有五陰。」（T32, no. 1646, p. 256, c6-8）

❼　參見《成實論》（T32, no. 1646, p. 256, b19-21），《俱舍論》則只引證說有七有之經（T29, no. 1558, p. 44, c24-25）。

「無中有論者」則直接反駁此經說有問題，因對方所安立的名相，與他們一向所受持者不合。[79]

如果仔細考察主張「有中有」之論典，例如成立於《成實論》、《俱舍論》之前的《大毘婆沙論》、《順正理論》等，都未曾引用四有和七有的經證；而且，現存的阿含經中，並無「四有」之記載，至於《長阿含十報法經》中的「七有」說，也已經被現代學者考證是二、三世紀間才附加進去的。（伴戶昇空，1979：183）可見四有和七有並未出現於早期契經之中，否則《大毘婆沙論》等主張「有中有論者」怎麼可能不引用如此有力的直接教證呢？

5. 知受胎時之來者

世親《俱舍論》引《掌馬族經》證明「有中有」，此經即《中阿含・梵志阿攝惒經》，[80]佛在經中說了有關阿私羅和其他仙人的一段對答：「阿私羅復問諸仙人曰：『汝等頗自知受胎耶？』彼諸仙人答曰：『知也。以三事等，合會受胎。父母合會、無滿堪耐、香陰已至。阿私羅！此事等會，入於母胎。』阿私羅復問諸仙人曰：『頗知受生為男？為女？知所從來？為從剎利族來？梵志、居士、工師族來耶？為從東方、南方、西方、北方來耶？』彼諸仙人答曰：『不知。』」（T01, p. 666, a8-15）世親認為既然問是否知道來者為誰？而此時前世五蘊又已滅去，就不可能再來了，因此經中所談論的來者，當然是指「中有」而

---

[79] 《成實論》：「汝言四有七有者，是經不然，以不順法相故。」（T32, no. 1646, p. 256, c12-14）

[80] 有關二經關係之推論，參見《國譯一切經・毘曇部二十六上》，p. 35，註二七六。

言。⑧

　　但是對於同一段經文，「無中有論者」的解讀可大不相同，他們說仙人們既然無法辨識出來者之身分、來處，可見並無具體之「中有」存在，否則怎會無法辨識呢？⑧

　　其實，無法辨識，並不能否認事物的存在，所以此處「無中有論者」的反駁是無效的。

6. 佛說斷中間處

　　「有中有論者」以佛曾說苦盡解脫之境界，是在見聞覺知之當下，但有見聞覺知，當此之時，「不在彼世界，不在此世界，不在中間處。」（T32, p. 470, b18-19）解脫者所斷離的世界包括今生來世和中間處，既然在今生來世之外說「中間處」，可見實有「中有」。⑧

　　但是，「無中有論者」認為佛的真正意思，是指解脫者當於三處斷貪、瞋、癡三縛。「不在此」是指不執著內六根，「不在彼」是指不執著外六塵，「不在中間處」是指不執著六識。所以，佛所說的「不在中間處」是於六識生起之處，斷貪、瞋、癡三縛之意，並不是指「中有」處。⑧ 雖然「無中有論者」的解釋似乎更合乎佛教的修證理論，但就字面的詮釋而言，「有中有論

---

⑧　參見《俱舍論》（T29, no. 1558, p. 45, a1-5）。

⑧　參見《成實論》（T. 32, p. 256, c3-5）。

⑧　所引經證，見《雜阿含經》：「佛告摩羅迦舅：善哉！善哉！摩羅迦舅！見以見為量，聞以聞為量，覺以覺為量，識以識為量。而說偈言：若汝非於彼，彼亦復非此，亦非兩中間，是則為苦邊。」（T02, no. 99, p. 90, a11-16）

⑧　《三彌底部論》：「斷三縛故是。是時三處中，是處斷三縛。無此，無此有何義？曰不著內門。無彼，無彼有何義？曰不著外門。不著中間，不著中間有何義？曰不著六識。是佛所說，不明中間有。」（T32, no. 1649, p. 471, a7-11）

者」的解釋也可以成立。

7. 佛以天眼見眾生死生

「有中有論者」以佛曾以天眼親見眾生,從此處歿,於彼處生的一切過程為證,主張定有「中有」,否則佛如何能以天眼見眾生之死此生彼?❽

「無中有論者」認為所謂天眼見眾生死,是指見到將死之時的眾生相;天眼見眾生生,是指見到將生之時的眾生相。都不是指見到「中有」。❻問題是見眾生死時或生時之相,不必天眼也能看到,所以「無中有論者」特別又強調這是指看見一類色身極細微的眾生的死生而言,並非看見「中有」。❼然而,這裡所謂「色身極細微的眾生」是指什麼呢?「有中有論者」認為「中有」就是此具有極微細五蘊的存在,但是「無中有論者」卻認為這還是屬於五趣眾生之類。可見即使看到同樣的東西,因彼此對該物的認知完全不同,解釋就不一樣了。

8. 菩薩降胎時光明普照

「有中有論者」以阿難說世尊從兜率天降生母胎時,光明普照世間為證,❽認為這是菩薩在「中有」階段放光,然後入胎,可見確實有「中有」。❾

---

❽ 參見《三彌底部論》(T32, no. 1649, p. 470, c5-8)。

❻ 參見《成實論》(T32, no. 1646, p. 256, c16-18)。

❼ 參見《三彌底部論》(T32, no. 1649, p. 471, a26-28)。

❽ 有關菩薩降生前放光的記載,見《長阿含經》(T01, no. 1, p. 3, c15-18)、《方廣大莊嚴經》(T03, no. 187, p. 548, a7-10)、《普曜經》卷二〈降神處胎品〉(T3, p. 490, b13-c4)。

❾ 參見《三彌底部論》(T32, no. 1649, p. 470, c23-27)。

　　「無中有論者」批評此說是犯了時間上的錯誤，他們認為阿難所說的是「菩薩得阿耨多羅三藐三菩提時，光明照耀一切世間。」並不是在入胎前光照世間，所以不承認「中有」。⑨

　　但是，如果根據現在可看到的《長阿含經》：「毘婆尸菩薩從兜率天降神母胎，從右脇入，正念不亂。當於爾時，地為震動，放大光明，普照世界，日月所不及處皆蒙大明。」（T01, p. 3, c15-18）以及《方廣大莊嚴經》：「即於兜率最勝天宮，而便降生。將下生時，放未曾有身相光明，遍照三千大千世界。世界中間、幽冥之處，日月威光所不能照，而皆大明。」（T03, p. 548, a7-10），確實有最後身菩薩於降生母胎前放光的記載，也許這又和說「四有」、「七有」之經一樣，是部派所傳持的經典不同所致吧？

9. 雜受身、雜生世間

　　「有中有論者」以佛在善惡業與苦樂果之外，又說「雜起業、雜受身、雜生世間」為證，認為這是指在善惡趣之外，還有「中有」存在。⑨

　　「無中有論者」對此說的反駁是，所謂「雜受身、雜生世間」，和說「受身、生世間」一樣，只是加強說明所受身及所生世間，是善惡苦樂相雜而已，所以不能依此證明「中有」的存在。⑨

---

⑨　參見《三彌底部論》（T32, no. 1649, p. 471, b12-16）。
⑨　參見《成實論》（T32, no. 1646, p. 256, b18-19）。
⑨　參見《成實論》（T32, no. 1646, p. 256, c11-12）。

10. 閻王所訶責者

「有中有論者」以閻王訶責罪人，令墮落地獄為證，指稱「被閻王所訶責的罪人」，即是「中陰身」。[93]

「無中有論者」則認為閻王所訶責者，即是已墮地獄之「生有」，並非「中有」。[94]

11. 佛知眾生宿命

「有中有論者」以佛知眾生宿命為證，認為正是因為有「中有」身，佛才能知某人生此處、某人生彼處。[95]

「無中有論者」則反駁說，佛是以聖智力，而知眾生宿命。佛雖沒有看到某人前世今生相續生起的狀態，但還是可以依聖智力覺察到其人的宿世因緣；所以，並不需要透過「中有」身才了知眾生宿命。[96]如果從「宿命通」是指「能知自身及六道眾生之百千萬世宿命及所做之事」的意思來看，確實不必要透過「中有」身才知眾生宿命，所以此處「有中有論者」的說服力薄弱。

12. 眾生為陰所縛

「有中有論者」以眾生為五蘊所繫縛，故從此世間轉生至彼世間為證，認為這由此轉至彼，為五蘊所繫縛者，即是指「中有」。[97]

---

[93] 參見《成實論》（T32, no. 1646, p. 256, b21-22）又，有關閻王訶責罪人之經典，見《中阿含經》（T01, p. 503, c22-p. 504, c22）、《閻羅王五天使者經》（T01, p. 828, c6- p. 829, b1）等。

[94] 參見《成實論》（T32, no. 1646, p. 256, c14-15）。

[95] 《成實論》：「又，佛因中陰，知眾生宿命。謂此眾生生此處，彼眾生生彼處。」（T32, no. 1646, p. 256, b22-23）

[96] 參見《成實論》（T32, no. 1646, p. 256, c15-16）。

[97] 參見《成實論》（T32, no. 1646, p. 256, b24-25）。

「無中有論者」反駁說，「爲陰所縛，從此至彼」的眞正意思，只在表示凡爲五蘊所繫縛者，必有來世，並不是指「中有」。❾❽

從第 9 至第 12 條經證，雙方的諍論，都是在對經文的不同詮釋，所以無法取得共識。

（二）理證方面之辯論

「有中有論者」如何從學理上論證有「中有」呢？大致可歸納出三點來說明：

1. 死生之間必須有五蘊身才能無間相續

「刹那續生，處必無間」（T29, p. 44, b24-25），這是「有中有論者」最重要的主張。爲了確保從死處到生處之間，能相續不間斷，必須有具五蘊的「中有」來聯繫。如果沒有「中有」的聯繫，則前世生命，由有而無，便成斷滅；來世生命，由無而有，便成無因生。斷滅或無因生，都違背了佛法的緣起論，所以必須有「中有」，才能避免這樣的過失。❾❾

死生之間，必須相續，才能成立輪迴，其實是雙方共許的前提。而主要的爭執在於業果現起的過程，是否必須在空間的相續關係之間，有具體表顯的五蘊身來相聯繫。⓿「有中有論者」認爲就像穀稻之間，有具顯的禾苗相續一樣，死生之間，也必須有具足五蘊的「中有」從此處至彼處，如此才能成立無間相續的轉

---

❾❽ 參見《成實論》（T32, no. 1646, p. 256, c18-20）。

❾❾ 參見《大毘婆沙論》（T27, no. 1545, p. 357, a6-10）。

⓿ 《三彌底部論》：「復次，得相關故。柯羅羅（梵 kalala）作本，乃至老無中間，色得相關。我等見得相關故，應有道度處，從死有受中間有應有，相關可成。」（T32, p. 470, c14-17）

生關係。❿

　　但是，「無中有論者」卻認爲直接從死有轉生至生有，便可以建立緊密相關性而不會間斷了，並不需要另立「中有」來接續。而且，他們也批評敵方以苗稻相生爲喻，是非常危險而無法用來正確類比轉生之理的，因爲由稻穀苗，只能再生出稻，但是人死後，經「中有」階段，卻不一定只能轉生爲人。❿他們認爲即使沒有具顯的五蘊身來聯繫，在表面上看似有間斷的情況下，仍可保持死生之間的相續關係。例如心識是由遠近眾因緣和合而生，並不一定要有相續連貫的表顯色法才能生起，就像刺人足部，卻在頭部感到疼痛一樣，足部的痛覺意識，並無任何可見的表顯色法之接續，便到達了頭部。眾生之從此生彼亦然，但依業力因緣即可到達，並不需要再依靠「中有」的媒介。❿他們更藉某物在鏡中顯像的譬喻，來說明死生之間，雖沒有具顯的五蘊身來連貫，卻無礙於相續生起的關係。❿

　　《俱舍論》針對敵方的鏡像喻加以反駁，提出二點不能成立的理由：（1）以非實法之鏡中像和鏡前實物的關係，❿不能類比二者皆屬實法之「死有」和「生有」的關係。（T29, p. 44，

---

❿ 《俱舍論》：「現見世間相續轉法，要處無間，刹那續生。且如世間穀等相續，有情相續，理亦應然。刹那續生，處必無間。」（T29, no. 1558, p. 44, b22-25）

❿ 參見《三彌底部論》（T32, no. 1649, p. 471, b4-11）。

❿ 參見《成實論》（T32, no. 1646, p. 257, a11-14）。

❿ 參見《俱舍論》（T29, no. 1558, p. 44, b25-27）。

❿ 此處世親是依經部像色無體之義而立論的，若依有部，則認爲像色仍屬實有之色法，所以《順正理論》對世親之說又加以駁斥：「今謂彼因，不能遣像，故不能解破中有難。且彼所說，以一處所，無二故者，其理不然。同處壁光，俱可取故。雖壁光色，異大爲依，而於一時同處可取，不可亦撥在壁光無。由此例知鏡像俱有，故彼所說，非遣像因。」（T29, p. 470, b2-7） c1-12）（2）能喻所喻的存在條件不相當。即使承認鏡中像是實有之法，⓱此比喻也不能成立。原因有二：①就存在之時間條件而言，鏡前實物和鏡中像是同時存在的，並非如死生之間的前後相續。②就存在之因緣條件而言，鏡中像必須依實物和鏡子二個因緣才能現前，而「生有」只以一「死有」為緣即可生起。（T29, p. 44, c12-20）所以鏡像喻不能類比死有和生有之間的關係。

面對「有中有論者」認定如果沒有「中有」，轉世之間就會中斷的堅持，「無中有論者」還是強調，前生後世的相續，並不必依靠「中有」，只依靠「業力」即可聯繫，就像一個人雖已處於不同的時空中，仍可憶念起曾發生過的事情一樣。所以，即使沒有「中有」，也能成立前後世之間的關係。⓲而且，死生之間，「要得生有，方捨死有」，就像折路迦（蚇蠖蟲）前進時，總是先安放前足，再移動後足那樣。因此，死生之間沒有「中有」，也不會發生中斷的過失。⓳

「有中有論者」批判這「要得生有，方捨死有」的主張，犯了三大過失：（1）趣壞，即一有情同時存在於二趣之中。例如人中死，生地獄者，若必須先得地獄諸蘊，再捨人中諸蘊，豈不是一剎那間同時存在於二趣之中？（2）所依身壞，即一有情同時有二種不同的生命形態，例如既是地獄身，又是人身。（3）一身內二心俱生，即在一有情身中，同時有二心生起，如有二心則必有二身。⓴以上三點都違反了事實情況，所以他們認定「無中有論

⓱ 世親的第二個論證觀點，又從有部以鏡中像為實法的立場來立論。
⓲ 參見《成實論》（T32, no. 1646, p. 256, c21-24）。
⓳ 參見《大毘婆沙論》（T27, no. 1545, p. 358, a10-13）。
⓴ 參見《大毘婆沙論》（T27, no. 1545, p. 358, a13-20）。

者」的主張是不能成立的。❿

2. 識無身不至彼

「識無身不至彼」（T32, p. 470, c3）是「有中有論者」另一個重要主張。他們認為識之轉生，必須配合五蘊之身，而此世之五蘊身既已敗壞，若無「中有」，將沒有可將識承載至下一世之五蘊身，所以必須有「中有」。

問題是識之轉生，是否一定要依止於五蘊之身呢？顯然雙方的看法完全不同。「有中有論者」主張識必須依止於身，才能轉生。「無中有論者」則認為識直接依業力，即能轉生。⓫

正因為「有中有論者」認為「識無身不至彼」，所以主張輪迴轉生之際，識必須有其所依處，才能轉生。因此，輪迴轉生時，一定要有「中有」作為識之所依處，識才能看到受生之處，而前往投生。⓬但是，「無中有論者」認為識之轉生，並不一定非依「中有」不可，就像住在般稠摩偷羅國的人，可以在夢中看到摩偷羅北方的領屬國那樣，只依靠識的力量，即可看到來世的受生處，並不需要依靠「中有」。⓭

3. 死時有微四大離去

《成實論》中的「有中有論者」以一般世人相信人死之際，有微細四大從壞滅的五蘊身離去為證，而主張此微細四大即是

---

❿ 事實上，「無中有論者」又將一剎那分成前後二時，故可避開敵方之詰難。有關此議題，將在下一小節詳細討論。

⓫ 《成實論》：「心無所至，以業因緣故，從此間滅，於彼處生。」（T32 , p. 257, a10-11）。

⓬ 參見《三彌底部論》（T32, no. 1649, p. 470, c28-p. 471, a5）。

⓭ 參見《三彌底部論》（T32, no. 1649, p. 471, b17-20）。

「中有」。⑭「無中有論者」對於死時有微細四大離去的說法,認為乃是「世人所見,不可信」,所以不能用來證明「中有」的存在。⑮

嚴格說起來,這不是佛教學者所提出的理證,只能說是《成實論》成書時期,民間流行的說法。但值得我們注意的是,死時有微細四大離去的主張,其實近似於印度六派哲學中的數論派之主張,在數論派的《金七十論》中提到:「臨死,細身棄捨麁身。此麁身,父母所生。或鳥噉食、或復爛壞、或火所燒。癡者細身,輪轉生死。」(T54, p. 1255, a1-3)這是在可見的粗身之外,別立細身作爲輪迴主體的主張。(木村泰賢,1978:583)而此外道的「細身」觀,在《成實論》中隱然有被引用來證成「中有」存在的痕跡,使佛教的「中有」概念和外道的「細身」觀有開始混雜的跡象。這是在研究佛教的「中有」思想時,必須謹慎簡別之處。

三、小結

在這一節裡面,本書從南傳《論事》、《舍利弗阿毘曇論》、《大毘婆沙論》、《俱舍論》、《三彌底部論》、《成實論》等論典中,依教證和理證歸納了有無「中有」的辯論內容。⑯在教證方面,「無中有論者」提出六項證明:1. 佛不曾說有「中有」眾生。2. 佛不曾說有感「中有」業。3. 佛不曾授記生「中有」處。4. 佛說造五逆罪者無間生地獄。5. 佛說有現身墮無間地獄之眾生。6. 佛

---

⑭ 參見《成實論》(T32, p. 256, b25-27)。

⑮ 參見《成實論》(T32, no. 1646, p. 256, c20-21)。

⑯ 有關各部論典所記載的辯論內容,製成對照簡表附於本節後,請參見表二和表三。而各部論典所記載的完整辯論內容,則另整理成附錄一、二附於書末,以供查索。

曾說死後「求住中間無所止」。「有中有論者」則提出了十二條經證：1. 入胎時健達縛現前。2. 有中般涅槃人。3. 有意生身眾生。4. 四有或七有。5. 知受胎時之來者。6. 佛說斷中間處。7. 佛以天眼見眾生死生。8. 菩薩降胎時光明普照。9. 雜受身、雜生世間。10. 閻王所訶責者。11. 佛知眾生宿命。12. 眾生爲陰所縛。

　　雙方針對對方所提的教證，都一一加以反駁或另作解釋，並沒有任何一方的教證能被對方接受。至於雙方在教證方面無法達成共識的原因，留待下一節再進一步分析。

　　在理證方面，「無中有論者」提出七點證明：1.「中有」不屬於有情之類。2.「中有」無存在之意義。3. 非一切有情之轉生皆需「中有」。4.「有中有」將墮無窮過。5.「中有」和「生有」無法區別。6.「中有」與「生有」一異皆成過失。7. 業力能至，不需要「中有」。「有中有論者」則提出了三項理證：1. 死生之間必須有五蘊身才能無間相續。2. 識無身不至彼。3. 死時有微四大離去。

　　雙方針對對方所提出的理證，當然也是一一加以反駁，這往來辯論之間，似乎只是各說各話的堅持，毫無交集可言，他們眞正的論諍焦點究竟是什麼呢？且留待下一節再繼續探討。

表一：各論書對有無「中有」論者之稱名，括號內之文字，為研究者
之註記

書名	主張「有中有論」者	主張「無中有論」者
南傳《論事》	（東山住部、正量部）	（南方上座部）
《異部宗輪論》	說一切有部、化地部末宗	化地部本宗、大眾部、及其分支：一說部、說出世部、雞胤部
《大毘婆沙論》	應理論者（說一切有部）	分別論者（泛稱分別說部，即流行於罽賓區的化地、法藏、飲光等部）（釋印順，1981：412）
《三彌底部論》	（正量部）	諸部
《成實論》	有中陰者	（近於經量部而自成一宗）（釋印順，1981：580）
《俱舍論》	（兼採經部之說一切有部）	餘部

表二：綜合表列各部論典關於「無中有」之論證內容

論證內容 ＼ 出處論典	《舍利弗阿毘曇論》	《南傳論事》	《三彌底部論》	《成實論》	《大毘婆沙論》	《俱舍論》
「無中有」之論證						
一、理證						
1.「中有」不屬於有情之類		✓				
2.「中有」無存在之意義			✓			
3. 非一切有情之轉生皆需「中有」		✓				
4. 有「中有」將墮無窮過			✓			
5.「中有」和「生有」無法區別				✓		
6.「中有」與「生有」一異皆成過失			✓			
7. 業力能至，不需要「中有」	✓			✓		
二、教證						
1. 佛不曾說有「中有」眾生			✓	✓		
2. 佛不曾說有感「中有」業			✓	✓		
3. 佛不曾授記生「中有」處			✓			
4. 佛說造五逆重罪者無間生地獄			✓		✓	✓
5. 佛說有現身墮無間地獄之眾生			✓			✓
6. 佛曾說死後「求住中間無所止」					✓	✓

表三：綜合表列各部論典關於「有中有」之論證內容

論證內容 / 出處論典	《舍利弗阿毘曇論》	《南傳論事》	《三彌底部論》	《成實論》	《大毘婆沙論》	《俱舍論》
「有中有」之論證						
一、理證						
1. 死生之間必須有色法無間相續			✓	✓	✓	✓
2. 識無身不至彼			✓			
3. 死時有微四大離去			✓			
二、教證						
1. 入胎時健達縛現前			✓	✓	✓	✓
2. 有中般涅槃人			✓	✓	✓	✓
3. 有意生身眾生			✓	✓	✓	
4. 四有或七有				✓		✓
5. 知受胎時之來者				✓		✓
6. 佛說斷中間處			✓			
7. 佛以天眼見眾生死生			✓	✓		
8. 菩薩降胎時光明普照			✓			
9. 雜受身、雜生世間				✓		
10. 閻王所訶責者				✓		
11. 佛知眾生宿命				✓		
12. 眾生為陰所縛				✓		

第二節　有無「中有」論諍原因之解析

　　從上一節關於有無「中有」之論證及往來辯論的內容，看到雙方各持己見，誰也無法說服對方。而產生論諍的眞正原因究竟是什麼？還是從教證和理證兩方面來進行分析：

一、教證方面之論諍原因解析

　　「中有」是否存在的問題，之所以會成爲論諍焦點，主要原因是早期契經之中，佛陀並未曾親口說過「中有」一詞，所以雙方都只能引用間接的契經資料來證成各自的主張。因此，教證不足可說是雙方所共同面臨的困境，也是產生論諍的主要原因之一。從上一節有關教證方面的辯論內容來看，雙方所以無法取得共識的原因，可歸納出如下三點：

（一）佛未曾說「有中有」或「無中有」

　　對於「無中有論者」而言，最有力的證據，當然是在契經中佛不曾說過「中有」。雖然《成實論》和《俱舍論》的「有中有論者」曾提出「四有」和「七有」的經證，但是，目前的阿含部經典中，並未發現說「四有」之經典；「七有」雖出現在《長阿含十報法經》，但現在學者已考證出那應該是二、三世紀間才被附加進去的。（伴戶昇空，1979：183，註1）如果檢視其他比《成實論》和《俱舍論》更早出的部派論典，例如《大毘婆沙論》中的「有中有論者」並未舉出「四有」和「七有」的經證，可見這應該不是一開始便爲大家所共同受持的契經。而且佛陀分析眾生的形類時，也確實只說五趣眾生，並不包括「中有」在內。「有中有論者」雖然巧妙地將「中有」定位爲「非趣所攝」

的方便存在，但是，佛在契經中未曾說過「中有」一詞，卻是不爭的事實，所以「無中有論者」的確有足夠的理由堅持他們的主張。

問題是，世尊雖未說過「有中有」，卻也未說過「無中有」，所以當「有中有論者」舉出世尊也有該說而不說的情形時，⑰的確就不能因佛未說過「中有」而證明「無中有」了。所以，真正使雙方在經證方面無法達成共識的第一個原因，是佛既不曾說「有中有」，也不曾說「無中有」，才使雙方得以各依己見詮釋間接經證，因而諍論不休。

（二）所傳持的經典互異

雙方在教證方面無法取得共識的第二類原因，是因為彼此所傳持的經典不一樣。最典型的代表就是《成實論》和《俱舍論》的「有中有論者」所提出的「四有」和「七有」之經證，「無中有論者」反駁說：「汝言四有七有者，是經不然。以不順法相故。」（T32, p. 256, c12-14）四有或七有既然不見於自宗一向所傳持的經典之中，當然不能證成「中有」。但是對「有中有論者」而言，最初雖然也一樣沒有傳持提到「中有」的經典，但到了二、三世紀之間，在《長阿含十報法經》中就加入「七有」說了，難怪成書於四、五世紀的《成實論》和《俱舍論》認為佛曾說過七有經。但是，說四有和七有的經典，顯然並非「無中有論者」所傳持的經典，所以並不為他們所採信。

另一個例子則是有關菩薩降生時，光明普照世間的記載，雖然今天我們可以在《長阿含經》（T01, p. 3, c15-18）、《方廣大莊嚴經》（T03, p. 548, a7-10）、《普曜經》卷二〈降神處胎品〉

---

⑰　參見《三彌底部論》（T32, p. 470, a17-20）。

（T3, p. 490, b13-c4）等經中看到相關記載。但是對於《三彌底部論》的「無中有論者」而言，似乎並未曾見過這些經典，因為他們認為菩薩放光普照世間的時間，是在「得阿耨多羅三藐三菩提時」（T32, p. 471, b13-14），並不是指降生之時，這應該也是傳持的經典不同所致。

（三）對經文的詮釋不同

既然雙方都缺乏直接的教證，而只能引用間接的教證，所以彼此在教證方面的辯論，多半涉及對經文的詮釋問題，因為對同一經文，有截然不同的詮釋，以致各說各話，毫無交集可言，這是雙方在教證方面無法取得共識的第三類原因。

例如「有中有論者」最常引證的五不還聖者的「中般涅槃」之說，「無中有論者」認為若因「中般涅槃」而說有「中有」，那同理應該依次有「行有」、「無行有」、「上流有」等諸有，而事實不然。（《論事》二，p. 63）但如果反問「無中有論者」，要如何解釋「中般涅槃」呢？當「無中有論者」提出是指在「中天」般涅槃的解釋時，敵方卻也可以用同樣的道理來反駁，即理應依次有「行天」、「無行天」、「上流天」等諸天，而事實不然。（T29, p.45, a6-10）類似這樣的往來辯論，真可說是旗鼓相當，誰也無法說服對方了。

又如針對「有中有論者」以「意生有情」證成「中有」的教證，「無中有論者」則認為契經所說，是指生於無色界而言，所以不同意因此說「有中有」。（T27, p. 357, c19-29）而當「無中有論者」提出「造五逆罪，無間生地獄」的教證，認為既言「無間生」，可見並無「中間有」時，「有中有論者」則以排除往生他趣的可能，以及強調來生必當受報的不同觀點來詮釋「無間生」。（T27, p. 357, a14-18）此外，對於「斷中間處」、「佛天眼

見眾生死生」、「雜受身、雜生世間」、「閻王所訶責者」、「佛知眾生宿命」、「眾生爲陰所縛」等經文，雙方都各自以不同的詮釋觀點來解讀，⑱結果當然是各說各話，永遠無交集可言，畢竟六經皆我註腳的論證方式，只適合自圓其說，並無法有效說服別人。

　　世親曾說：「凡引證言，理無異趣。此有異趣，爲證不成。」（T29, p. 45, b29-c1）世親認爲凡是用來做爲證據的資料，必須只有一種意義，如有不同的意義，那就不能用來做爲證成主張的根據。如果依據這條辯論規則，檢視雙方所引用的經證，既然會被提出不違背文義的不同詮釋，就都不適合在辯論中拿來做爲證成自家主張的證據了。如此一來，雙方所引用的經證似乎都面臨不能成立的窘境。然而，爲什麼在沒有充分教證的情形下，雙方還非要如此竭盡全力來辯論有無「中有」的問題不可呢？確實有必要做更深入的探討。

二、理證方面之論諍原因解析

　　正如哲學詮釋學家所說的，當人們理解文本時，必然是透過前見詮釋的結果，所以無論任何人對傳統經文的任何解釋，都無可避免地受到前見的影響。⑲因此，雙方產生論諍的眞正焦點，應該是在形成前見的宗義思想上。例如針對三事入胎的「健達縛」現前的經證，「有中有論者」以「健達縛」現前證明實有「中有」；「無中有論者」卻認爲這是經文在流傳過程中，由於

---

⑱　雙方對各經文的不同詮釋，以及往來辯論的過程，詳見本論文第二章第一節相關內容。

⑲　伽達默爾（Hans-Georg Gadamer）：「誰試圖去理解，誰就面臨了那種並不是由事情本身而來的前見解（Vor-Meinungen）的干擾。」（《眞理與方法》p. 354）

語音或語形接近所造成的訛誤，[120]因此認為應將「健達縛」現前改成「蘊」行，主張入胎時現前的是執取來世五蘊身心的業力。[121]但「有中有論者」認為，即使改成「蘊行」，入胎前業力所執取的，還是指「中有」而言，並不是來世之「生有」。（T27, p. 356, c26-p. 357, b16）由業力感生來世的五蘊身心，本是雙方共許的前提，這裡主要的差別在於一方認為業力可以直接執取來世的五蘊而完成轉世的任務，另一方卻認為業力必須先化生為「中有」，再經由「中有」完成轉世的任務。這裡所涉及的，已經不只是對契經表面文義有不同詮釋的問題，而是雙方所建構的輪迴轉世理論不同，應該才是產生論諍的癥結所在。

雙方所建構的輪迴轉世理論，究竟有何不同，為什麼會對「中有」存在與否產生決定性的影響，而導致雙方非各自堅持己見不可呢？透過雙方在理證方面的辯論內容，可以歸納出三點差異：

（一）對業果相續方式的見解不同

在輪迴轉世理論中，與「中有」是否存在的問題關係最密切

---

[120] 「無中有論者」說：「健達縛言，經不應說，彼無鼓等諸樂器故。應說蘊行，彼蘊行故。」（T27, p. 357, b13-14）蘊，和健達縛（梵 gandharva，巴利 gandhabba）的前二個音節發音相近，世親在《俱舍論》中也曾提到健達縛的意思不只一種，而且有時會唸成短音如「設建途（śakandhu）及羯建途（karkandhu）」（T29, p. 46, b8-11）這就和「蘊」的發音更接近了；「無中有論者」或許因此認為這是由於音近所造成的混淆。而加治洋一認為這或許是 gandharva 的俗語形（prākṛta 形）被聯想成 skandha 所致。（加治洋一，1988：77 註 46）

[121] 《三彌底部論》的「無中有論者」說：「如擷闍婆處故，曰向道故。是人先造善惡道，臨死時隨善惡業道向其人。曰是故佛說擷闍婆處，不明中間有。」（T32, p. 471, a29-b3）

的宗義思想，首先是關於前後世之間業果如何聯繫的問題。就佛
教內部而言，業力是招感來生果報的基本因素，其中並無輪迴主
體的存在，這是大家共許的前提；❶問題是，在否定有輪迴主體
的同時，如何說明前後世之間的關聯性呢？這是產生歧見的關鍵
所在，也因此而導致有無「中有」的論諍。

「無中有論者」認為只要依業力，就足以說明前後世之
間的相續關係，而不必另外建立「中有」來聯繫，例如《成實
論》說：

> 以業力能至，何用分別說中陰耶？又心無所至，以業因緣
> 故，從此間滅，於彼處生。

(T32, p. 257, a9-11)

但是，對「有中有論者」而言，死生之間一定要由「中有」
來接續，才能保證轉世過程得以無間相續而不會中斷，❷例如
《阿毘達磨大毘婆沙論》說：

> 從此洲歿，生北俱盧等。若無中有，此身既滅，彼身未
> 生，中間應斷。是則彼身本無而有，此身亦則本有而無。法
> 亦應爾，本無而有，有已還無。勿有斯過，故有中有。

(T27, p. 357, a6-10)

毘婆沙師認為轉世過程中，如果沒有「中有」，會造成中斷現
象，而轉世過程有中斷又是什麼過失呢？如果這一期生命的五

---

❶ 《舍利弗阿毘曇論》：「謂此滅彼生，謂此終彼始。……無有從此至彼者，無
   有從彼至此者；何以故？業緣相續生。」(T28, p. 608, a26-b2) 此論同時是
   主張「有中有」的犢子系本末五部之本論，(釋印順，1981：66) 可見業力
   是死生相續的因緣，並且否定有輪迴主體的存在，乃是雙方所共許的。
❷ 各論典中有關實有「中有」之理證，幾乎皆有此條，參見《三彌底部論》
   (T32, p. 470, c14-22)、《成實論》(T32, p. 256, b27-29)、《大毘婆沙論》(T27,
   p. 357, a6-10)、《俱舍論》(T29, p. 44, b22-25) 等之相關內容。

蘊身心壞滅之後，沒有「中有」接續的話，將會落入本有而無的斷滅見；而來生五蘊身心的生起，如果沒有「中有」為因，則是本無而有的無因生。不論斷滅見或無因生，都違背了佛法的緣起論，所以轉世過程有中斷的話，確實是極大的過失。然而，「無中有論者」難道會落入如此明顯的斷滅見和無因生等過失之中嗎？應該是不可能的，因此還必須進一步考察真正的諍論焦點。

　　基本上，死生之間必須有聯繫，才能成立輪迴的事實，這也是雙方共許的前提，問題出在一方認為如果沒有「中有」，死生之間就會失去聯繫，一方則認為不會。可見，問題的癥結其實是雙方對於業果之間的聯繫方式有不同的看法，究竟是什麼樣的不同看法呢？針對這個問題，印順法師的研究成果，有助於我們掌握問題的根源，印順法師在《唯識學探源》中說：

> 從代表原始佛教的《阿含經》考察起來，眾生的生命現象，只是名色或五蘊或六界的和合。在三世輪迴中，名色等都是不息的生滅演變，並沒有一個恆存不變的東西，可以說是作者、受者。這剎那生滅的無常論，在業果緣起的建立上，成為非常的困難。前後不斷的演變，怎樣能成立聯繫？佛教的思想就在這裡分化了。
>
> 　大眾與分別說系，在心識的統一中；說一切有與犢子系，在五蘊和合的補特伽羅中，建立前後的移轉。……可以說，五蘊統一論是平等門，心識統一論是殊勝門。

（《唯識學探源》p. 50）

　　原來，主張「有中有」的說一切有部與犢子系，是將業果相續的方式，建立在五蘊和合的補特伽羅的前後繼起之上。而主張「無中有」的大眾與分別說系，是將業果相續的方式，建立在心識的前後統一之中。「有中有論者」強調必須藉由五蘊和合的補特伽羅來聯繫業果，這是同時重視色心二法的輪迴理論，所以印

順法師稱之爲「平等門」；「無中有論者」卻認爲只要依靠心識就能說明前後的相續，這是屬於特顯心法的輪迴理論，所以印順法師稱之爲「殊勝門」。

《異部宗輪論》提到說一切有部之本宗同義：「有情但依現有執受相續假立，說一切行皆刹那滅，定無少法能從前世轉至後世，但有世俗補特伽羅，說有移轉。」（T49, p. 16, c1-3）犢子部之本宗同義也說：「諸法若離補特伽羅，無從前世轉至後世，依補特伽羅，可說有移轉。」（T49, p. 16, c16-18）補特伽羅（梵pudgala），意譯爲「數取趣」，即不斷招感五趣生死輪迴的主體，本是「我」的異名。❷雖然說一切有部和犢子部對於此作爲相續主體的補特伽羅的性質有不同看法，❷但都主張補特伽羅是依蘊、界、處而假施設。❷而正是在這樣的輪迴理論下，他們認爲有情一期生命結束後，必須要有五蘊和合的「中有」，做爲生起來世五蘊身心的橋樑。（釋悟殷，2001：294）而且他們還主張「異熟因及異熟果，俱通五蘊。」（T27, p. 96, a27）所以不能只由心法擔任轉世的任務，難怪《三彌底部論》的「有中有論者」

---

❷ 有關各部派對於「補特伽羅」的看法，參見黃俊威〈有關犢子部「補特伽羅」觀念之研究〉、〈犢子部以外部派變相的「補特伽羅」理論〉。

❷ 基本上，說一切有部的補特伽羅是假名我，犢子部則別立爲不可說我。（釋印順，1993a：73）又，《唯識學探源》：「說一切有部，在五蘊和合的作用上，建立假名我。實法各不相關，假名我的和合相續，才可以說移轉。犢子系卻不然，它在五蘊不息的演變中，發現內在的統一，所以立不可說我。有部的統一，像前浪推後浪的波波相次；犢子系卻像在波浪的起伏中，指出那海水的統一。也可以說，一是無機的集合，一是有機的統一。」（釋印順，1992：51）

❷ 《異部宗輪論》提到說一切有部之本宗同義說：「有情但依現有執受相續假立，……。」（T49, p. 16, c1）犢子部本宗同義則說：「謂補特伽羅，非即蘊離蘊，依蘊處界，假施設名。」（T49, p.16, c14-15）

要說：「識無身不至彼，我等見身不至彼，是故有中間有。」
（T32, p. 470, c3-4）又說：「其人欲受生心轉變，……若無中間
有，不成轉變，不應見其所往道。是其所依處，是處見其所往
道。」（T32, p. 470, c 28-p. 471, a4）

　　正因爲「有中有論者」主張要由五蘊和合的身心來聯繫前
後世，所以必須在心法之外，同時強調色法無間，才能成立前後
世之間的聯繫。因此《三彌底部論》的「有中有論者」才會說：
「柯羅羅作本，乃至老無中間，色得相關。我等見得相關故，
應有道度處，從死有受中間有應有，相關可成。」（T32, p. 470,
c15-17）針對必須有五蘊身無間續生，前後世之間的關係才不會
中斷的輪迴理論，「有中有論者」更用穀苗稻相續而生的譬喻來
說明，如《俱舍論》說：

　　且如世間穀等相續，有情相續，理亦應然。刹那續生，處
　　必無間。

　　　　　　　　　　　　　　　　　　（T29, p. 44, b23-25）⑰

爲了保證從死處到生處之間，前後的關係不會中斷，所以「有中
有論者」認爲在死生之間，必須由具有五蘊微細色身的「中有」
來居中聯繫。

　　但是，「無中有論者」卻說：「豈不現見有法續生，而於其
中，處亦有間。如依鏡等，從質像生。如是有情，死有生有，處
雖有間，何妨續生。」（T29, p.44, b25-27）《成實論》也說：
「現見心不相續生，如人刺足，頭中覺痛。此足中識，無有因
緣，至於頭中。以近遠眾緣，和合生心，是故不應分別計有中
陰。」（T32, p. 257, a11-14）這就更明顯地表現出諍論的焦點
了，正因爲「無中有論者」是將業果相續的方式，建構在心法的

⑰《三彌底部論》也有同樣的譬喻。（T32, p. 470, c18-21）

前後統一之上，所以認爲即使沒有現見五蘊身的連續生起，前後世之間的關係也不會中斷。例如《成實論》說：

> 以心是一，能起諸業，還自受報。……心能憶念，故知心一。又以心是一，故能修集，若念念滅，則無集力。又佛法無我，以心一故，名眾生相，若心多者非眾生相。

（T32, p. 278, c21-25）

因爲前後心一，才有業報、憶念和累積業力等功能，也才能在無我的教說下說有眾生的存在，如果前後心不一，又如何說明存在於前後世關係中的眾生相呢？根據印順法師的推論，此一心論是屬於「無中有論」的大眾部之主張，❽在《大毘婆沙論》中也提到大眾部主張「唯心心所，有異熟因及異熟果。」（T27, p. 96, a28）可見主張「無中有」的大眾部確實是將業果聯繫的方式，建立在心法的前後統一之上，所以他們當然認爲不必有可見的五蘊身來聯繫前後世。但是，對「有中有論者」而言，因爲是將業果聯繫方式，建立在五蘊假合的補特伽羅的前後繼起之上，所以一定要由具有微細五蘊的「中有」來聯繫，前後生之間的關係才不至於中斷。

（二）對剎那生滅諸法能否轉變的見解不同

「有中有論」的說一切有部主張：

> 一切行皆剎那滅，定無少法，能從前世轉至後世。但有世俗補特伽羅，說有移轉。

（T49, p. 16, c2-3）

他們認爲一切法都剎那生滅，沒有任何真實法能從前世轉生至後

---

❽ 印順法師從《成實論》：「心法能知自體，如燈自照，亦照餘物。」（T32, p. 279, a16-17）推知此一心論是屬於大眾部之思想。（釋印順，1993a：74）

世，在前後之間相續轉變的只是五蘊假合的補特伽羅罷了。⓫所以死生之間一定要有五蘊和合的「中有」來聯繫，才能保證前後世之間的關係不中斷。問題是，難道「無中有論者」用來統一前後的心法，就不是剎那生滅的嗎？他們又如何能依剎那生滅的心法來成立業果之間的關聯性呢？這是雙方在宗義思想上的另一個重要分歧點。

一切法剎那生滅，本是佛教界的共識，這裡成為諍論焦點的，在於一方認為凡是剎那生滅之法，即無轉變可說；而另一方卻認為即使是剎那生滅，也可以說有轉變。考察其原因，發現到這和部派論師對於三世諸法是否皆有實體的看法不同有關。

凡是主張三世實有的部派，如說一切有部、犢子部等，都認為諸法剎那生滅，即無轉變可說。所以他們主張：「一切行皆剎那滅，定無少法能從前世轉至後世。」（T49, p.16,c2-3）這是將一切法論究到最小單位，去探究它在最短時間——剎那之生滅現象時，三世實有論者主張諸法體性恆存，於三世中各住自性，所以剎那滅去之法，不可能說有轉變；唯有依法體所現起的作用，才有轉變可說。⓬如就有情的生命而言，法體所現起的作用，表現為五蘊和合的身心存在現象，因此有情生命的輪迴流轉，必須建立在五蘊和合的相續之上，才有死此生彼的轉變可說，所以他們主張要有五蘊和合的「中有」，才能聯繫前後世之間的關係。

然而，主張過未無體、現在實有的學派，如大眾部、化地部等，卻認為一切依現在而成立，過去未來只是假名，並無實體。

⓫《異部宗輪論》：「諸法若離補特伽羅，無從前世轉至後世。依補特伽羅，可說有移轉。」（T49, p. 16, c16-18）

⓬《大毘婆沙論》：「三世諸法，因性果性，隨其所應，次第安立。體實恆有，無增無減，但依作用，說有說無。」（T27, p. 395, c28-p. 396, a1）

大眾部說:「過去未來,非實有體。」(T49, p. 16, a1-2) 化地部
本宗同義說:「過去、未來是無,現在、無為是有。」(T49, p.
16, c26-27) 依這些學派的看法,過去之法,是因影響現在而被認
知的「曾有」之法,並無實體;未來之法,則是將來可能生起之
法,也無實體,因為促使未來法當來生起的功能,是由現在建立
的;因此,只有現在之法,才是真實的存在。(釋印順,1993a:
70) 窺基在《異部宗輪論述記》中說:

> 前法於現在滅已,無別有法從未來來,但由前法為因力,
> 故引後起。後法即是前法為因轉作。雖剎那滅,轉變義成。

(《卍續藏》83. 462 下)

因為過未並無實體,所以凡是現前之法,並不是未來法來現在
所現起的,而是前法轉變為因所產生的。前法雖剎那滅去,卻轉
變成因力而存在於現前之剎那,就此意義而說諸法雖剎那滅去,
仍可說有轉變。⑱ 因此,對現在實有論者而言,前後世之間的相
續,就是建立在前前轉變為後後之因的關係上的,儘管諸法剎那
生滅,卻無礙於前後關係的建立。但是,主張三世實有,法體恆
存的「有中有論者」,絕對無法同意過去心能轉變成現在心,或
現在心轉變成未來心,因為三世諸法的法體實有,各住自性,不
可能轉變,唯有由體起用的補特伽羅才能在前後世之間轉變,所
以,他們主張前後世之間不能依剎那生滅的心識來聯繫,一定要
靠五蘊假合的「中有」才能聯繫前後世之間的關係。

(三)對一剎那能否分前後二時的見解不同

　　針對轉世過程中,前後世之間移轉的情況,現在實有論者更
將一剎那之心識分為前後二時,而說:「入胎為初,命終為後,

---

⑱　有關諸法的剎那生滅與轉變差別,參見釋悟殷,2001:326-332。

色根大種皆有轉變，心心所法亦有轉變。」（T49, p. 17, a10-12）
這是說轉世剎那之前時心識入胎，後時心識乃捨前世五蘊身心。
就此一剎那之心識的前後二時，便能順利完成前後世之間的相續
轉變，所以現在實有的心識相續論者認爲即使沒有「中有」的接
續，前後世之間的關係也不會中斷。他們說：

> 從死有至生有時，要得生有，方捨死有。如折路迦，緣草
> 木等，先安前足，方移後足。是故死生，中無斷過。

（T27, p. 358, a10-13）

但是，這樣的主張是絕對不被三世實有論者所接受的，所以
《大毘婆沙論》的應理論者批評此說有「趣壞、所依身壞、有一
身內二心俱生。」（T27, p. 358, a15-16）的三大過失。

然而，從前面的論述已知，就現在實有論者而言，既然過未
無體，而且又分一剎那爲前後二時，所以根本不會有同時存在於
二趣的「趣壞」和同時有二種生命形體的「所依身壞」，以及一
身內有二心俱生的問題。但是，三世實有論者根本不同意能將剎
那再分成前後二時，因爲，一剎那對他們而言，已經是最小的時
間單位了。⓬而且他們還認爲一時無法並生二心：

> 心心所法，體各實有，心及心所，定有所緣。自性不與自
> 性相應，心不與心相應。

（T49, p. 16, b21-22）

對主張三世實有的「有中有論者」而言，心心所法各有實體、
各有所緣、各住自性，當然不可能一時並生。⓭所以，他們必然

⓬ 《大毘婆沙論》：「時之極少，謂一剎那。」（T27, p. 701, a28）另參見《俱舍
論》（T29, p. 62, a18-20）。
⓭ 有關一時二心俱不俱的問題，釋悟殷在《部派佛教系列（上編）》，pp. 295-
299 有詳細的討論。

認為「要得生有，方捨死有」的主張，一定會有「趣壞、所依身壞、一身內二心俱生」的問題。其中的主要癥結，除了三世諸法是否皆有實體的見解不一樣之外，雙方對於一剎那是否能再分前後二時的看法也不同，所以才會產生有無「中有」的論諍。

三、小結

　　這一節主要是分析產生有無「中有」論諍的原因，首先從教證方面的辯論內容，歸納出三點原因：1.佛既未說「有中有」，亦未說「無中有」。2.所傳持的經典互異。3.對經文的詮釋不同。分析結果發現，雙方所提出的教證，都不足以說服對方的主要原因，是因為彼此所提出的都只是間接教證。所以，教證不足，其實是論諍雙方所共同面臨的問題，也是產生諍論的重要原因。

　　但是，既然沒有直接的經證可以證明「中有」是否存在，為什麼一定要辯論這個問題呢？進一步分析的結果發現，原來這是和部派的宗義思想有關，因為不同的部派所建構的輪迴理論不同，所以對於轉世之間要不要有「中有」的問題，自然各有堅持。論諍雙方所建構的輪迴理論究竟有何不同，以致對「中有」是否存在的問題，產生決定性的影響呢？從雙方所提出的理證內容歸納出三項歧見：1.對業果相續方式的見解不同。2.對剎那生滅諸法能否轉變的見解不同。3.對一剎那能否分前後二時的見解不同。

　　「有中有論者」主張三世實有，法體各住自性，所以剎那生滅諸法，不可說有轉變；必須從體起用，才能說有轉變，所以他們將業果相續的方式，建立在五蘊假合的補特伽羅上，主張「死生之間，處必無間」，所以一定要有五蘊假合的「中有」來聯繫，才能保證前後世之間的關係不會中斷。

　　但是「無中有論者」卻主張過未無體、現在實有，後法是前法轉變爲因力所成，因此雖諸法刹那滅，卻可以說有轉變，所以他們主張依心識的相續，即可建立前後世之間的關係。因爲是由心法統一前後，所以處雖有間，前後關係也不會中斷，因此不必由五蘊和合的「中有」來聯繫。而對於刹那生滅的心識，如何完成死生之間的轉變問題，「無中有論者」將一刹那又分成前後二時，主張前時心識入胎，後時心識才捨離前世五蘊，所以他們說「入胎爲初，命終爲後」、「要得生有，方捨死有」。

　　但是，對「有中有論者」而言，已經是時間最小單位的刹那，不可能再分成前後二時；而且他們認爲心心所法各有實體，各有所緣，各住自性，不可能一時有二法並生；從他們的宗義思想來看，「要得生有，方捨死有」的主張，一定會產生「趣壞、所依身壞、有一身內二心俱生」的問題，所以絕對不能同意由心識來聯繫前後世之間的關係。

　　根據上述的分析，我們了解到，導致有無「中有」論諍的根本原因，原來是部派之間所建構的輪迴理論不同所引起的。而部派所建構的的輪迴理論，又和各自的宗義思想息息相關，眞可謂牽一髮而動全局。難怪雖然是在經證並不充分的情況下，雙方還是一定要堅持己見，因爲對論諍雙方而言，這不只是有無「中有」之諍，更是維護自宗宗義之諍。所以，部派之間對於「中有」是否存在的諍論，其實是宗義思想之諍，並不單純是探討現實界中是否有「中有」存在的問題。既然有無「中有」之諍，是部派宗義論諍的必然結果，那麼，當我們要討論現實界中是否有「中有」存在的問題時，恐怕就不能只從論諍雙方的論證來決定了。

第三節　對有無「中有」論諍之批判與異調

　　對於「中有」是否存在的問題，經過部派之間激烈的辯論，結果是有者自有，無者自無，各自堅持己見。透過上一節的分析之後，發現到有無「中有」的堅持，原來和部派宗義息息相關。如此一來，「中有」是否存在的問題，似乎就不能只從論諍雙方的論證來決定了。而在佛教內部，除了上述諸家的說法之外，是否還有其他看法呢？確實有進一步釐清的必要。因此，這一節將從其他的經論資料，來探討有關「中有」存在問題的其他看法。

一、對有無「中有」論諍之批判

　　面對不同部派之間的有無「中有」論諍，在大乘佛教興起之後，出現了強烈批判的聲音，大致有二方面的看法：

（一）有無之諍是不解佛意的戲論

　　五世紀的印度大乘論師僧伽斯那（梵 Saṅghasena）在他所著的《百喻經》第八十六則〈父取兒耳璫喻〉中，批評有無「中有」之諍是愚癡凡夫為了名利所造作的戲論，他說：

> 言二世有二世無、中陰有中陰無、心數法有心數法無，種種妄想，不得法實。他人以如法論，破其所論，便言我論中都無是說。如是愚人，為小名利，便故妄語，喪沙門道果，身壞命終，墮三惡道。

（T04, p. 556, a24-28）

這不但是對有無「中有」之諍的批判，同時也是對部派間宗義之諍，例如過未及心所法是否有體等論諍，提出了極嚴厲的批判。更警告雙方會因此而無法解脫，甚至墮三惡道，可見大乘佛教學

者對部派論諍的極度不滿。

在《大般涅槃經》中，⑭更廣引有無「中有」的論證內容，
而給予「不解佛意」的批評。《大般涅槃經》卷第三十四，佛對
迦葉菩薩說：

> 我於經中復作是言：「三事和合，得受是身。一父、二母、
> 三者中陰，是三和合，得受是身。」或時復說：「阿那含人，
> 現般涅槃，或於中陰入般涅槃。」或復說言：「中陰身根，具
> 足明了，皆因往業，如淨醍醐。」

> 善男子！我或時說：「弊惡眾生，所受中陰，如世間麤
> 澁氀褐；純善眾生，所受中陰，如波羅奈所出白氎。」我諸
> 弟子聞是說已，不解我意，唱言如來說有中陰。善男子！我
> 復為彼逆罪眾生，而作是言：「造五逆者，捨身直入阿鼻地
> 獄。」我復說言：「曇摩留枝比丘，捨身直入阿鼻地獄，於其
> 中間，無止宿處。」我復為彼犢子梵志說言：「梵志！若有中
> 陰，則有六有。」我復說言：「無色眾生，無有中陰。」善男
> 子！我諸弟子聞是說已，不解我意，唱言佛說定無中陰。

（T12, p. 566, b28-c13）

在這段經文中，顯然已經把部派佛教時期論諍雙方所舉的
間接教證，都直接納入佛說的範圍了。例如三事和合中的「健
達縛」，此經直接說是「中陰」；阿那含的「中般涅槃」，也直
接說是在「中陰入般涅槃」；佛甚至還曾說明「中陰」的形相，
所以大乘經典中的佛是曾說過「中有」的。而另一方面，「無中

---

⑭ 《大般涅槃經》四十卷，北涼曇無讖譯，關於此經出現的年代，一般認為是
在三至四世紀之間（另說二至三世紀之間），正當印度笈多王朝興起，佛教
受到排斥的時期。產生的地點在今克什米爾地區。（參見《中國大百科全書》
「大般涅槃經」條）

有論者」的教證，例如「捨身直入地獄」、「中間無止宿處」、「有中陰則有六有」等，也都成為佛說「無中有」的直接證據。

但即使是這樣，如果因此而認為佛的本意是說「定有中陰」或「定無中陰」的話，卻都被佛判定為「不解我意」。因為佛是「為國土故，為時節故，為他語故，為度人故，為眾根故；於一法中，作二種說」。（T12, p. 563, c13-15）佛只是為了「調伏諸眾生」（T12, p. 563, c11-12）才會有時說「有中有」，有時說「無中有」。因此，有智之人，能知佛說法的真實意趣是超越名言的，並無相對分別的有無可執著；無智之人，卻不知佛陀說法的真實意趣，而落入分別有無的執著之中。

然而，超越名言分別的真實義，卻不是一般凡夫的六識所能了知的，唯有佛智能知。❸所以，《大般涅槃經》勸我們在面對有無「中有」的論諍時，要對自己原來的有無執著產生懷疑，依此懷疑的力量，便能摧壞如須彌山的無量煩惱執著。❸眾生因聽聞佛陀教法，而摧壞無量無邊的煩惱執著，不正是佛陀為「調伏諸眾生」，「於一法中，作二種說」的真正目的嗎？因此，對於「中有」是否存在的問題，唯有不落入有無的分別執著之中，才是真正善解佛意，否則便成了不解佛意的分別戲論了。

在此經中，有無「中有」的議題，甚至有無「中有」的論諍，都被當作「對治法」──對治分別執著。所關心的焦點，並不是現實界裡有無「中有」的問題，而是如何藉此議題斷除自己

---

❸ 《大般涅槃經》：「如是之義，非眼識知，乃至非意識知，乃是智慧之所能知。若有智者，我於是人終不作二，是亦謂我不作二說。於無智者，作不定說，而是無智亦復謂我作不定說。」（T12, p. 563, c7-11）

❸ 《大般涅槃經》：「如是諍訟，是佛境界，非諸聲聞緣覺所知。若人於是生疑心者，猶能摧壞無量煩惱如須彌山。若於是中生決定者，是名執著。」（T12, p. 569, a23-26）

的煩惱執著，遠離分別戲論，指出這才是佛陀教學的重點所在。

（二）法體實有的有無「中有」論皆無法成立輪迴

　　針對部派佛教為了建立前後世之間的聯繫，而產生有無「中有」論諍的問題，我們還可以藉龍樹菩薩《中論・觀縛解品》的論義來加以檢視。❶龍樹菩薩認為如果執著法體實有，將無法成立輪迴的關係。所以，無論是主張三世實有，而將前後相續建立在五蘊和合的補特伽羅上的「有中有論」，或主張現在實有，而將前後相續建立在心法上的「無中有論」，都將無法成立前後世之間的相續關係。

　　眾生在輪迴轉世的過程中，如果要說明前後世五蘊身之間的相續關係時，究竟是前世的五蘊身轉移到後世？或是前世五蘊身壞滅，才生起後世五蘊身呢？當然不可能是前世的五蘊身轉移到後世，因為必然是前後形類轉變，在前滅後生的情況下，才有輪迴轉世可言。但如果是前世五蘊身壞滅，才生起後世五蘊身的話，前後世五蘊身各有生存的時空，如何才能聯繫這前滅後生的關係呢？部派佛教為了說明這個問題，分出「有中有」和「無中有」的二種主張。

　　如依《中論》：「諸行往來者，常不應往來，無常亦不應。」（T30, p. 20, c9-10）❶來檢視「無中有論者」的主張，「無中有論者」說前後世的五蘊身之間雖無「中有」聯繫，但卻有前後統一的心法，可以聯繫前後世之間的關係。然而，若問主張現在實有的「無中有論者」，他所謂統一前後的心法，是常或無常

---

❶　有關龍樹的年代，有多種說法，根據呂澂的考據，約當西元三世紀。（參見《中華佛教百科全書》「龍樹」條）

❶　有關此偈頌的解釋，參考釋印順《中觀論頌講記》pp. 265-266。

呢？如果是常住的，那還有什麼轉變可說呢？對佛教的學派而言，當然不會主張有法常住。但如果說這統一前後的心法是無常的，那麼，無常之法剎那生滅，已滅之法，如何和繼起之法有關係呢？「無中有論者」會救說，諸法雖剎那生滅，卻轉變成因力而存在於繼起之法當中，所以前後之間的關聯性可成立。❸問題是，他們主張現在實有，當法滅時，既然是「現在」法體實有，所以應該就住於滅了，又如何和當來生起之法有相續關係呢？可見執著現在法體實有的「無中有論者」雖試圖將前後世間的相續關係建立在心法上，但是，只要有法體實有的自性執，前後之間便會中斷而無法成立相續關係。

對「有中有論者」而言，他們是為了解決因前後五蘊身在時空上的隔別而無法相續的問題，才主張必須由五蘊和合的「中有」來聯繫。主張「有中有」的說一切有部和犢子部學者都認為只有由體起用的補特伽羅，才能成立前後相續的關係。❹但是就龍樹菩薩看，在三世實有，法體恆住自性的前提下，無論是說一切有部的假名補特伽羅，或犢子部的不可說我，其實都無法聯繫前滅後生的關係，因為住於自性的前五蘊身在前生滅，住於自性的後五蘊身在後生滅，前後互不相關，沒有聯繫可言。

五蘊假合的「補特伽羅」對說一切有部學者而言雖然是假名，但是他們卻又將此假名的補特伽羅建立在實有的法體基礎之上，❹而一旦法體實有，就無法轉變了。犢子部則從五蘊相續

❸ 窺基《異部宗輪論述記》：「後法即是前法為因轉作，雖剎那滅，轉變義成。」（《卍續藏》83. 462 下）

❹ 說一切有部主張：「但有世俗補特伽羅，說有移轉。」（T49, p. 16, c3）犢子部主張：「諸法若離補特伽羅，無從前世轉至後世。依補特伽羅，可說有移轉。」（T49, p. 16, c16-18）

❹ 《順正理論》針對法體和假名補特伽羅的關係說：「體相無異，諸法性類非無

的轉變中，說有一內在統一的「不可說我」，可以聯繫前後的關係，但是這個可以聯繫前後的「不可說我」，又存在於哪裡呢？如果依《中論》：「若眾生往來，陰界諸入中，五種求盡無，誰有往來者。」（T30, p. 20, c17-18）⑫來檢視的話，事實上在五蘊的一一法中都無法找到此「不可說我」的存在。可見，無論是說一切有部的「世俗補特伽羅」，或犢子部的「不可說我」，在三世實有論的前提下，並無法聯繫前後世之間的關係。因此，雖然他們試圖以「中有」來解決前後五蘊之間因時空間隔所產生的問題，但是在三世諸法各住自性的前提下，「死有」和「中有」之間，「中有」和「生有」之間，其實都是中斷的，並沒有前後的相續關係可言。所以龍樹說：「若從身至身，往來即無身；若其無有身，則無有往來。」⑬（T30, p. 20, c22-23）

本來，像說一切有部或犢子系那樣，藉五蘊和合的補特伽羅，建立前後的轉移，所以主張必須有五蘊和合的「中有」來聯繫前後世，這對於強調眾生為名色所繫縛，故流轉生死的佛教而言，⑭自有其適當性。（釋印順，1992：50）但是，如果偏執有三世各住自性的法體恆存，那麼，有自性的五蘊和合的補特伽羅、

差別。體相性類，非異非一。故有為法自相恒存，而勝功能有起有息。……如是現在差別作用，非異於法，無別體故。亦非即法，有有體時作用無故。」（T29, p. 632, c23- p. 633, b1）
⑫ 有關此偈頌的解釋，參考釋印順《中觀論頌講記》pp. 267-268。
⑬ 與此偈頌相關之解說，參閱青目《中論》釋（T30, p. 20, c17-p.21, a2）、分別明菩薩《般若燈論釋》（T30, p. 96, c4-27）、吉藏《中觀論疏》（T42, p. 114, b3-29）、釋印順《中觀論頌講記》pp. 268-269。
⑭ 《長阿含・大緣方便經》：「『阿難！緣名色有識，此為何義？若識不住名色，則識無住處。若識無住處，寧有生、老、病、死、憂、悲、苦惱不？』答曰：『無也。』『阿難！若無名色，寧有識不？』答曰：『無也。』『阿難！我以此緣，知識由名色，緣名色有識。』」（T01, p. 61, b14-19）

或有自性的不可說我，乃至有自性的「中有」，都將無法轉變，也就不可能藉此說明前後相續的關係了。

　　至於「無中有論者」直接將業果相續的關鍵建立在心法上，如從心識對生命活動，乃至流轉生死的占有主導地位來看，⑭確實也有其卓見。（釋印順，1992：50）但是，如果偏執有一超乎現前五蘊身心之外的心識，常一相續而能聯繫前後世的話，此一有自性的心識，既然常一相續，還有什麼轉變可言呢？既無轉變，又怎麼能說有輪迴轉世呢？如果說此心法並非常一相續，而是剎那生滅，但是在現在法體實有的前提下，也無法建立前後相續的關係。

　　龍樹《中論》雖未對現實界是否有「中有」存在的問題直接作出判決，但在他的《大智度論》中，⑭即以「無出無入」的中觀見，詮釋介於死有和生有之間的「中陰身」概念，論究其根本主張，其實是認為那唯有神通能見的微細中陰身，事實上「與無無異」。（T25, p. 149, b16-29）他所要強調的是討論輪迴問題必須回到緣起無自性的佛教根本立場，一切法皆因「無自性」才得以成立，⑭眾生的生死輪迴當然也不例外。在轉世過程中，如果認為有永恆不變的實體存在，那麼，無論是主張「有中有」或「無中有」，都將無法建立前後世之間的關聯性。藉由龍樹的批判，

---

⑭　《長阿含經·大緣方便經》：「『阿難！緣識有名色，此為何義？若識不入母胎者，有名色不？』答曰：『無也。』『若識入胎不出者，有名色？』答曰：『無也。』『若識出胎，嬰孩壞敗，名色得增長不？』答曰：『無也。』『阿難！若無識者，有名色不？』答曰：『無也。』『阿難！我以是緣，知名色由識，緣識有名色。』」（T01, p. 61, b8-14）

⑭　《大智度論》的作者問題，學術界有諸多討論，印順法師則判定是龍樹作品。（參見《中華佛教百科全書》「大智度論」條）

⑭　《中論》：「以有空義故，一切法得成；若無空義者，一切則不成。」（T30, p. 33, a22-23）

使我們在探討佛教「中有」思想時，能回歸「無我而輪迴」的佛教根本立場。

二、有無「中有」之異調

在有無「中有」的論諍中，相對於「三界死生都無中有」的「有中有論」，其實又有種種不同，有的主張：「欲色界生，定有中有。……無色界生，定無中有。」（T27, p. 358, c25-26）有的在欲色界中又分別說：「業猛利者即無中有，業遲鈍者即有中有。」（T27, p. 352, b22-23）有的則說：「無色界中亦有色，故亦有中有，如欲色界。」（T27, p. 352, b19-20）除了三界皆有「中有」的說法之外，其他的「有中有論」，其實都主張在某種情形之下有「中有」，某種情形之下則無，差別在於彼此所主張的有無判準不同。因此，對於「中有」是否存在的問題，除了絕對都有和絕對都無的主張之外，早在部派佛教時期，就已經有許多不同說法了。而無論是有無的論諍，或是對有無論諍的批判，或是關於有無「中有」的種種異說，都影響著「中有」思想在後來的發展。所以在探討了有無論諍，和對論諍的批判之後，必須繼續探討關於「中有」存在的其他看法。

（一）對「中有」設定不同之有無判準而成異說

根據《大毘婆沙論》的記載，在「有中有論者」之中，起碼有如下三種不同的說法：1. 三界皆有；2. 欲色界都有，無色界都無；3. 欲色界中，業猛利者無，業遲鈍者有。⁴⁸考察之所以

---

⁴⁸ 《大毘婆沙論》：「或復有說，無色界中，亦有色故，亦有中有，如欲色界。為止彼宗，顯無色界無諸色故，亦無中有。或復有執，欲色界中，業猛利者，即無中有；業遲鈍者，即有中有。為止彼宗，顯欲色界皆有中有，故作斯論。」（T27, p. 352, b19-24）

產生這種種異說的原因，發現到主要是因為各家對「中有」設定了不同的判準所致。三種異說之中，可以分析出二種不同的判準：

1. 以是否有色法判定「中有」之有無

因為有部學者主張「色法是中有田器」，（T27, p. 358, c27-28）色法既是「中有」存在的必備條件，所以對三界是否都有「中有」的問題，便依有無色法來判定，凡是有色法之界地處，必有「中有」。這又有二種不同說法：（1）有學者主張：「無色界生，無諸色故，定無中有。」（T27, p. 358, c28），所以只有生於欲色界，才有「中有」，而且只要是受生於欲色界，就一定有「中有」，這是說一切有部論師的主張。（2）有學者主張：「無色界中，亦有色故，亦有中有，如欲色界。」所以三界皆有「中有」。（T27, p. 352, b19-20）以有無色法作為是否有「中有」的判準，看似單純，卻又牽扯出無色界是否有色的辯論，可見不同部派間學說理論牽一髮而動全局之一斑。

2. 以欲色界之業猛利與否判定「中有」之有無

有些學者不同意說一切有部「欲色界皆有中有」的主張，而在「欲色界有中有」的基礎上，另外提出不同見解。（T27, p. 352, b21-24）主要是以感生欲色界之業猛利與否，做為判定標準，而主張：「業猛利者，即無中有。業遲鈍者，即有中有。」（T27, p. 358, c17-18）。但因為對於何者是猛利之業，何者是遲鈍之業的看法不同，所以又有三家不同見解：（1）以業力配合五趣差別，判定有無「中有」。這派學者認為感生地獄及天道之有情，皆無「中有」，因為感生此二趣之業極猛利，所以不經「中有」，隨即轉生。而如果是感得人、或旁生、

或鬼道的業力成熟的話，因爲感生這幾類有情的業力，有的猛利，有的遲鈍，並不一定，所以是否有「中有」，也不能一概而論。⓯（2）以業力配合四生差別，判定有無「中有」。這派學者認爲凡是化生有情，都無「中有」，因爲感得化生異熟果報之業極猛利，所以不經「中有」，隨即轉生。其餘的胎卵濕三生有情，如果感生之業猛利，則無「中有」；如果感生之業不猛利，則有「中有」。⓰（3）以招生之業定不定，判定有無「中有」。這派學者認爲：「若用順定受業而招生者，即無中有。若用順不定受業而招生者，即有中有。」（T27, p. 358, c22-24）所謂「順定受業」，表示此類業力的異熟果報已經決定，沒有轉變的可能了，如果命終時所成熟的是這類業力的話，便無「中有」。而所謂「順不定受業」，是指異熟果報尙未決定，所以有轉變的可能，⓱如果命終時所成熟的是這類業力的話，便有「中有」。

　　綜觀這三家主張，雖有差別，但同時透顯出一個非常重要的訊息，那就是「中有」的存在，和來生異熟果報尙未決定有關。這和「中有於界於趣於處皆不可轉，感中有業，極猛利故。」（T27, p. 359, b25-26）的說一切有部論師之主張完全相反。對有部論師而言，招感「中有」之業即是招感來生「本有」之業，「中有」只是聯繫死處與生處之間的車乘，所以一旦現起「中

⓯　《大毘婆沙論》：「地獄及諸天中，皆無中有，業猛利故。人傍生鬼，或有中有，或無中有，業不定故。」（T27, p. 358, c18-20）
⓰　《大毘婆沙論》：「復有說者：化生有情，即無中有，業猛利故。三生有情，或有中有、或無中有，業不定故。」（T27, p. 358, c20-22）
⓱　《大毘婆沙論》：「復有餘師，說四種業：謂順現法受業、順次生受業、順後次受業、順不定受業。諸順現法受業、乃至順後次受業，此業不可轉。諸順不定受業，此業可轉。」（T27, p. 593, b23-26）

有」，就不可能再改變來生的異熟果報了。但是對這三家異說而言，「中有」的存在意義，卻轉變成感後有業遲鈍者決定來生異熟果報的關鍵。二者間的差異，除了和「中有」業可不可轉的諍論有關之外，也和「中有」階段能否得度解脫的問題有關。這些問題，都留待下面的章節再進一步討論。

（二）為「中有」另作異解

「中有」，是介於「死有」與「生有」之間的生命存在狀態，這是部派佛教時期各派學者的共同理解，即使「無中有論者」，也是在這樣的定義基礎下提出反對意見的，這可說是最為一般所公認的「中有」定義。但是，在北周闍那耶舍所譯的《大乘同性經》以及同本異譯的唐代日照三藏所譯的《證契大乘經》中，對「中有」的定義，卻出現了完全不同的理解。《證契大乘經》中提到佛為楞迦城的羅剎王說明「中陰」的意思：❺❷

> 佛言：「楞迦主！如卵生眾生，棄身託卵，以業風力，在於卵中，凝洹無知，至卵熟時，識方有覺。所以者何？業法如是。以業力故，卵生眾生，熟時未至，無所覺知。又，轉輪王及轉輪王子，以福業故，受身之時，不為胎穢所汙，不與胎穢和雜，無胎穢染，故多化生。如或胎生，便有胎卵，不染胎穢，熟時至已，剖卵而出。楞迦主！應當以是，而表中陰。」

（T16, p. 655, a28-b6）

在此經中的「中有」，是指二種生命狀態：1. 卵生眾生在未破卵而出前的生命狀態，這是從卵生眾生的神識入住卵中，

---

❺❷ 這段引文，前後二譯並無太大大差別，因日照三藏的譯文較為簡潔，所以採用日照譯本。

陷入「昏鈍不覺」（T16, p. 642, c6）之後，到卵成熟時，神識又恢復知覺前的生命狀態。2. 以胎生方式出生的轉輪王子，因為福德純厚，所以住胎時，有胎卵保護，使他不被胎穢所汙染，等到出生時至，再破卵而出。因此，「中有」是特別指轉輪王出生前，住於胎卵期間的生命狀態。這二種對「中有」的理解，和一般公認的「中有」定義完全不同，「中有」的存在，從原來的在「死有」之後、「生有」之前，轉移到「生有」之後，是特指「生有」之後必須住於卵中孕育到成熟階段的生命狀態。

考察這部經的轉生思想，顯然是近於「無中有論」的，經中佛為楞伽王解釋轉世之間前後識如何相續的問題時，採用了部派「無中有論者」以尺蠖蟲的前進方式譬喻「要得生有，方捨死有」的解釋，⓯佛告訴楞伽王說：

> 如步屈蟲，先安頭足，次後足隨，其形屈伸，間無斷絕。
> 如是如是！……此之神識，見前有中，生處了已，識即令移，託就於彼，間無斷絕。

（T16, p. 642, b29-c3）

也因為這樣的解釋，才引來楞伽王產生「若如是者，無中陰耶？」的問題，因此而有上述佛對「中有」的解釋。

對於「無中有論者」而言，必然反對「死有」和「生有」之間還有「中有」存在，如果因為其他原因而必須承認「中有」的話，⓰最好的辦法就是重新定義「中有」，使它不違背自己的轉

⓯ 《大毘婆沙論》：「諸從死有至生有時，要得生有，方捨死有。如折路迦，緣草木等，先安前足，方移後足。是故死生，中無斷過。」（T27, p. 358, a10-13）

⓰ 所謂「其他原因」，或許可推測在《大乘同性經》的時代，有「中有」說已經成為普遍流行的說法，所以「無中有論者」必須從不同角度處理此問題。

生理論。所以在這部經中,「中有」的存在,從「生有」之前,被轉移到「生有」之後,而給予全新的定義。這樣的轉變,不但增加了佛教「中有」思想的複雜性,同時也成了可以爲配合宗派思想,而爲「中有」另做異解的典範,也凸顯了佛教「中有」概念是在不斷詮釋的過程中演進的特性。這在後來的漢傳佛教和藏傳佛教中,都有具體的事例可見,且留待第四章再來討論。

三、小結

　　這一節探討了佛教內部對有無「中有」論諍的批判,以及「有中有論」的不同主張。佛教內部對有無論諍的批判,大致可歸納出二方面的看法:1. 有無之諍是不解佛意的戲論。這是《百喻經》和《大般涅槃經》的批判,著重在強調有無論諍是落入二邊的分別執著,所以說無論堅持「有中有」或「無中有」,都是不解佛意的戲論。《大般涅槃經》更勸我們應該對這樣的論諍,抱持懷疑的態度,以做爲遠離分別戲論的契機;其批判之目的,不在判定現實是否有「中有」的存在,而是將此議題轉爲修證之用。2. 法體實有的有無「中有」論皆無法成立輪迴。這是龍樹《中論》所提出的觀點,著重在指出法體實有的輪迴觀在學理上的矛盾。龍樹菩薩根據緣起無我的佛教根本教理指出,只要執著有永恆不滅的實體,無論是以心法,或以色法,或以色心和合的五蘊法來建立前後的相續關係,都一樣無法成立輪迴的事實。所以無論是主張三世實有而以五蘊和合的補特伽羅來聯繫前後的「有中有論」,或主張現在實有而以心法的統一來聯繫前後的「無中有論」,都將無法成立輪迴。因此,如果將前後相續心或「中有」幻想成是在輪迴過程中的永恆不滅靈體的話,將無輪迴可說。龍樹菩薩在這裡所批判的,不只是有無「中有」論者的矛盾,同時也批判了以爲必

須有不滅的靈體，才能成立輪迴的謬誤，明確表達了佛教「無我而輪迴」的根本立場。龍樹的《中論》雖未直接對現實界是否有「中有」的問題作出判定，但是卻提供了理解佛教「中有」思想的根本立場。而在《大智度論》中就直言那唯有神通能見的微細中陰身，事實上「與無無異」了。（T25, p. 149, b16-29）

對於「中有」是否存的問題，除了截然對立的有無論諍之外，其實又有種種異說，本研究從經論中歸納出二類不同的看法：1.對「中有」設定不同之有無判準而成異說。根據《大毘婆沙論》所記載的三種「有中有論」之異說，可以分析出二種不同的有無判準，即：（1）以是否有色法，判定「中有」之有無。（2）以欲色界之業猛利與否，判定「中有」之有無。其中又有三家不同主張：①以業力配合五趣差別，判定有無。②以業力配合四生差別，判定有無。③以招生之業定不定，判定有無。這三家不同主張的特殊意義，是判定「中有」的存在與否，和來生異熟果報是否決定有關，不但有別於單純從有無色法來判定的主張，也開啓了「中有」階段能轉業的契機，爲「中有」之存在，建立新意義。

2.爲「中有」另作異解。在《大乘同性經》以及同本異譯的《證契大乘經》出現了「中有」的新定義，經過考察後發現，原來此經的輪迴思想和以心法統一前後的「無中有論」一樣，爲了不讓「中有」的存在和自宗的輪迴思想矛盾，所以必須爲「中有」另作新解，主張「中有」是指在「生有」之後，還必須住於卵中孕育到成熟階段的生命狀態，完全改變了「中有」的定義和存在意義，這不但增加了「中有」思想的複雜性，也成了可以爲配合宗派思想，而爲「中有」另立異解的典範，同時也凸顯了佛教「中有」概念是在不斷詮釋的過程中演進的特性。

第三章

佛教經論中之「中有」概念

　　生命在死後的存在狀態，其實是自從有人類以來，就不斷受到關注的問題，各種文化傳統，乃至不同宗教、哲學，都有各自的理解。而佛教所觀察到的死後存在現象，究竟如何呢？這正是本章所要探究的重點。

　　從上一章的研究發現，佛教用來說明死後存在狀態的「中有」，在佛教內部引起了有無的論諍，而「中有」是否存在的主張，又和部派的宗義思想有密切的關係，甚至有為了配合宗義思想而改變「中有」定義的發展。可見，「中有」的有無，乃至「中有」的內涵定義，都受到宗義思想的制約。面對這樣的事實，使我們不得不考慮到，研究有關「中有」思想時，如果一味走學理論證的路線，可能是行不通的。所以，本研究在這一章想先繞道借用當代宗教現象學的研究觀點，來取得另一種討論角度，以便對佛教經論中的「中有」思想內涵，做一全面性的考察。

　　對一個宗教研究者而言，可以將「中有」存在問題的研究，歸屬於宗教現象學的研究範疇，以伊利亞德（Mircea Eliade）為代表的宗教現象學派對於宗教現象的基本研究態度是：1. 先不從特定立場出發，❶而是先儘量去理解對此現象的描述；2. 接受其

---

❶　例如部派佛教各宗派在討論「中有」存在問題時，就是都已經從特定立場出發了。

存在於某些獨特的宗教經驗中；3. 不草率地將此現象的存在可能性，附從於其他實質的力量──如心理、社會、歷史、文化等因素。❷宗教現象學派認為，從獨立的宗教經驗中所彰顯出來的轉化意義，才能使人類內在的處境和世界有超越的希望。（黎志添，2003：50）

雖然宗教研究學界，對於上述的研究態度，仍有爭議。❸但是，如果能透過宗教現象的研究，為我們開顯另一種自我生命存有的可能性，不讓自己只是封閉在固有的視域之中，而得以超越現前存有的局限，相信應該是宗教研究的共同理想目標。因此，本研究將基於上述宗教現象學的基本研究態度，❹既不從特定的立場出發，❺也不試圖從其他的心理、社會、歷史、或文化角度去詮釋，而是從相信佛教經論所記載的「中有」，是特殊宗教經驗下的存在之立場，來進行考察研究。

事實上，佛教對於誰能看見「中有」的說明，也正好和宗教現象學者的觀點不謀而合，佛教認為只有具備特殊宗教經驗

---

❷ 例如釋如石在〈《西藏度亡經》略究〉一文中就認定該經的「中有」觀念是受西藏傳統的苯教所影響。

❸ 有關伊利亞德宗教現象學研究方法與持反對意見的約化論派的比較，參考黎志添《宗教研究與詮釋學》pp. 26-31。

❹ 這裡並不意味我要完全將伊利亞德的宗教現象學的研究理論移植過來，起碼我同意金瑞（Richard King）對於伊利亞德是將宗教理論建立在一種本質論（essentialism）上的批評。（參見黎志添《宗教研究與詮釋學》p. 29 及 p. 35, 註 63）例如伊利亞德將宗教經驗認為是宗教人經驗到與萬物的根源、終極的本體或神聖的世界連接與契合的主張，並不見得完全適合佛教。

❺ 自從伽達默爾的哲學詮釋學澄清了有關理解的前見問題之後，研究者對於自己在進行任何理解時，是否能完全不從特定立場出發，理應持更審慎的態度。參見伽達默爾《真理與方法》pp. 365-375、洪漢鼎《詮釋學──它的歷史與當代發展》pp. 223-228。

的人，才能看見「中有」。《大毘婆沙論》提到，除了「中有」同類能互見之外，「住本有者，諸生得眼皆無能見中有身者，唯極清淨修得天眼，能見中有。」（T27, p. 364, b8-26）這是說凡是在「本有」位的各道眾生的生得眼都無法看到「中有」，只有修得的極清淨天眼，才能看見「中有」。而所謂「極清淨修得天眼」，是指以四根本靜慮為依，（T27, p. 727, b27）證得色界四大種所造淨色之眼根，此眼能照見自地及下地六道中之遠近粗細等諸物，稱為天眼通。而此天眼通又有報得和修得二種，報得是指生於色界諸天，自然具有之天眼；修得天眼則是指在人道修行四種根本靜慮而得之清淨天眼，佛教認為只有具這種修得天眼的人，才能看見「中有」。所以有關「中有」存在狀態的種種描述，應該是流傳自具天眼通者，是屬於有特殊宗教經驗者所見的境界，因此，採用宗教現象學的研究觀點來處理「中有」的相關問題，自有其適切性。

　　然而，佛教內部對於透過特殊的宗教經驗所觀察到的死後存在現象，卻還是出現許多不同的描述，其中最大的差異，當然是有無「中有」的歧見。因此，有人提出質疑說：「倘若中有確屬天眼現量所見，則自古以來，南北傳的天眼通之行者應該都曾看見過。為何唯獨北傳經論主張中有存在，而南傳佛教卻否定中有的存在？難道南傳佛教中沒有得到天眼通的行者嗎？這顯然是不可能的。」（釋如石，2001：56）其實用北傳或南傳佛教來劃分有無「中有」之主張，是不夠精確的，因為起碼在北傳經論中，是既有贊成者，也有反對者的。但是，如果質問：「難道主張無中有論者，都無天眼通嗎？否則為什麼他們沒有看見過中有呢？」那就的確是一個重要的質問了。有關這個問題，我們或許可以從《三彌底部論》中的一段辯論內容，看出端倪。這部論書裡面的「有中有論者」說：「我等見佛說天眼見眾生落生，是故

有中間有。」（T32, p. 470, c7-8）「無中有論者」回辯說：「有道細微，餘人不能見，天眼力樂見，是故說天眼力，不明中間有。」（T32, p. 471, a27-28）「有中有論者」以佛曾說用天眼看到眾生死此生彼的過程爲證，主張佛天眼所見的就是「中有」。但是「無中有論者」卻認爲天眼所見的是色身極微細的一類眾生，並不是「中有」。問題是「有中有論者」所主張的「中有」，正好也是具有極微細五蘊的存在。很明顯的，雙方的傳承中，都提及天眼見到死生之間有微細色身的眾生，但是一方認爲那就是「中有」，一方卻認爲那仍是五趣眾生之類。在《成實論》中的「無中有論者」也提到：「若眾生受中陰形，即名受生。如經中說：『若人捨此身受餘身者，我說名生。』若不受身，則無中陰。」（T32, p. 256, c29-p. 257, a1）基本上，「無中有論者」認爲死後生起五蘊身，就已經是轉生到下一期生命了。在當代南傳佛教大師阿迦曼尊者的傳記中，我們發現了這樣的一段紀載：尊者在靜坐禪思時，他過去生的配偶會以「肉眼所看不見的眾生身形來拜訪他」，因爲她對尊者的深切關懷，以至於使她「不能在任何境界上取得比較長久的轉生」，最後在得到即將證入涅槃的尊者的開示之後，終於投生至忉利天。（曾銀湖，1992：155-161）可見南傳佛教有證量的修行者，的確能看到肉眼所見不到的具有微細身形的眾生。所以，恐怕不是「無中有論者」都沒有得天眼通的行者，而是對於天眼所見的微細眾生，各有不同的認知。

其實，這裡更值得我們提出問題的是，眞正具有天眼通者所見，是否完全和經論中的描述一樣呢？因爲學者和有證量者的境界，畢竟還是不同的。而且將證量轉作文本，再透過文本到閱讀者的認知之間，已經有幾重的間隔了，所以這是很不容易釐清的問題。即使透過當代宗教現象學的研究方法，如何面對詮釋者和

閱聽者的前見問題，仍將受到嚴厲的考驗。從上一段的論述中，我們確實也發現到即使是對於特殊宗教經驗的描述，還是受到主觀思想的影響。因此，在這一章裡面，本研究決定繞道借用宗教現象學尊重特殊宗教經驗的研究態度，先跳開佛教內部的有無「中有」之諍，而以更開放和尊重的態度，來探究被詳細記載在佛教經論中的「中有」概念，研究者將盡量避免受宗派意識所干擾，對於經論中的資料，無論是主流或非主流說法，無論是小乘經論或大乘經論，都將給予平等的對待。分別從「中有」的特性、投生歷程，以及「中有」形類能否轉變等問題來考察，以便全面了解佛教的「中有」思想內涵。

第一節　「中有」之特性

　　現代研究死後存在問題的論著中，佛教的觀點自然也會被提及。但是，在佛教經論所描述的「中有」概念，尚未完整釐清的情況下被引用，難免有斷章取義之嫌。❻所以這一節將透過漢譯經論資料，分別從誰能見到「中有」，以及「中有」之生起、飲食、功用、特殊能力，乃至「中有」的形相等問題，來考察佛教經論所描述的「中有」特性。

一、誰能見到「中有」

　　考察佛教經論的相關記載，發現在三種情況下，可以看見

---

❻ 例如卡爾·貝克（Carl B. Becker）在其所著的《超自然經驗與靈魂不滅》pp. 295-296，引用「中陰」的概念，來證明其靈魂不滅的觀點，顯然和佛教的主張不同。肯內斯·克拉碼（Kenneth Paul Kramer）在《宗教的死亡藝術》pp. 123-132，詳細介紹了藏傳佛教「中陰救度法」的精義，但完全沒觸及漢譯經論中的「中有」思想。

「中有」：

（一） 「中有」同類互見

　　《大毘婆沙論》說「中有能互相見」（T27, p. 364, b8），《俱舍論》也說「此中有身，同類相見。」（T29, p. 46, a24）但是，對於「中有」互見的情形，《大毘婆沙論》提出三家不同說法：1. 各趣「中有」唯見自趣「中有」。2. 天「中有」能俱見五趣「中有」，人「中有」能見除天趣之外的四趣「中有」，鬼「中有」能見除人天趣之外的三趣「中有」，旁生「中有」能見除人天鬼趣之外的二趣「中有」，地獄「中有」則唯見地獄「中有」。3. 各趣「中有」都能俱見五趣「中有」。（T27, p. 364, b8-14）

（二） 修得天眼通和宿命通能見「中有」

　　第二種能見「中有」的情況，是修得天眼通和宿命通，可以看見「中有」。根據《俱舍論》和《大毘婆沙論》的記載，因為「中有」是非常微細的存在，所以五趣眾生的生得眼，都無法看到「中有」，❼唯有「極清淨修得天眼」才能看見「中有」。（T27, p. 364, b25-26）這是指在人間修得四禪而引發天眼通者，才能看見「中有」。如果進一步問，為什麼能肯定「極清淨修得天眼」，就能看見「中有」呢？《大毘婆沙論》援引契經：「若男若女，……彼命終已，得意成身。……極淨天眼，乃能見之。」（T27, p. 364, b27-c2）來證明唯有「極清淨修得天眼」才能看見「中有」。

　　除了契經的證據之外，在成書於五世紀初的《達摩多羅禪

---

❼　《俱舍論》：「諸生得眼，皆不能觀，以極細故。」（T29, p. 46, a25-26）

經》中，❽我們發現了從另一個角度證明極淨天眼能見「中有」的線索。該經詳細描述了依四禪根本定，而修發天眼通的過程：

> 根本四禪中，修起五神通，三昧現在前，繫心觀自身。……繫心於自身，禪定現在前，觀察眾生類，生死及形色，隨其業果報，中陰五道生，修行天眼淨，一切如實見。

（T15, p. 319, a20-b10）

從所描述的觀修過程來看，天眼通的修發，是通過在四禪根本定中，觀察眾生死生之間，「中有」現起的過程來修練的，所以修得天眼通者，當然能看見「中有」。而除了修得天眼通能見「中有」之外，該經還提到宿命通的修練過程，也必須觀見「中有」，尤其是指觀見自己入胎前的「中有」身。經上說：

> 繫心於自身，禪定現在前，自憶念此生，從胎及中陰，漸見前身事，乃至百千劫，一切諸所更，如實憶念知。

（T15, p. 319, b3-6）

本經教導修發宿命通的方法，是通過在四禪根本定中，回溯觀察自己入胎之前的「中有」階段，乃至前生無數劫之間所經歷的一切，都如實憶念起來，完成宿命通的修練。因為宿命通的修發過程，必然要通過「中有」入胎的階段來觀修，所以說透過四禪根本定而修得宿命通的人，當然能證實自己前世今生之間「中有」的存在。而無論是修得天眼通或宿命通，都不是一般人的經驗境界，所以說只有在特殊的宗教經驗中，才能看見「中有」。

---

❽ 《達摩多羅禪經》，東晉佛陀（馱）跋陀羅譯。係五世紀初，西域僧達摩多羅與佛大先兩人合著，是一部實際指導禪修之著作。據近人研究，本經欠缺達摩多羅所說之大乘禪法，而以佛大先所提倡之小乘禪法為主。參見《佛光大辭典》p. 5670。

（三） 佛力加持能見「中有」

第三種能親見「中有」的情況，是透過佛力加持而看見「中有」，這是竺佛念在姚秦弘始年間（399－416）譯出的《中陰經》所記載的。此經主要是記載釋迦牟尼佛滅度之後，進入「中陰」境界，以「妙覺如來」的名號，繼續廣度「中陰」眾生的事蹟。❾經上說：

> 爾時，世尊內自思惟：此中陰形，極為微細，唯佛世尊，獨能觀見。然此眾生，有學無學，一住二住，乃至九住，非彼境界所能觀見。吾今以佛威神，入照明三昧，令四部眾，比丘比丘尼，優婆塞優婆夷，觀此微形。

(T12, p. 1059, a8-13)

當時世尊因考慮到「中陰」身形極為微細，只有佛世尊獨能觀見，不是一般人所能看見的。便以威神之力，進入「照明三昧」，使本來無法看見的微細「中陰身」，能讓四眾弟子親眼目睹。該經又說：

> 爾時，妙覺如來至真等正覺，察眾坐定，純一無雜，應入中陰，受禁戒法，多所饒益，所度無量，建立弘誓，施行佛事。……爾時，閻浮提大迦葉、諸比丘比丘尼、優婆塞優婆夷、天龍鬼神、……八億百千眾生。以神足力，將入中陰。

(T12, p. 1060, b16-24)

當妙覺如來準備進入「中陰」境界，廣度無量「中陰」眾生時。觀察當時在座的四眾弟子善根純熟，於是以「神足力」將他們帶入「中陰」眾生的境界之中。

---

❾ 《中陰經》：「如來捨身壽命，現取滅度，入於中陰，教化眾生。」（T12, p. 1058, c19-20）又：「自此以還，釋迦牟尼名號已滅，妙覺如來出現於世。」（T12, p. 1059, b15-17）

　　《中陰經》的上述二段記載，都是仰仗佛的威神之力，四眾
弟子才能看見「中有」，甚至進入「中有」眾生的世界之中。這
種強調佛力加持，以展現特殊情境的記載，當然是大乘佛教興
起之後才有的，在原始佛教的經典中，較難看到。但是，值得注
意的是，無論「照明三昧」或「神足力」都和禪定有關，可見，
「中有」能否被看見，還是和禪定經驗有密切關係。大小乘經論
在此處的差異，是小乘經論強調必須自己依禪定力修成天眼通或
宿命通，才能看見「中有」；到了大乘經典卻強調可以仰仗佛的
禪定神通力，而自己雖沒有禪定神通也能看見「中有」。然而，
無論是大乘或小乘經論的記載，都必須在特殊的宗教經驗中，才
能看見「中有」，則是一樣的。

二、「中有」之生起與飲食

　　接著探究有關「中有」如何存在的問題，包括二部分：其一
是「中有」如何生起？其二是在「中有」生起之後，是否需要飲
食的滋養？

（一）　「中有」之生起

　　有關「中有」之生起，依據經論的記載，可以從生起之方
式，以及生起之處所二方面來探討：

1.「中有」生起之方式

　　佛法歸納一切有情的出生方式，共有四種：（1）胎生，由
母胎孕育成形後才出生者，稱為胎生，如人、牛、豬、羊等。❿

---

❿　《俱舍論》：「云何胎生？謂有情類生從胎藏，是名胎生，如象馬牛豬羊驢
　　等。」（T29, p. 43, c27-28）

（2）卵生，脫離母體時，只是一個卵，尚未成形，必須再經過一段時間的孵化，才破卵殼而出者，稱爲卵生，如雞、鴨、雀、鴿等。❶（3）濕生，如昆蟲類的生物，母體產卵之後，即置之不理，由環境之寒熱濕氣助其成熟，等到一定時間，自己會從卵而出，或一再蛻變，自謀生存者，即是濕生。例如飛蛾、蝴蝶、蚊子等。❷（4）化生，不需要父母外緣，憑自己的生存意欲與業力，就會忽然產生出來的，稱爲化生，例如諸天、地獄，甚至最初的人類等。❸

五趣眾生雖各有不同的出生方式，但是，五趣「中有」卻全都屬於化生。《俱舍論》說：

一切地獄、諸天、中有，皆唯化生。

(T29, p. 44, a9-10)

又說「中有」別名「意成」，因爲「中有」是：

從意生故，非精血等所有外緣合所成故。

(T29, p. 55, b5)

「中有」是由意念所化生，並不是由父母的精血等外緣所成。而有情如何由意念化生「中有」呢？根據《瑜伽師地論》的記載：

諸眾生將命終時，乃至未到惛昧想位，長時所習我愛現行，由此力故，謂我當無，便愛自身，由此建立中有生報。

(T30, p. 281, c23-26)

---

❶ 《俱舍論》：「云何卵生？謂有情類生從卵殼，是名卵生，如鵝孔雀鸚鵡鴈等。」(T29, p. 43, c26-27)
❷ 《俱舍論》：「云何濕生？謂有情類生從濕氣，是名濕生，如虫飛蛾蚊蚰蜒等。」(T29, p. 43, c29-p. 44, a1)
❸ 《俱舍論》：「云何化生？謂有情類生無所託，是名化生，如那落迦、天、中有等。具根無缺，支分頓生，無而欻有，故名爲化。」(T29, p. 44, a1-3) 有關「四生」的解釋，另參見印順《佛法概論》pp. 75-77。

又說：

> 由我愛無間已生故，無始樂著戲論因已熏習故，淨不淨業因
> 已熏習故，彼所依體，由二種因增上力故，從自種子，即於是
> 處，中有異熟，無間得生。死生同時，如秤兩頭，低昂時等。
>
> （T30, p. 282, a13-17）

眾生臨命終時，因自己長期所熏染的自我愛現行，所以畏懼滅
亡，渴望繼續存在。於是，由此無間相續的自我愛著，以及自己無
始以來因樂著戲論熏習而成的名言種子，和所造作的有漏善惡業
種的牽引，在「死有」現前的同時，隨即化生出能夠投向來生的
「中有」身。所以說「中有」是在沒有父母等外緣的促成之下，純
粹由自我愛，以及無始所熏習、造作的善惡業因化生出來的。

2.「中有」生起之處所

「中有」在何處生起呢？《大毘婆沙論》說：

> 若於是處，死有蘊滅，即於此處，中有蘊生。
>
> （T27, p. 352, c1-2）

可見，「中有」生起之處，即是「死有」所在之處。在論典中又
有依三界死生和依五趣差別來說明的二類不同記載：

（1）依三界死生論「中有」生處

部派佛教的「有中有論者」之中，有人主張三界死生，皆
有「中有」，所以無論在三界中的任何一界死生，都可以即「死
有」滅處，生起「中有」。但是，對於主張無色界無色，而且
「中有」又是色法的人而言，無色界是無「中有」的。所以他們
主張，如果是在欲色界歿後，生無色界者，所現起的是無色界之
「生有」，而非「中有」。❶然而，成為問題的是，如果在無色界

---

❶ 《大毘婆沙論》：「欲色界歿，生無色界，唯生生有。」（T27, p. 353, c12-13）

死後，生欲色界者，因爲無色界無色，如何即無色界「死有」滅處，生起欲色界「中有」呢？所以說一切有部論師認爲此情況中的欲色界「中有」，並不會在無色界「死有」滅處生起，❶❺而是在欲色界的當生之處現起。

但是，這樣的主張，其實會在他們的宗義學理上產生自相矛盾的問題，因爲有部論師同時主張「中有」是爲了聯繫死處和生處不同所產生的間隔問題才存在的。❶❻現在，從無色界死而生欲色界之「中有」，卻在欲色界的當生之處生起，所以「中有」生起之處，和受生之處並無間隔可言。如此一來，似乎就沒有「中有」存在的必要了。那爲什麼不乾脆說無色界歿生欲色界者，在欲色界所現起的就已經是欲色界的「生有」呢？他們也一定不能同意，因爲這又和他們所堅持的欲色界定有「中有」的主張衝突了。所以對有部論師而言，關於「中有」生起之處的問題，爲他們留下了一個不易解決的學理上的困境。也使「中有」在三界中的生處問題，變得無法確認了。❶❼

（2）依五趣差別論「中有」生處

這是依來生的五趣差別，說明「中有」在亡者的不同部位生起的記載，《大毘婆沙論》提到：

> 生惡趣者，識在腳滅。生人中者，識在臍滅。生天上者，

---

❶❺ 《大毘婆沙論》：「無色界無諸色故，無下中有，在彼起義。」（T27, p. 353, c7-8）

❶❻ 《俱舍論》：「爲至生處，故起此身。」（T29, p. 44, b10）

❶❼ 《大毘婆沙論》：「問：『無色界歿，生欲色界者，既隨當生處中有現前，彼無往來，何用中有？』答：『彼先已造感中有業，雖無往來，亦受中有，業力所引，必應起故。』」（T27, p. 359, b16-19）有部論師雖以「中有」業來爲此問題解套，但是「中有」業的設立，與「中有」和「生有」爲同業所引的主張，又會發生衝突。從此例也可以看出，透過學理論證「中有」相關問題的局限和困境。

識在頭滅。般涅槃者，識在心滅。

（T27, p. 359, b9-11）

根據這段記載，可以探討人死後，「中有」在何處生起的問題。來生將墮三惡道者，三惡道之「中有」會在亡者的腳下生起。往生人趣者，人趣「中有」會在亡者的臍邊生起。往生天趣者，天趣「中有」會在亡者的頭部生起。般涅槃者，已經不受後有，所以不會再有「中有」生起，其神識最後在心處滅去，而般涅槃。其中，對於天趣「中有」之生起處，則又有另外二種不同說法：①《俱舍論》說是在心處。[18] ②《阿毘曇毘婆沙論》說是在面上。[19]

另外，道世在《法苑珠林》中提到，有人根據《瑜伽師地論》「將終時，作惡業者，識於所依，從上分捨，即從上分，冷觸隨起，如此漸捨，乃至心處。造善業者，識於所依，從下分捨，即從下分，冷觸隨起，如此漸捨，乃至心處。」（T30, p. 282, a7-11）的記載而傳說：

> 造善之人，從下冷觸，至臍以上，煖氣後盡，即生人中。若至頭面，熱氣後盡，即生天道。若造惡者，與此相違。從上至腰，熱後盡者，生於鬼趣。從腰至膝，熱氣盡者，生於畜生。從膝以下，乃至脚盡者，生地獄中。無學之人，入涅槃者，或在心煖，或在頂也。

（T53, p. 1000, b16-22）

這段傳說，似乎是將上述部派論典和《瑜伽師地論》的說法結合後的結果，[20] 而對於三惡道「中有」的生處更加細分，即：鬼

---

[18] 《俱舍論》說：「往生天，識滅心處。諸阿羅漢，說名不生，彼最後心，亦心處滅。」（T29, p. 56, b16-17）
[19] 《阿毘曇毘婆沙論》：「生天者，識在面滅。」（T28, p. 266, a15）
[20] 參見《法苑珠林》（T53, p. 1000, b16-27）。

趣「中有」，在亡者腰部生起。畜生「中有」，在亡者膝蓋處生起。地獄「中有」，在亡者腳部生起。至於無學聖者般涅槃，識最後在心或頭頂處滅。但是，這樣的傳說，被遁倫在《瑜伽論記》中批評為「皆無文證」，❹因為《瑜伽師地論》主張：

> 識最初託處，即名肉心。如是識於此處最初託，即從此處最後捨。

（T30, p. 283, a18-20）

所以，如根據《瑜伽師地論》「後識唯心處捨」（T30, p. 282, a11-12）的主張，則各趣「中有」應該都是在亡者的心處生起了。

這裡值得我們注意的是，配合人體的不同部位說明五趣「中有」生起處的說法，是後來藏傳佛教寧瑪派在建立「中陰解脫密法」時，相當重要的理論基礎之一，所以應該給予特別的關注。

（二）「中有」之飲食

佛教將滋養有情生命的資糧，歸納成四類，名之為四食：1. 段食，意指分段而食者，又有粗、細之分；粗段食如一般食物之飯菜等，食後會有排泄物；細段食如各種氣味，食後無排泄物。❷ 2. 觸食，是以根、境、識三和合所生之有漏可意觸為緣，滋養增益諸根。例如人之衣服隨冷暖更替、澡浴按摩等皆屬之。3. 思食，即思心所相應的意欲，是對生存的強烈欲求。思食對於生命的延續，有強大的作用。4. 識食，識指「有取識」，即執取身心，與染愛相應的識。識食有維持生命，幫助

---

❹ 《瑜伽論記》：「昔來相傳，若種善，漸冷至頭面即死。若造惡業，生鬼中者，從頭漸冷至腹即死。若生畜生，至膝即死。若生地獄，至腳即死。即皆無文證。」（T42, p. 322, a14-17）

❷ 《俱舍論》：「段有二種：謂細及麁。細謂中有食，香為食故。及天劫初食，無變穢故。如油沃砂，散入支故……翻此為麁。」（T29, p. 55, a10-13）

身心發展的力量。㉓總之，四食是維繫有情生命的四類資糧，而「中有」是否也需要四食來滋養呢？這有二種不同的說法：

1. 欲界「中有」具足四食，上界「中有」不需段食

根據說一切有部論師的主張，欲界眾生需要四食，色界、無色界眾生則無段食。因為有段食貪則有瞋煩惱，上二界已無瞋煩惱，可見上二界已離段食貪，所以上二界不需要段食。㉔住「本有」位有情的飲食情形如此，住「中有」位的有情又如何呢？《大毘婆沙論》說四食能「攝益求有有情」（T27, p. 677, a3-4），此「求有有情」，雖有種種不同解釋，其中之一則是指「中有」而言。（T27, p. 677, a5-6）據此可知有部論師認為「中有」位眾生亦需四食。

但是，必須進一步討論的是，各界「中有」是否都需要段食呢？《大毘婆沙論》的回答是：

> 色界中有，不資段食。欲界中有，必資段食。

（T27, p. 362, c15-16）

對說一切有部論師而言，無色界無「中有」，所以不必討論其飲食問題。而「中有」和「本有」為同業所引，㉕色界眾生既無瞋煩惱，故已離段食貪，色界「中有」當然也一樣無需段食，所以只有欲界「中有」需要段食。

㉓ 《俱舍論》：「觸謂三和所生諸觸，思謂意業，識謂識蘊。此三唯有漏，通三界皆有。」（T29, p. 55, a25-26）另參見印順《佛法概論》pp. 71-75。

㉔ 《大毘婆沙論》：「欲界具四，段食偏增。色界有三，觸食偏增，無色亦三。」（T27, p. 676, a20-21）又：「若於此界有段食貪，則有恚結。諸有情類，依段食貪，於他相續起瞋恚故。色無色界無段食貪，故無恚結。」（T27, p. 289, a28-b2）

㉕ 《大毘婆沙論》：「中有本有，一業引故。」（T27, p. 361, c25）

　　但是，如果欲界「中有」需要段食，可能會產生二方面的問題：（1）欲界「中有」數量極多，世間飲食怎麼足夠供給呢？（2）「中有」身極細微，能承受得了粗重的段食嗎？❷有部論師對此問題的回答是：

　　　中有食香，非食麁質，故無前過。……又彼所食香氣極少，中有雖多，而得周濟。

（T27, p. 362, c25-29）

因為「中有」是以屬於細段食的氣味為食，而且食量又很少，所以不會發生上述二方面的問題。正因為欲界「中有」是以氣味為食，所以有部論師說「中有」又名「食香」──即健達縛。❷《中陰經》說：「中陰眾生，飲吸於風。」（T12, p. 1059, b10）氣味必然是經由空氣流動而傳送的，所以，《中陰經》「飲吸於風」的記載，和「中有」以氣味為食的說法，應無不同。

　　而對於欲界「中有」所飲用的氣味，有部論師更依「中有」福報之有無而說明其內容，《大毘婆沙論》說：

　　　有福者，歆饗清淨華果食等輕妙香氣，以自存活。
　　　無福者，歆饗糞穢臭爛食等輕細香氣，以自存活。

（T27, p. 362, c26-28）

有福報的欲界「中有」，以飲吸清淨花果的輕妙氣味，滋養其身。無福報的欲界「中有」，則飲吸屎尿穢氣或臭爛的輕細氣味，來滋養其身。

---

❷　參見《大毘婆沙論》（T27, p. 362, c17-25）。

❷　《俱舍論》：「欲中有身資段食不？雖資段食，然細非麁。其細者何？謂唯香氣。由斯故得健達縛名。」（T29, p. 46, b8-10），由此可見，在主張有「中有」的論師心目中，「健達縛」是專屬欲界「中有」的別名。

2.「中有」但需思食、觸食，和識食

「中有」只需要思食、觸食，和識食等三食，《大般涅槃經》說：

> 是中陰中，有三種食：一者思食、二者觸食、三者意食。
>
> （T12, p. 535, c17-19）

該經只說「中陰」期間，有三種食，卻沒有像部派論典那樣，進一步討論有關段食的問題。但是，僧宗和寶亮（444 — 509）在《大般涅槃經集解》中，解釋這段經文時，都說「中有」無段食。（T37, p. 559, b14-16）如果依僧宗和寶亮的解釋，便和部派論師的看法不同了。而二者間的主要差別，在於對欲界「中有」是否需要段食的看法不一樣。有部論師認為欲界「中有」需要細段食，僧宗和寶亮則依據《大般涅槃經》而主張一切「中有」都不需要段食。

三、「中有」之功用與特殊能力

就佛教而言，在死生之間，「中有」的存在，究竟有何功用？為了發揮功用，「中有」具備哪些特殊能力？這些都是亟待釐清的問題。因為無論是佛教流行已久的中國民間，或方興未艾的生死學研究，對於「中有」的存在和特殊能力，似乎總是有許多傳說，或想像空間。因此，如果能確實釐清這些問題，便能使佛教經論中的「中有」特性得以彰顯，而和民間傳說有所區隔。所以這一小節將從「中有」之功用與特殊能力二方面，來探討佛教經論中的「中有」特性。

（一）「中有」之功用

「中有」的存在，究竟有何功用？在佛教經論中，對於「中有」的功用，大致有二種不同看法：

1.「中有」是為趨往受生處而存在

這是以說一切有部為主之論師的主張。《俱舍論》說：

> 於死有後，在生有前，即彼中間，有自體起。為至生處，
> 故起此身。

（T29, p. 44, b9-10）

「中有」是在死後與再生之間，為了從死處趨往當生之處，所暫時現起的五蘊聚合的生命狀態。❷而且，《俱舍論》還說「中有」有「常喜尋察當生處」（T29, p. 55, b6）的特性，所以又名「求生」。可見，對有部論師而言，「中有」存在的唯一功用，就是往趨當生之處，所以時時刻刻都在尋察、探求下一世的當生之處，除此之外，「中有」並無其他功用，所以說「中有」是單純為了趨往受生之處而存在。

2.「中有」是為決定受生處而存在

這是被記載在《大毘婆沙論》中，和有部論師不同的主張：❷

> 有餘師說：「若用順定受業而招生者，即無中有。若用順不
> 定受業而招生者，即有中有。」

（T27, p. 358, c22-24）

如果來生異熟果報已經決定者，即無「中有」；如果來生異熟果報尚未決定者，即有「中有」。因此，「中有」的存在，雖然還是和轉生有關，但是，卻又和來生異熟果報尚未決定有密切關係。依此說推論，則「中有」應該是為了決定來生異熟果報而存

---

❷ 「中有」又名為「起」。《俱舍論》：「由佛世尊以五種名說中有故。何等為五？……五者名起，對向當生，暫時起故。……起謂中有。」（T29, p. 55, b3-10）

❷ 類似此主張者共有三家，都是以欲色界之業猛利與否，來判定「中有」之有無，已在上一節討論過。參見《大毘婆沙論》（T27, p. 358, c17-24）。

在的。

　　但是，這就和「中有於界、於趣、於處皆不可轉，感中有業極猛利故。」（T27, p. 359, b25-26）的有部論師之主張完全不同了。對有部論師而言，「中有」只是一輛已經設定好目標，絕對不可能再改變目的地的車子。對另一部分學者而言，「中有」則是等待決定來生受生處的過渡期生命狀態。這二種對於「中有」功用的不同見解，和「中有」的形類問題，以及「中有」階段是否還有轉變來生果報的機會、是否還能聞教得度的看法都有密切關係，所以值得加以留意。這些問題，留待本章的第三節再詳細討論。

　　雖然對於「中有」的功用有二種不同主張，但無論是直接往趣受生之處，或還要等待決定受生之處，「中有」都是為了轉生而存在的生命狀態，並無其他作用。

（二）「中有」之特殊能力

　　對於主張「中有」負擔轉生重任的有部論師而言，「中有」必須具有某些特殊能力，才能順利完成轉生的任務。所以《俱舍論》說：

> 中有具得最疾業通，上至世尊，無能遮抑。以業勢力，最強盛故。

（T29, p. 46,b1-2）

這是說「中有」具有由業力而得的業通，此業通有極強大的力量，當「中有」要「往趣應受生處」時，上至世尊，乃至「獨覺、一切聲聞、及餘有情、咒術藥物」等，都無法妨礙制止「中有」的投生。（T27, p. 364, b3-4）

　　然而，這是不是意謂「中有」具有神通力呢？業通和神通並不一樣，所以在《大毘婆沙論》中，就曾將二者加以比

較，❸「中有」的業通之力，主要是用在轉生的需要上，並無
法用到其他地方去。《瑜伽師地論》也說：

> 中有眼猶如天眼，無有障礙，唯至生處。所趣無礙，如得
> 神通，亦唯至生處。又由此眼，見己同類中有有情，及見自
> 身當所生處。

(T30, p. 282, a22-25)

這段記載很清楚地說明了「中有」業通之力的限制，「中有」的
眼睛雖能無所障礙地看到無論隔越多遠的當生之處，就像有天
眼通一樣；但和天眼通不同的是，「中有」之眼只能看到自己的
受生之處，和同類「中有」，此外，並無法看到其他東西。而當
「中有」要趨往受生之處時，無有任何人事物能障礙它的前進，
就像有神足通一樣；但和神足通不同的是，「中有」並無法隨心
所欲地現身於任何地方，而只能去到自己的受生之處。所以，
「中有」雖具有類似天眼通和神足通的特殊能力，但此特殊能力
只適用於完成轉生之任務，它是被限定在業報範圍之內，而受業
力所制約的。

　　談到「中有」趨往受生處，無任何人事物能障礙他的前進
時，還有二個問題必須處理：第一個問題是，為什麼母胎能拘束
「中有」呢？

　　「中有」既然具有一切無能障礙它前進的業通之力，而且
「中有」身又極微細，「一切牆壁、山崖、樹等，皆不能礙。」
（T27, p. 364, a11）可見「中有」可以穿透所有的障礙物。那為
什麼「中有」一旦進入母胎之後，就受到母胎的拘束，不能穿透
母胎而出呢？《大毘婆沙論》說這是受到業力的影響，因業力
使「中有」無礙地趨往當生之處，也因業力而使「中有」在進入

---

❸　參見《大毘婆沙論》（T27, p. 364, a23-b7）。

母胎之後，便安住其中，而無法再離開。❸眾生的業力，眞是不可思議！有部論師雖然建立「中有」來負責轉生的任務，但事實上，「中有」卻仍受到業力的制約。所以繞了一圈，還是回到佛教業感輪迴的根本主張上，並沒有超越業感緣起的範圍。

談到轉生之間，業力的不可思議力量，《大毘婆沙論》曾記載眾生的業力爲了使自己的「中有」能即時順利投生，若來生父母雙方或任何一方，已經不可改變的情況下，該眾生在臨終之際，他的業力會讓還沒有因緣結合的來生父母，不顧一切地生起和合之心，而且在彼此趨往對方的過程中，臨終者的業力能保護雙方，使他們「毒不能害，刃不能傷，火不能燒，水不能溺，及餘種種夭橫因緣，皆不能礙」。（T27, p. 361, a14-16），命終之後的「中有」，因而能即時順利受生。對於這樣的記載，的確只能說眾生的業力，實在眞是太不可思議了！

第二個問題是，「中有」彼此之間會不會互礙？凡是有形質之生命體，都會互相障礙，所以一定的空間，只能容納一定數量的人或物。但是，極微細又一切無能妨礙的「中有」身，彼此之間會不會互相障礙呢？這有二種不同說法：1.「中有」彼此之間，不會互礙。因爲「中有」身非常微細，所以彼此相觸時，不會覺知到。2.「中有」彼此之間，會互礙。因爲當「中有」相遇時，彼此會有對話，可見雙方有形質而各據一方，所以說會互礙。這又有二種說法：1. 自類相礙，這是說各趣「中有」都只障礙同趣「中有」，例如天「中有」只障礙天「中有」，而不會障礙他趣之「中有」。2. 粗重者會障礙輕細者，輕細者不會障礙粗重者。例如地獄「中有」最粗重，所以會障礙五趣「中有」；依序則旁生「中有」障礙四趣，鬼「中有」障礙三趣，人「中有」

---

❸ 參見《大毘婆沙論》（T27, p. 363, c11-15）。

障礙二趣,天「中有」唯礙天趣「中有」。

如依上述「中有」為往趣當生之處,「一切牆壁、山崖、樹等,皆不能礙」的業通力來看,(T27, p. 364, a11),加上「中有」身又極微細,彼此之間或許都不會相妨礙才對,如以彼此會「各據一方,互相對話」為證,其實只能證明彼此能互見,卻不能證明會互礙吧?!

四、「中有」形相諸問題

在佛教經論的記載中,「中有」究竟是什麼樣子呢?且分別從「中有」之形貌、形色、是否穿衣服,以及行動方式等四方面,來探討佛教經論中有關「中有」形相的特性:

(一)「中有」之形貌

「中有」之形貌,主要探討三個問題:1.「中有」的形類;2.「中有」是否具足諸根;3.「中有」的形量。

1.「中有」的形類

「中有」究竟像前世或來生?在論典中有二種說法:

(1)「中有」是來生的形類

有部論師主張「中有」的形類和來生一樣,《大毘婆沙論》說:

> 中有形類,如當本有。謂彼當生地獄趣者,所有形類,即如地獄。乃至當生天趣中者,所有形類,即如彼天。中有、本有,一業引故。

(T27, p. 361, c22-25)

因為「中有」和來生的「本有」是同一業所引的異熟果報,所以「中有」的形類和來生「本有」位的形類相同。例如未來當生地

獄者,其「中有」就是地獄的形類。未來當生天者,其「中有」就是天趣的形類。

　　針對此說,有人提出難問:如果一條母狗的腹中,有多隻胎兒夭折,又都將往他趣受生,小小的狗腹怎麼容納得下那麼多不同的「中有」身呢?如果其中又剛好有地獄「中有」的話,豈不是會焚燒狗腹?有部論師解釋說,除了無間地獄之外,即使生在地獄的有情,也並不是一直為烈火所焚燒,何況地獄烈火是由業力所形成的,所以並不會延燒到狗腹。同時,因為「中有身極微細」(T29, p. 45, c19),即使有火,也一樣極微細,所以「中有」身和火都是「不可見亦不可觸」的,(T29, p. 45, c18)因此,雖然有火也不會延燒狗腹,而且即使同時有幾個「中有」身在同一狗腹中現起,也不會有容納不下的問題。❸

　(2)「中有」是前生形類

　　這是被記載在《大毘婆沙論》中的不同說法,有毘婆沙師以外的學者認為:

　　　若此命終,受中有者,中有形類,即如此身。如印印物,像現如印。

　　　　　　　　　　　　　　　　　　　(T27, p. 361, c25-27)

這是說「中有」的形類和前生相同,就如翻印一樣。

　　有部論師對於「中有」是前生形類的說法提出二點批駁:①無色界歿,生欲色界者,將無「中有身」。有部論師主張「無色界無色」,所以當有情從無色界歿,而生欲色界時,如果「中有」的形類和前生相同的話,不就沒有「中有身」了嗎?❸對有

---

❸　參見《大毘婆沙論》(T27, p. 362, a3-16)。

❸　《大毘婆沙論》:「無色界歿,受欲色界中有身者,何所似耶?」(T27, p. 361, c27-28)

部論師而言,「中有」是具有微細色法的存在,所以絕對不能同意「中有」的形類和前生一樣的說法。然而,這樣的問題,對於主張「無色界有色」的人而言,❸就不是問題了,因為無色界有色,即使「中有」的形類和前生一樣也不會有問題。②轉生時將會發生「中有」和來生形類不協調的困難。有部論師認為如果「中有」的形類和前生一樣,當有眾生從地獄往生天趣時,將受生天趣的「中有」,卻是地獄的形類,這不是很不合理嗎?❸對有部論師而言,「中有」是為了解決前後世五蘊身之間的隔絕問題,所設立的連接工具,「中有」是在業力已經決定來生形類後才現起的暫時存在,「中有」當然一定是和來生形類一樣。

但是,對於主張來生果報尚未決定才有「中有」的學者而言,「中有」是為了決定來生果報才存在的,既然來生果報未定,「中有」怎可能像來生的形類呢?所以對這些學者而言,「中有」形類仍和前生一樣才合理。

考察後來的大乘經論,大多還是依循有部論師的傳統,主張「中有」形類和來生相同。例如《大寶積經》就說:「隨其先業,應託生處,所感中有,即如彼形。」(T11, p. 328, a18-20)《瑜伽師地論》也說:「隨所當生,即彼形類,中有而生。」(T30, p. 282, a22)然而,藏傳佛教寧瑪派則主張「中有」的形類,開始時類似前生,到了後期才逐漸轉變成來生形類,這是依「中有」存在的時間,整合了上述的二種說法,以

❸ 《大毘婆沙論》:「或復有說:無色界中亦有色故,亦有中有,如欲色界。」(T27, p. 352, b19-20)
❸ 參見《大毘婆沙論》(T27, p. 361, c28-p. 362, a3)。
❸ 《西藏生死書》:「意生身的形狀類似生前的肉身,但沒有任何缺點,而且是青壯期的俊美肉身。」p. 359。另參見《中有大聞解脫》p. 87-88。但是寧瑪

配合其中陰救度法門的進行。❸可見,「中有」和前世同一形類的說法,還是繼續流傳在佛教圈內,而且和來生異熟果報尚未決定有密切相關性。但即使來生異熟果報尚未決定,「中有」是否就一定要和前生形類一樣呢?例如主張「中有」以七天為週期有一次死生,最長存在四十九天,而且形類可以轉變的《瑜伽師地論》,❸雖然主張最初的「中有」和來生同一形類,但在四十九天之內還可以轉變,也就和來生異熟果報尚未決定說的意義相同了。所以「中有」無論是前生或來生形類,學者們真正關心的,或許是:「在中有階段究竟還能不能轉業?」更精確地說,是:「在此階段還能不能得到救度?」有關這些問題,留待本章第三節「中有形類能否轉變之問題」再來詳細討論。

2.「中有」具足諸根

「中有」是否具足諸根?在《大毘婆沙論》中有人提出疑問說,既然「中有」和來生「本有」形類相同,那麼,如果出生時諸根有缺陷者,他入胎之前的「中有」是否也有缺陷?❸有部論師的看法是:

> 隨地諸根,中有皆具。雖言中有,如本有形,而初異熟,

派學者同時也主張「中有」後期會逐漸轉變成來生的形類。參見《中有大聞解脫》p. 101。

❸ 《瑜伽師地論》:「又此中有。若未得生緣極七日住。有得生緣即不決定。若極七日未得生緣死而復生。極七日住。如是展轉未得生緣。乃至七七日住。自此已後決得生緣。又此中有七日死已。或即於此類生。若由餘業可轉。中有種子轉者。便於餘類中生。」(T30, p. 282, a27-b4)

❸ 《大毘婆沙論》:「中有諸根,亦有不具。隨本有位所不具根,彼亦不具。如印印物,像現如印,如是,中有趣本有故,如本有時,有根不具。」(T27, p. 361, c13-16)

最勝妙故。又求有故，無不具根。

（T29, p. 477, b11-13）

這是說無論出生時的諸根是否有缺陷，「中有」位眾生一定圓具諸根，並無缺陷。理由有二：（1）初受異熟果報，尚未受雜業之報，所以諸根一定是圓滿具足的。（2）「中有」要在遍求生處，所以必須具備猛利諸根，乃能完成任務。隋代淨影慧遠（523 — 592）在《大乘義章》中，還整理出第三個理由：「中有」身極精微，所以在轉生過程中，「中有」諸根不會被他緣破壞，因此不會有缺陷。❸

如果以人趣「中有」的入胎到出生為例，有部論師認為「住欲界中有位，能造二十二種業。」（T27, p. 595, c18-19），即在「中有」位之有情，能造作影響生命成長過程各階段的定與不定的二類異熟業因，而論師們將人趣眾生的生命成長過程分成十一個階段，包括從中有位至胎內五位——羯剌藍、遏部曇、閉尸、鍵南、鉢羅奢佉，乃至胎外五位——初生、嬰孩、童子、少壯、衰老，而影響每一階段的異熟業因，又可分成異熟定業及不定業二類，所以說欲界「中有」位能造二十二種業。依次在羯剌藍位時，則能造二十種業，依此類推，則造十八、十六乃至二種業等，簡言之，其實是每一剎那都會造作影響未來之業力。❹而且，在出生之前，除了本身業力的影響之外，還可能受到來自母體或外力侵入的影響，例如母親的健康因素或藥物的使用不當，甚至現代醫學侵入性的產前檢查等，有許多的因素會造成六根缺陷的後果。所以，認為出生時六根有缺陷，「中有」位也應該有

---

❸ 參見慧遠《大乘義章》（T44, p. 619, b28-c5）、《大毘婆沙論》（T27, p. 361, c12-21）。

❹ 參見《大毘婆沙論》（T27, p. 595, c18-25）。

缺陷的主張，既和事實不相符合，也違背了佛法的緣起論。

3.「中有」的形量

有關「中有」的身材大小問題，在經論中是依三界分別說明：

（1）欲界「中有」的形量。可分二類來說明：①人趣「中有」的形量。又有凡聖之別：I. 凡夫「中有」的形量，如五六歲小孩。《大毘婆沙論》說：「欲界中有，如五六歲小兒形量。」（T27, p. 361, b18）但是，「中有」既然只像五六歲小孩，如何能在投生時，對當生父母生起男女愛欲的顛倒想呢？有部論師解釋說：「形量雖小，而諸根猛利。如本有時，能作諸事業。」（T27, p. 361, b21-22）凡夫「中有」的身材大小，雖如「本有」位之五六歲小孩，但其諸根猛利，所以能造作成年人的種種事業。II. 最後身菩薩的「中有」形量，和「本有」位壯年時的身材大小一樣。《大毘婆沙論》說最後身菩薩的「中有」形量，「如住本有盛年時量，三十二相莊嚴其身，八十隨好而爲間飾。身眞金色，圓光一尋。」（T27, p. 361, b23-25）②人趣以外的欲界「中有」形量，論典中並未記載，但是隋代淨影慧遠在《大乘義章》中說：「中陰形量大小，如論中說：『生人中陰，如有知小兒。上天中陰，以漸轉大。如是中陰，隨所向處，小於生陰，准人可知。』」（T44, p. 618, c28-p. 619, a2）慧遠是依論典對於凡夫「中有」的描述，推論欲界各趣「中有」的形量，應該都比該趣「本有」形量還小。

（2）色界「中有」的形量又是如何呢？《大毘婆沙論》說：「色界中有，如本有時，形量圓滿。」（T27, p. 361, b18-19）可見，色界諸天的「中有」形量，和「本有」位的身形大小相同。

（3）無色界，有部論師認爲此界無色，所以無「中有」，

《大寶積經》也說：「無色界天，原無中有，以無色故。」（T11,
p. 328, a17-18）。雖有其他論師認爲此界亦有「中有」，但未見
有關形量之描述。

（二）「中有」之形色

佛教經論中如何形容「中有」的顏色呢？《順正理論》說：

> 中有身色，如末尼珠、燈等光明，無障礙故。

（T29, p. 477, a3-4）

這是用珠光或燈光來形容「中有身」的色澤，因爲「中有身」是
由形質極細微而無障礙的色法所構成的，所以只能用亮度的明暗
來形容它的顏色。基本上，佛教經論將「中有」的顏色，依業報
之善惡大分爲二類，一類是善業果報的清淨好色，一類是惡業果
報的黑暗惡色：

1. 善業果報具清淨好色

這是說善趣「中有」的形色是明亮的清淨好色。《瑜伽師地
論》說：

> 作善業者，所得中有，如白衣光，或晴明夜。

（T30, p. 282, a18-19）

這裡將具有清淨好色的善趣「中有」，又分成二個層次：（1）極
好的「中有」形色，如晴朗之夜的明月光般清淨明亮。（2）次好
的「中有」形色，如波羅奈國生產的白色棉布所閃現的光澤。這
二者之間，其實主要是亮度的差別，愈高層次的善趣「中有」就
愈明亮，其次則稍弱。在《大寶積經》中則說：「人天中有，形
如金色。色界中有，形色鮮白。」（T11, p. 328, a16-17）這是在
亮度之外，又加入顏色來分別層次了。總之，「中有」形色的亮
度愈高，愈白淨，就表示它的善業層次愈高。

2. 惡業果報具黑暗惡色

這是說惡趣「中有」的形色是暗鈍的黑暗惡色。《瑜伽師地論》說：

造惡業者，所得中有，如黑羺光，或陰闇夜。

（T30, p. 282, a17-18）

對於形色暗鈍的惡趣「中有」，也可再分成二個層次：（1）極惡的「中有」形色，如毫無亮光的黑夜般的漆黑幽闇。（2）微惡的「中有」形色，如黑色仔羊（黑羺）的毛色般的黯淡無光。這二者的差別，仍是在於亮度的不同，愈幽暗的，代表惡業愈重，隨其亮度的增加，則代表惡業愈輕。❹ 在《大寶積經》中說：「地獄中有，容貌醜陋，如燒杌木。傍生中有，其色如烟。餓鬼中有，其色如水。」（T11, p. 328, a15-16）這裡分別用被燒過的樹幹顏色、灰濛濛的火煙，以及黯淡的水光，來形容惡趣「中有」的形色，三者之間的主要差別，是亮度依序而提高，正好配合不同的惡業層次，最黯淡無光的是惡業最重的地獄「中有」，其次是旁生，再其次是餓鬼。可見，「中有」形色愈漆黑暗鈍就代表惡業愈重，亮度增加則代表惡業較輕。

（三）「中有」之衣服

「中有」是否有穿衣服呢？在論典中是依欲色界來分別說明的：

1. 色界「中有」都有穿衣服

因為色界「中有」已經具足慚愧心，而「慚愧即是法身衣

❹ 類似這樣的分類，同時可見於《菩薩地持經》（T30, p. 957, a9-11）、《大乘阿毘達磨雜集論》（T31, p. 722, a16-19）等大乘經論之中。

服」，（T27, p. 362, b15-16）所以一切色界「中有」都有穿衣服。

2. 欲界「中有」則有無不定

在欲界之中，除了最後身菩薩和具有由施衣功德所成就的誓願力者之外，其餘的欲界「中有」都沒有穿衣服。因為一般的欲界「中有」，久習無慚無愧之心，所以沒有由慚愧心所成就的勝妙衣服可穿。而最後身菩薩已修種種功德，也已具足了慚愧心，所以菩薩「中有」有穿衣服。此外，曾經在供養僧眾衣服時發願說：「願我生生常著衣服，乃至中有亦不露形。」（T27, p. 362, b28）的清淨比丘尼，以其供養發願的功德力，得到世世常不離身的自然妙衣。❷所以清淨比丘尼命終後的「中有」也有穿衣服。

綜合上述的記載，可歸納出「中有」有穿衣服的二個條件：1. 具足慚愧心所成就的增上力。2. 由施衣功德所成就的本願力。只要具備其中一個條件，就能在命終後的「中有」位有穿衣服。這裡必須特別注意的是，質量微細不可見不可觸的「中有」身所穿的衣服，當然不可能是指「本有」位所穿的粗質衣服，而是恆不離其身、又可隨身形長大變化的微妙衣服。此衣不但在入母胎時，乃至出生時，都不離其身，可隨時改變以適應其身形。長大後如果出家修行，則變為法服；受具足戒後，則轉成五衣；乃至最後般涅槃時，亦以此衣纏身火葬。（T27, p. 362, c1-6）

（四）「中有」之行動方式

有關「中有」的行動方式又是如何呢？在佛教經論中大約有三種說法：

❷ 參見《大毘婆沙論》（T27, p. 362, b14- c14）、《俱舍論》（T29, p. 46, a8-13）。

1.「中有」隨死處和生處不同而隨宜行動

這主要是毘婆沙師的看法，他們認爲「中有」的行動方式，隨死處和生處的不同，而隨宜行動。《大毘婆沙論》說在人趣命終者之「中有」的行動方式是：當生地獄者，所化生的地獄「中有」，以頭下足上的方式，墮入地獄之中。當生天趣者，所化生的天趣「中有」，以頭上足下的方式，像被射入虛空中的箭一樣，向上往生天趣。當生於其他三趣者，所化生的三趣「中有」，皆以頭足平行的方式，像鳥兒飛翔於空中一樣，往趣當生之處。

但如果在地獄死，還生地獄之「中有」，並不必頭下足上而行；在地獄死，往生人趣之「中有」，則是頭上足下而行。如果在天趣死，還生天趣之「中有」，並不必頭上足下而行；在天趣死，往生人趣之「中有」，則應該是頭下足上而行。所以，「中有」的行動方式，是由死處和生處的不同，而隨宜決定的，並不能一概而論。❹

2.「中有」初生時行相固定，之後則隨宜行動

這是被記載在《大毘婆沙論》中的不同看法，有些學者認爲「中有」的行動方式，受到業力善惡有別的影響，所以在「中有」剛剛化生之時，一定有上下的差別，之後乃依所欲往生之處，而隨宜行動。

所謂「中有初生時，行相固定」的意思，是指無論死於何趣，只要是化生地獄「中有」的話，初生時一定是頭在下方，因爲感生地獄之業，極穢下之故。如果是天趣「中有」，初生時一定是頭向上升，因爲感生天趣之業，極殊勝之故。其餘三趣

---

❹ 參見《大毘婆沙論》（T27, p. 362, a17-b1）。

「中有」，初生時則是頭足平行，因為感生人等三趣之業，既非極善，亦非極惡之故。初生之後的各趣「中有」，則依其所往之處，而上下隨宜行動。❹ 這是在上一種說法的基礎上，以強調「中有」初生時的頭足方位，來表顯善惡業的影響力。

3. 各趣「中有」都以固定方式行動

這也是被記載在《大毘婆沙論》中的不同看法，有些學者認為五趣「中有」的生起，既然完全是由所造之善惡業決定的，那麼各趣「中有」的行動方式，應該始終都一樣，不受死處或生處的影響，如此才能表顯善惡業果的差別。所以，他們主張五趣「中有」，無論何時要往生何處，地獄「中有」的行動方式，一定是足上頭下。天趣「中有」的行動方式，一定是足下頭上。人等三趣「中有」的行動方式，一定是頭足平行。❺

其實以上這些說法，都是從人趣的時空立場，所做的上下分別。這裡必須考慮的是，各趣的空間感，應該和人趣的空間感不同。因此，就各趣「中有」而言，即使始終以固定的方式前進，也不見得有問題。例如說地獄「中有」始終以頭下足上的方式行動，並不是不可能的，因為就地獄「中有」的立場而言，或許並不認為那是頭在下而足在上吧！

五、小結

這一節主要是從尊重某些生命現象的觀察，的確可能存在於特殊宗教經驗中的立場出發，從四個方面深入考察佛教經論所描述的「中有」特性：

---

❹ 參見《大毘婆沙論》（T27, p. 362, b1-7）。
❺ 參見《大毘婆沙論》（T27, p. 362, b7-13）。

　　其一、首先探討的問題，是誰能看見「中有」的問題。從經論中發現了三種能親見「中有」的情況：1.「中有」同類互見。2. 修得天眼通和宿命通能見「中有」。3. 佛力加持能見「中有」。可見，唯有通過特殊的宗教經驗，才能看見「中有」。

　　其二、考察「中有」之生起方式、生起之處所，以及「中有」的飲食等問題：1.「中有」皆是化生，而且是即「死有」蘊滅之處生起的。2.「中有」之飲食問題又有二種看法，一是主張「中有」皆不需要段食，一是主張欲界「中有」需以氣味爲食。

　　其三、探究了「中有」的功用、以及特殊能力等問題。從經論的記載中，發現對於「中有」的功用，有二種不同的主張：1.「中有」是爲了趨往受生之處而存在。2.「中有」是爲了決定來生之受生處而存在。這二種不同主張，和「中有」形類能否轉變，以及能否聞教得度等問題，都有極密切的關係，所以值得加以留意。

　　負擔轉生重任的「中有」，雖然具備類似天眼通和神足通的特殊能力，以便順利趨往當生之處受生，但是這些業通之力，只能用來達成轉生目的，並無法在其他地方運用，所以和神通力不一樣。可見「中有」仍被限定在業報範圍之內，受業力的制約，並未超出佛教業感輪迴的範疇。

　　其四、有關「中有」的形相問題，分別從「中有」之形貌、形色、衣服，以及「中有」的行動方式等四方面來探究。1. 有關「中有」的形貌，分別探究了「中有」之形類、具不具諸根，以及形量大小等問題。其中最大的爭議是「中有」形類像來世或今生的問題。在後來的大乘經論中，雖多主張「中有」是來生形類。但是，從藏傳佛教寧瑪派主張「中有」的前半段時間是前生形類來看，這二種說法都繼續流傳到今天。無論「中有」是前生或來生形類，學者們真正關心的，也許是「在中有階段究竟還能

不能轉業?」或「在此階段還能不能得到救度?」的問題吧?

2. 有關「中有」的形色。考察後發現經論對於「中有」形色的描述,其實是以亮度的明暗差別來形容的。「中有」形色的亮度愈高,愈白淨,就表示它的善業層次愈高;反之,「中有」形色愈漆黑暗鈍,就代表它的惡業層次愈重。

3. 有關「中有」的衣服。考察後發現「中有」有穿衣服的條件有二:(1)慚愧心所成就的增上力。(2)施衣功德所成就的本願力。只要具備其中一個條件的「中有」就有穿衣服。而這裡所討論的「中有」衣服,並不是指「本有」位所穿的粗質衣服,而是能隨身形、身分變化的微妙衣服,並非常人所能了知的。

4. 有關「中有」的行動方式。有三種不同說法:(1)「中有」隨死處和生處之不同,而隨宜行動。(2)「中有」初生時,行相固定,之後則隨宜行動。(3)各趣「中有」都以固定方式行動。但這些討論都是從人趣的空間定位出發的,如果從「中有」本身的空間感來看,或許就不同了。

第二節 「中有」之轉生歷程

有關「中有」的轉生歷程,依據佛教經論的記載,可再細分成前後二個階段。前一階段是「中有」生起之歷程,這是指眾生臨命終之際,到化生「中有」的歷程。後一階段是「中有」結生之歷程,這是指化生「中有」之後,到轉入來世「生有」之間的歷程。前一階段,對於主張「中有」形類不可轉的佛教學者而言,當然是極重要的,因為這關係著來生是往生善趣或惡趣。而此臨終階段,對「無中有論者」而言,那就更重要了,因為他們主張此時直接現起的是來生的「生有」。

後一階段，對認為「中有」形類不可轉的學者而言，只是單純的「中有」轉生情境的紀錄；但是，對認為「中有」還有轉業可能的學者而言，詳細了解此階段的歷程，卻是掌握改變未來生命的契機所在，其重要性可想而知。

而整個轉生歷程要經過多少時間呢？這是另一個值得關心的問題，意即「中有」從生起之後，到結生之間，究竟可以存在多久？這一節，將從上述三方面來深入考察「中有」之轉生歷程。

一、 化生「中有」之歷程

眾生臨命終之際，到「中有」生起之間，究竟經歷了怎樣的心念情境呢？且分別從臨終之心念狀態、以及善惡心念所經歷之情境差別二方面，來考察「中有」之生起歷程。

（一）臨終之心念狀態

瑜伽行派的論師曾仔細分析命終之際，化生「中有」的歷程，《瑜伽師地論》說：

> 諸眾生將命終時，乃至未到惛昧想位，長時所習我愛現行。由此力故，謂我當無，便愛自身。由此建立中有生報。

(T30, p. 281, c23-26)

眾生臨終之際，由於受到無始以來所熏染的「我愛」習性的影響，所以畏懼死亡，貪著五蘊身；因此在命終五蘊壞滅的同時，便依此「我愛」的貪著力，促成「中有」異熟果報之五蘊身生起。而此由「我愛」所執取的五蘊自體，之所以會有五趣差別，是由自己所造作的善惡業因決定的。❹

---

❹ 《瑜伽師地論》：「由我愛無間已生故。無始樂著戲論因已熏習故，淨不淨業

　　然而，累劫以來所造作的善惡業因極多，臨終之際究竟是由哪一種業因決定來生果報呢？《順正理論》說：

> 雖有種種感後有業，而於此時，唯有極重、或唯串習、或
> 近作業，感果功力，顯著非餘。

（T29, p. 541, c18-20）

因此可知，臨終時成熟的後有業大致有三類：1. 極重業，是指必將於次生受報的極重善業或惡業。例如今生造作殺母、殺父、殺阿羅漢、惡心出佛身血、破和合僧等五無間業者，來生必墮地獄。2. 習業，是指不斷反覆造作，而形成具有強大影響力的善惡業。3. 最近所造業，是指臨終之際，忽然現起與某類業因相應的心念之後，便執持不捨者。而當這三類業因成熟時的心念狀態又是如何呢？根據《瑜伽師地論》的記載，可分成前後二個階段來說明，先是粗想現行階段，其次是細想階段。臨終者的心念，隨善惡業因的成熟而起現行，當此心念非常明利時，即是粗想現行階段；之後心念逐漸任運而至於昏昧狀態時，即是細想階段：

1. 粗想現行的階段

　　這是說臨終時，在化生「中有」之前，將會有決定來生五趣形類的業力成熟，而當此業力成熟之際，臨終者的心念，或由自力、或由外緣的影響，非常明利地憶念起和該業因相應的善惡心念。善業成熟者，則有信、或慚、愧、無貪、無瞋、無癡、勤、

因已熏習故。彼所依體，由二種因增上力故，從自種子，即於是處，中有異熟，無間得生。」（T30, p. 282, a13-16）其中，戲論因即所謂名言種子，能生所依所緣諸差別事，乃五蘊自體之親因。淨不淨業因，能感五趣異熟果報，乃五蘊自體之勝緣。（韓清淨，1983（一）：35、36-37、39）

輕安、不放逸、行捨、不害等善法現行於心。❹惡業成熟者,則
有與貪、或瞋、癡、慢、疑、惡見等煩惱俱行的忿、或恨、覆、
惱、嫉、慳、誑、諂、害、憍、無慚、無愧、掉舉、昏沉、不信、
懈怠、放逸、失念、散亂、不正知等不善法現行於心。❹而此善
惡心念明利現行的情況,又有二種不同:

(1)純由自力生起者

臨終之際,在三種能決定來生五趣形類的善惡業因之中,當
極重業因或習業成熟時,臨終者之心念將由自力現起與此善惡業
因相應之善惡諸法,完全不受外緣的影響,很自然地就自己憶念
起來了。《瑜伽師地論》描述習業成熟時的臨終心念狀態是:

> 行善不善補特伽羅將命終時,……。彼於爾時,於多曾
> 習,力最強者,其心偏記,餘悉皆忘。

(T30, p. 281, c3-5)

這是說有一類眾生,平日經常不斷重複造作某種善業或惡業,因
而形成了最強大的力量。當他臨終之際,心念就只記得此最熟悉
的強力習業,其他都忘記了。因此,當然只會現起和該習業相應
之法,而趣向來生。

譬如佛世的摩訶男,因害怕臨終之際,會受到外緣干擾而失
去正念,墮入惡趣,因此請佛開示。佛告訴他,一個長久以來日
夜不斷修習正法的人,命終之後,一定不會墮入惡趣,必然會往
生善趣。因為:

> 汝已長夜修習念佛、念法、念僧,若命終時,……。心意

---

❹ 《瑜伽師地論》:「有一將命終時,自憶先時所習善法,或復由他令彼憶念。
由此因緣,爾時,信等善法,現行於心,乃至麁想現行。」(T30, p. 281,
b15-17)
❹ 《瑜伽師地論》:「彼於爾時,貪瞋等俱諸不善法,現行於心,乃至麁細等想
現行。」(T30, p. 281, b22-24)

> 識久遠長夜正信所熏，戒、施、聞、慧所熏，神識上昇，向
> 安樂處，未來生天。
>
> （T02, p. 237, c3-7）

經過長時間日夜反覆造作，所形成的習業之力，在臨終時，完全
不會受到外緣的影響，心念很容易就自然憶念起那早已習以為常
的善法或惡法，然後隨此習業之力而趣向來生。由此可見，對於
平日反覆造作的事業，一定要謹慎抉擇，因為強大習業的力量，
將使臨終心念完全不受外緣的影響，而只記得它，依此決定來生
之趣向。

　　除習業之外，重業的影響力也極大。世尊在《增一阿含經》
中說提婆達多命終之後，必墮無間地獄。❹因為他造作了五逆
重罪，臨終之際，沒有任何人可以救護，❺可見極重善惡業力的
強大。

（2）忽自憶念或受外緣影響而憶念者

　　臨終者忽然自己憶念，或因外緣影響而憶念起某類善惡法，
隨即依此現行的善惡心念而決定來生形類，這是屬於隨近作業受
報的一類。《瑜伽師地論》描述此種情況的心念狀態是：

> 若俱平等曾串習者，彼於爾時，隨初自憶，或他令憶。唯

---

❹ 《增一阿含經》：「佛告阿難：今此提婆達兜，身壞命終，入阿鼻地獄中。所
　以然者，由其造五逆惡，故致斯報。」（T02, p. 804, b8-10）

❺ 《增一阿含經》：「提婆達兜，諸罪之原首，不可療治。猶如有人而墮深廁，
　形體沒溺，無有一淨處。有人欲來濟拔其命，安置淨處。遍觀廁側，及彼人
　身，頗有淨處，吾欲手捉，拔濟出之。彼人熟視，無一淨處而可捉者，便捨
　而去。如是，諸比丘！我觀提婆達兜，愚癡之人，不見毫釐之法而可記者，
　受罪經劫，不可療治。」（T02, p. 567, a19-26）又：「提婆達兜適下足在地，
　爾時地中有大火風起生，遶提婆達兜身。爾時，提婆達兜為火所燒，便發悔
　心於如來所，正欲稱南無佛，然不究竟，適得稱南無，便入地獄。」（T02, p.
　804, a17-21）

此不捨，不起餘心。

（T30, p. 281, c6-7）

有一類眾生，平日雖造作種種善惡業，卻未特別用心或沒有重複造作。這類眾生臨終之際，忽然自己憶念起來，或受到外緣的影響而憶念起某種善念或惡念之後，便黏著不捨，再也無法生起其他心念。於是，隨所黏著之善心念，往生善道；隨所黏著之惡心念，往生惡道。

例如《大智度論》說，有些人雖行惡卻生善道，就是因為「臨死時，善心、心數法生」的緣故（T25, p. 238, b19）；有些人雖行善卻墮惡道，就是因為「臨死時，不善心、心數法生」的緣故（T25, p. 238, b22）。龍樹菩薩在《大智度論》中說：

> 是心雖時頃少，而心力猛利，如火如毒，雖少能成大事。
> 是垂死時心，決定猛健……。

（T25, p. 238, b24-26）

臨終剎那的心力，雖時間甚短暫，卻具有強大的決定力，就像火苗或毒藥，雖少也能發揮大作用。對於未曾造作重業或習業的一般人而言，臨終之際，忽然現起的心念，是決定來生趣向的主要關鍵。因此，像漢傳佛教的臨終助念，或藏傳佛教的「中陰解脫導引」等法門，❺對這類臨終者而言，就顯得格外重要了。

2. 細想現行的階段

臨終者之心念，隨著善惡業因的成熟，而有相應之善惡法起現行，剛開始時，極為明利，但不久之後便逐漸進入昏昧狀態，終於捨離善惡念而住於無記心，當此之時，不但自己無法憶念任何善惡諸法，外緣也無法使他憶念，這便是進入了細想現行階

---

❺ 詳見本研究第四章第二節。

段。❷當細想現行,進入無記心的狀態之際,也正是「中有」生起之時,因為:

> 對法論說:死有末心、生有初剎那、中有初剎那,唯無記性。

（T42, p. 321, b11-13）

「死有」末心、「生有」初剎那心,以及「中有」初剎那心,都一樣是無記性的。所以說當臨終心念由明利的粗想現行進入細想,而住於無記心的同時,即是「中有」生起之時。

（二）臨終善惡心念所經歷之不同情境

臨終之際,或隨善業而生善心念,或隨惡業而生不善心念,而當此善惡心念現行的同時,臨終者會經歷怎樣的不同情境呢?且根據佛教經論的記載分別考察:

1. 善心念所感之情境

臨終時生起善心念,是指臨命終時,「信等善法,現行於心」。（T30, p. 281, b17）這是說臨命終之際,內心生起了信、或慚、愧、無貪、無瞋、無癡、勤、輕安、不放逸、行捨、不害等善法。這可能是由於臨終者已經久習這些善法,所以臨終之際,能自己憶念起來;也可能是由於別人的提醒,才憶念起來。❸而

---

❷ 《瑜伽師地論》卷 1:「云何善心死。猶如有一將命終時。自憶先時所習善法。或復由他令彼憶念。由此因緣。爾時信等善法現行於心。乃至麁想現行。若細想行時。善心即捨唯住無記。所以者何。彼於爾時。於曾習善亦不能憶。他亦不能令彼憶念。」（T30, p. 281, b15-20）

❸ 《瑜伽師地論》:「云何善心死?猶如有一將命終時,自憶先時所習善法,或復由他令彼憶念。由此因緣,爾時,信等善法現行於心,乃至麁想現行。」（T30, p. 281, b15-17）

此臨終者在生起善念的同時，還會經歷怎樣的情境呢？依佛教經論的記載，可從二方面來探究：

（1）感受方面

臨終生起善念者，必然是「安樂而死」（T30, p. 281, b24-25），所以「無極苦受，逼迫於身」。（T30, p. 281, b25）意即以善念死者，不會被極強烈的苦受所逼惱。例如《正法念處經》記載人中死而生天之善業命終者，臨終時的心念情境是：

> 以善業故，現得天樂。得此樂已，含笑怡悅，顏色清淨。親族兄弟，悲啼號泣，以善相故，不聞不見，心亦不念。以善業故，臨命終時，於中陰有，大樂成就。

（T17, p. 197, c17-20）

可見善念死者所經歷的心念情境，不但無苦受逼惱，還感受到天趣前相所生之樂。因此表情愉悅，臉色平和清淨，不但聽不見親人的悲泣聲，自己也不感到哀傷。此善念終者雖尚未生天，卻已感受到天趣之樂，在他臨終化生「中有」之際，沒有任何內外因緣能干擾他，完全浸淫在天趣前相的大樂之中，毫無苦受的逼惱。

（2）見聞方面

臨終生起善念者，「見不亂色相」（T30, p. 281, b27）會如作夢般地看見因善業所感得的善趣果報之可意前相，而不會看見怪異之景象。因善業有種種不同，所現之可意相也無量無邊，但都有「從闇趣明」（T30, p. 281, c17）的特性。❺同時，會聽到種

---

❺ 《瑜伽師地論》：「若行不善業者，當於爾時，受先所作諸不善業所得不愛果之前相，猶如夢中見無量種變怪色相。……修善者與上相違，當知如是補特伽羅從闇趣明。此中差別者，將命終時，猶如夢中見無量種非變怪色，可意相生。」（T30, p. 281, c10-19）

種「寂靜美妙可意音聲」（T30, p. 282, c29），例如《正法念處
經》記載生天之人，臨終時的感官情境是：

> 所謂死時，見於色相。若人中死，生於天上，則見樂相。
> 見中陰有，猶如白氎，垂垂欲墮，細軟白淨。見已歡喜，顏
> 色怡悅。臨命終時，復見園林，甚可愛樂。蓮花池水，亦
> 皆可愛。河亦可愛，林亦可愛。次第聞諸歌舞戲笑，次聞諸
> 香。一切愛樂，無量種物，和合細觸。

（T17, p. 197, c10-17）

善念臨終者，不但自見有如白氎般的細柔白淨之「中陰」前相，
還看見美妙的園林和蓮花池，並且聽到歌舞嘻笑聲，聞到種種喜
愛的氣味。總之，凡是感官所觸及的一切境界，都令此臨終者生
起微妙的可意觸。而在外顯的表徵上，則表情愉悅，臉色平和。

　　從上述的記載可見，臨終生善念者所經歷的心念情境，既無
苦受，也不會看見怪異紛亂的景象，或聽到任何不可意的聲音，
完全是在一片光明和樂之中。

2. 不善心念所感之情境

　　臨終時生不善心念，是指臨命終時，「貪瞋等俱，諸不善
法，現行於心。」（T30, p. 281, b23）這是說臨命終之際，內心生
起與貪、或瞋、癡、慢、疑、惡見等煩惱俱行的忿、或恨、覆、
惱、嫉、慳、誑、諂、害、憍、無慚、無愧、掉舉、昏沉、不信、
懈怠、放逸、失念、散亂、不正知等不善法。這可能是由於臨終
者已經久習這些不善法，所以臨終之際，自己憶念起來，也可能
是由於外緣的影響才憶念起來。❺而此臨終者在生起不善念的同

---

❺ 《瑜伽師地論》：「猶如有一命將欲終，自憶先時串習惡法，或復由他令彼憶
念。彼於爾時，貪瞋等俱諸不善法，現行於心。」（T30, p. 281, b21-24）

時，還會經歷怎樣的情境呢？仍從二方面來考察：

（1） 感受方面

臨終生起不善念者，必然是「苦惱而死」（T30, p. 281, b26），被「極重苦受，逼迫於身。」（T30, p. 281, b26-27）意即以不善念死者，將被極強烈的苦受所逼惱。而所謂臨終「逼迫於身」之「極重苦受」，又是指什麼呢？《俱舍論》說：

> 漸命終者，臨命終時，多為斷末摩苦受所逼。無有別物名為末摩，然於身中有異肢節，觸便致死，是謂末摩。若水、火、風隨一增盛，如利刀刃，觸彼末摩，因此便生增上苦受。從斯不久，遂致命終。

（T29, p. 56, b21-25）

這是說凡是諸根漸滅，而不是諸根頓斷的命終者，❺❻都會被「斷末摩」的苦受所逼惱。所謂「末摩」，又譯作「支節」，類似於中國醫學的體內穴位，普光在《俱舍論記》中說：「末摩是身中死穴，其量極小，觸便致死。」（T41, p. 184, b22-23）當末摩被水、火、風等三大的任何一大增盛所侵襲時，臨命終者會感到極強烈的苦受，隨著末摩的失去作用，這一期的生命也就結束了。❺❼

而臨終斷末摩的苦受，有輕有重，《瑜伽師地論》說：「重謂作惡業者，輕謂作善業者。」（T30, p. 282, a3-4）所以，諸根漸斷的臨命終者，雖然都有斷末摩的苦受，但是輕重有別，造惡

---

❺❻ 漸命終者，是指死時諸根漸滅者，乃相對於諸根頓滅而說。五趣之中，天及地獄趣死時諸根頓滅，故無斷末摩，餘趣則皆有斷末摩。《瑜伽師地論》：「解肢節，除天那落迦，所餘生處，一切皆有。」（T30, p. 282, a1-2）

❺❼ 《俱舍論頌疏論本》：「三大隨一增盛，如利刀刃，觸彼末摩，因此命終，故名為斷。此言斷者，非如斬薪，令成兩段；但由三大觸彼末摩，令身無覺，說名為斷。地界不名斷末摩者，謂無第四內災患故。內三災患，謂風熱痰：痰是水增痰，熱緣火起，風病風增。」（T41, p. 878, b13-18）

業者，會感受到極強烈的斷末摩之苦。

（2）見聞方面

臨終生不善念者，會聽到種種「紛亂之聲」，並且看到「亂色相」（T30, p. 281, b27- c28），會如作夢般地看見因惡業而感得的惡趣果報之不可意前相。因惡業有種種不同，所以會看見「無量種變怪色相」，而皆有「從明趣闇」的特性。（T30, p. 281, c12 -15）所以《瑜伽師地論》特別用太陽下山時，黑暗逐漸籠罩大地的光影變化，來形容不善念臨終者，所見怪異景象的特性：

> 彼於爾時，如日後分，或山山峰影等，懸覆、遍覆、極覆。當知如是補特伽羅，從明趣闇。

(T30, p. 281, c13-15)

不善念臨終者，隨其惡業之輕重，所見種種怪異景象也不同。惡業最輕者所見色相，如太陽才剛落至山頂處，山峰的陰影懸覆在遠處，所以壓迫感還不是很大。中等惡業者所見的種種怪異景象，則如太陽更落入山中之後，山峰的陰影遍覆大地一般，給人極大的壓迫感。惡業最重者所見之怪異色相，則如太陽完全下山後，黑暗徹底籠罩大地時，給人最強烈的壓迫感。

當惡念臨終者的心念，正在經歷這些惡業所感的怪異色相的同時，還會有許多相應的外顯表徵，例如「流汗毛豎、手足紛亂、遂失便穢、捫摸虛空、翻睛咀沫」（T30, p. 281, c20-21）等，隨所造惡業的輕重，所見的種種變怪色相，以及所顯現的相應表徵，也都不同。❺

---

❺ 《瑜伽師地論》：「若作上品不善業者，彼由見斯變怪相故，流汗毛豎、手足紛亂、遂失便穢、捫摸虛空、翻睛咀沫。彼於爾時，有如是等變怪相生。若造中品不善業者，彼於爾時，變怪之相或有或無，設有不具。」（T30, p. 281, c19-23）

　　從上述的記載可見，臨終生不善念者所經歷的情境，不但有極重的苦受逼惱於身，而且會看見極恐怖的怪異景象、聽到吵雜紛亂的聲音，總之，由感官所生起的任何覺受，都是不可意的，顯現在外的表徵，也是種種痛苦不安的樣態。

二、「中有」之結生歷程

　　「中有」的主要任務，就是趣向當生之處，「中有」生起之後，到轉入來生之間，究竟經歷了怎樣的心念情境呢？這正是「中有」之結生歷程所要探討的問題。在佛教經論中，對於人趣「中有」的結生歷程，記載得最詳細，其他各趣則較簡略，所以將人趣「中有」之結生歷程獨立一節，其他各趣則合成另一小節來進行討論。

（一）人趣「中有」之結生

　　來世當生人趣者，化生「中有」之後，到轉入來世之「生有」位之間的歷程，且根據佛教經論的記載，從結生條件、結生過程、與結生差別三方面來探討：

1. 結生條件

　　佛教主張世間一切事物都是因緣所生的緣起論，生命的現起，當然也不例外。當「中有」結生之際，必須具足哪些條件，才能順利結生呢？根據佛教經論的記載，可從二分面來說明「中有」結生的條件：

（1）投生者之條件

　　此處所謂投生者之條件，是專指「中有」在完成轉生任務之際，從投生者立場而言的內在主觀條件。《瑜伽師地論》說：

　　　彼即於中有處，自見與己同類有情，為嬉戲等。於所生

處，起希趣欲。

（T30, p. 282, c14-15）

這是說各趣「中有」在投生之際，一定要對當生之處，生起欲求前往之心，才會前往結生。而之所以會生起此欲求前往之心，是因爲受到和自己業力相應的情境吸引所致。例如一個從事屠宰業的人過世後，感生地獄之果報，他的地獄「中有」將會如作夢般地看到當生之處有許多人正在宰殺牲畜，因此而自然生起歡喜前往參與之心，一旦往趣，隨即墮入地獄之中。❺ 人趣「中有」也是一樣，因生起顛倒心而馳驅欲境，遂前往生處結生。《俱舍論》說：

> 如是中有，為至所生，先起倒心，馳趣欲境。彼由業力所起眼根，雖住遠方，能見生處父母交會，而起倒心。

（T29, p. 46, c9-11）

人趣「中有」以業通之眼根，遙見當生之處父母交會的情形，而生起顛倒馳驅欲境之心，於是前往生處結生。《瑜伽師地論》又說：

> 若離妄見，如是相貌，尚無趣欲，何況往彼？若不往彼，便不應生。

（T30, p. 282, b18-20）

這裡從反面證明了「中有」結生的重要關鍵，在於必須產生欲求前往的心念。因爲瑜伽行派的論師說，當「中有」見到種種吸引自己的情境時，如能不起妄念，就不會生起欲求前往之心，當

---

❺ 《瑜伽師地論》：「造惡業者，謂屠羊雞豬等。隨其一類，由住不律儀眾同分故，作感那落迦惡不善業，及增長已。彼於爾時，猶如夢中，自於彼業所得生處，還見如是種類有情，及屠羊等事。由先所習，喜樂馳趣，即於生處，境色所礙，中有遂滅，生有續起。」（T30, p. 282, b9-14）

然就不會往趨當生之處，既不往趨生處，便不會結生了。所以，「中有」結生的主觀條件，在於必須生起欲求前往生處的心念。

對於主張「中有」是為往趨生處而存在的學者而言，除了「中般涅槃」聖者的「中有」之外，所有「中有」都一定會生起此欲求心，不可能不生起的。然而，對於主張「中有」是還未決定生處才現起的學者而言，這個「中有」投生必須先生起欲求前往當生處之心念的主觀條件，或許正是可能改變當生之處，甚至即時停止生死輪迴的契機所在吧。

（2）生處之條件

此處所謂生處條件，是專指人趣「中有」在結生之際，從投生處而言的外在客觀條件。根據《瑜伽師地論》的記載，必須在沒有三種障礙的情況下，三事現前，人趣「中有」才能順利結生。

① 必須沒有三種障礙

人趣「中有」結生之處，必須沒有三種障礙：I. 無產處方面的障礙，即來生母親的生殖器官功能健全，而且無病。❻II. 無種子方面的障礙，即來生父母的精子或卵子，沒有任何不健全，也沒有輸出的障礙。❻III. 無宿業方面的障礙，即父母子三方面的宿業因緣，必須剛好相配合。例如父母曾造作增長感得此子之業，準備投生之「中有」也曾造作增長感得此父母之業；同時，父母並未造作增長感生他子之業，而準備投生之「中有」也未造作增長感生其他父母之業；再者，來生父母和準備投生之「中有」，

---

❻ 《瑜伽師地論》：「云何產處過患？謂若產處，為風熱癊之所逼迫，或於其中有麻麥果，或復其門如車螺形，有形有曲、有穢、有濁，如是等類，產處過患應知。」（T30, p. 282, c1-4）

❻ 《瑜伽師地論》：「云何種子過患？謂父出不淨非母，或母非父，或俱不出。或父精朽爛，或母或俱。如是等類，種子過患應知。」（T30, p. 282, c5-7）

三方面所具有的宗族繁盛與否的宿業也剛好相當。❷以上這三種
障礙的前二項，主要是和胎生學有關的生理條件，第三項則是轉
生之共業條件。

②　**必須三事現前**

在沒有上述三種障礙的情況下，三事現前，「中有」便能順
利結生。所謂三事現前，這是從部派佛教就已經有的說法。部派
論師根據《中阿含經》：「父母聚集一處、母滿精堪耐、香陰已
至，此三事合會，入於母胎。」（T01，p. 769，b24-25）的經文，
主張人趣「中有」入胎時必備的三個條件，即：I. 父母同時有貪
淫之心，而共相合會。❸II. 母親的身心調適無病，且正值女性生
理上的受孕期，於是母親經血之最後一滴（卵子），能與父親精
液之最後一滴（精子）和合成胎。❹ III.「中有」適時於父母合會
之處現前，既不早到，也不晚到，就在父母合會之當下現前。❺
正當上述三事現前的同時，人趣「中有」入胎結生。

---

❷　《瑜伽師地論》：「云何宿業過患？謂或父或母，不作不增長感子之業，或復
　　俱無。或彼有情，不作不增長感父母業。或彼父母，作及增長感餘子業。或
　　彼有情，作及增長感餘父母業。或感大宗葉業、或感非大宗葉業。如是等
　　類，宿業過患應知。」（T30，p. 282，c8-13）
❸　《大毘婆沙論》：「父母俱有染心和合者，謂父及母俱起婬貪，而共合會。」
　　（T27，p. 363，b3-4）
❹　《大毘婆沙論》：「母身調適、無病、是時者，謂母起貪，身心悅豫，名身調
　　適。……母腹清淨，無風熱痰互增逼切，故名無病，由此九月或十月中任持
　　胎子令不損壞。言是時者，謂諸母邑，……月月恆有血水流出。……若此血
　　水不少不多不乾不濕。方得成胎名爲是時。」（T27，p. 363，b4-16）又《瑜伽
　　師地論》：「爾時父母貪愛俱極，最後決定各出一滴濃厚精血，二滴和合，住
　　母胎中，合爲一段，猶如熟乳凝結，……。」（T30，p. 283，a1-3）
❺　《大毘婆沙論》：「健達縛正現在前者，謂即中有此處現在前，非於餘處，非
　　前非後。」（T27，p. 363，b16-17）

2. 結生過程

（1）結生時之心念狀態

人趣「中有」在沒有三種障礙，並且三事現前的條件下，即可入胎投生。當此之時，「中有」必須對來生父母，輾轉現起貪愛和瞋恚二心，乃得入胎。《大毗婆沙論》說：

> 健達縛將入胎時，於父於母，愛恚二心，展轉現起，方得入胎。

（T27, p. 363, b18-20）

人趣「中有」以業通之眼根，看見當生之處正在交會的父母，而趨往父母交會處，準備入胎結生之際，如果是男性「中有」，則「於母起愛，於父起恚。」（T27, p. 363, b20-21）心想：「此男人若離開，我當與此女人交會。」心念才動，隨即生起顛倒妄見，竟然看見該男子已經遠離，而自己則馬上和此女人交會。當父母交會流出精血時，竟以為父精為己所有，因此生起歡喜快慰之心，之後「中有」便陷入迷悶而感到粗重，隨即進入母胎，當此之時，「中有」蘊滅，「生有」蘊生，結生完成。❻

如果是女性「中有」入胎結生，也和上述過程一樣，只是所貪愛瞋恚的對象，和男性「中有」相反，她是「於父起愛，於母起恚」。❻

（2）何處入胎的問題

有關人趣「中有」入胎結生的過程，佛教學者還討論了另一

---

❻ 《大毗婆沙論》：「男中有將入胎時，於母起愛，於父起恚。作如是念：若彼丈夫離此處者，我當與此女人交會。作是念已，顛倒想生。見彼丈夫遠離此處，尋自見與女人和合。父母交會，精血出時。便謂父精是自所有，見已生喜，而便迷悶。以迷悶故，中有羸重。既羸重已，便入母胎。……爾時，中有諸蘊便滅，生有蘊生，名結生已。」（T27, p. 363, b20-27）

❻ 參見《大毗婆沙論》（T27, p. 363, b27-c6）。

個問題，那就是「中有」究竟從何處進入母胎之中呢？

有人認為「中有」既然有為往趣生處，一切無能障礙的特性，那應該是隨他高興從哪裡入胎，就從哪裡入胎。❻但是，有部論師認為「中有入胎，必從生門」。（T27, p. 363, c15-16）因為正如上一段所描述的「中有」結生時之情況那樣，「中有」投生之際所貪著的，正是在男女交會的欲事之上，所以有部論師主張「中有」必從母親之女根處進入母胎。有部論師還根據此理，說明雙胞胎後生為長的理由，是因為後生者之「中有」先進入母胎之故。❻《瑜伽師地論》更詳細描述了「中有」入胎時的情境：

> 或唯見男，或唯見女，如如漸近彼之處所，如是如是，漸漸不見父母餘分。唯見男女根門，即於此處，便被拘礙。

（T30, p. 282, c22-25）

當「中有」投生之際，女性「中有」唯見其父，男性「中有」唯見其母，而生起與之交會的顛倒想，當雙方愈來愈接近之後，逐漸看不到父母的其他部位，而只看見男女根門，「中有」即於此處入胎，再也不能出來了。因此，「中有入胎，必從生門」似乎是較合理的說法。

但是，這又衍生出另一個問題，最後身菩薩、轉輪聖王，和獨覺聖者入胎時，是否和一般凡夫一樣，都是從生門入胎呢？有人認為凡是胎生和卵生眾生之入胎，無論凡聖都一樣是從「生門」進入母胎。但有人認為最後身菩薩「於母母想，無婬愛

---

❻ 《大毘婆沙論》：「有作是說，中有無礙，隨所樂處，而便入胎。」（T27, p. 363, c11-12）

❻ 《大毘婆沙論》：「由此理趣，諸雙生者，後生為長。所以者何？先入胎者，必後出故。」（T27, p. 363, c16-18）

故。」（T27, p. 363, c22）最後身菩薩既正知此女爲來世母親而不起淫愛之心，所以不從「生門」入胎。而雖不起淫愛心，卻生起「親附愛」，於是乘此親愛之力，❼「從右脇入胎」（T27, p. 363, c21）。至於轉輪聖王和獨覺聖者的入胎，有人認爲他們和最後身菩薩一樣，從右脇入胎。但有人認爲他們的福慧不及最後身菩薩，結生之際雖無顛倒想，卻仍會生起淫欲心，所以還是從「生門」入胎。

考察「中有」從「生門」入胎之說，既符合論師們所描述的結生情境，也和現代胎生學的知識相近。爲什麼還要特別討論最後身菩薩、轉輪聖王，和獨覺聖者的入胎問題呢？主要原因似乎是和入胎時，是否生起淫欲心有關。但是，入胎時不起淫欲心而能以正知入胎者，爲什麼就不能從「生門」入胎，而必須說是從「右脇」入胎呢？這或許和印度傳統中，認爲女性的生殖器官充滿穢惡不淨的思想有關，《大毘婆沙論》就說：「諸母邑有穢惡事，月月恆有血水流出。」（T27, p. 363, b10-11），爲了避免被這些穢惡事所污染，因此不能從「生門」入胎。如果這種歧視女性生殖器官的觀念改變了，即使不起淫欲心者，也應該都可以從「生門」入胎吧？

3. 結生差別

在人趣「中有」的結生過程中，對於來世父母生起淫欲顛倒心的狀態，是否所有人都會有這樣的經歷呢？這是另一個值得討論的問題。佛教學者認爲並不是人人都會如此，根據《俱舍論》的記載，因爲有情的福德智慧不同，結生之際的正知念力也不一

---

❼ 《大毘婆沙論》：「菩薩將入胎時，於父父想，於母母想。雖能正知，而於其母，起親附愛，乘斯愛力，便入母胎。」（T27, p. 363, c7-10）

樣,所以有正知入胎和不正知入胎的二種差別:

　　(1)不正知入胎。這是指福智俱少的凡夫,以及卵生眾生之入胎,都是在結生之際,生起淫欲顛倒心,並不知道自己正在入胎投生。而且凡是結生之際不能正知入胎者,其住胎和出胎的過程,也都無法正念分明地知道自己正在住胎或出胎,而會產生種種虛妄怪異的幻境。

　　例如福薄者入胎之際,會產生種種幻境,或是看見大風雨,或是炎熱難耐,或是酷寒難擋,或是大軍從後追趕,喊打喊殺之聲威逼於人,在種種幻境的脅迫下,看見自己逃入草叢樹林之中,或山洞茅屋裡面。❼福多者入胎之際,則會在自己所產生的幻境中,聽到寂靜美妙的可意音聲,或看見自己進入鳥語花香的園林之中,或進入華麗的宮殿內,或坐在裝飾得美輪美奐的高廣大床之上。❼此即是「中有」以不正知入胎。入胎之後,住胎時則是妄見自己安住其中,出胎時便妄見自己從該處離開,所以說此類眾生「入住出位,皆不正知。」(T29, p. 47, a29)

　　(2)正知入胎。這是指有一類眾生,入胎之際,不會被顛倒妄見所惑,可以正念分明地知道自己正在進入母胎投生。而隨各人福德智慧的不同,又有三種差別:

　　①入住出位,悉皆正知。福德智慧俱足者,入胎時能不起顛倒妄想,於母做母想,於父做父想,而無淫愛之念,正念分明地入胎結生。於住胎時,正知住於胎中。出胎時,也正知出胎。例如最後身菩薩,因累劫修行,具足殊勝的福德智慧,所以入住出

---

❼ 《俱舍論》:「若福微薄,入母胎位,起倒想解,見大風雨,毒熱嚴寒,或大軍眾,聲威亂逼。遂見自入密草稠林,葉窟茅廬,投樹牆下。住時見已住在此中,出位見身從此處出。」(T29, p. 47, b6-10)

❼ 《俱舍論》:「若福增多,入母胎位,起倒想解,自見己身入妙園林,升花臺殿,居勝床等。住出如前。」(T29, p. 47, b10-12)

位，皆能保持正知。❼

　　② 入住正知，出位不正知。智慧超勝者，入胎住胎時，都能不起顛倒妄想，但是出胎時，無法正知出胎。例如獨覺聖者，因久習多聞智慧，故能以殊勝的思擇智慧力，在入胎、住胎時，保持正知，但福德不足，所以無法於出胎位，正知出胎。❼

　　③ 入位正知，住出不正知。福德殊勝者，雖能在入胎時，不起顛倒妄想，於母做母想，於父做父想，正知入胎；但是入胎後，住胎和出胎之時，卻無法繼續保持正知。例如轉輪聖王，因宿世曾修習廣大福德，所以能正知入胎，但入胎後，就無法在住胎和出胎時，保持正念分明了。❼

（二）餘趣「中有」之結生

　　人趣以外的各趣「中有」之結生歷程又是如何呢？雖然前面說過，從投生者之主觀條件而言，各趣「中有」之結生，都和人趣「中有」一樣，必須生起欲求前往當生處之心，才會前往結生。❼但是，引生欲求前往之心的情境，各趣「中有」就不相同了。世親在《俱舍論》中，依「胎、卵、濕、化四生」來分別說明眾生的結生過程，因為「四生」本來就是依有情出生方式所作的分類，所以據此來說明有情之結生過程，最為恰當：

---

❼　《俱舍論》：「無上覺入住出位，皆能正知。……曠劫修行，勝福智故。」（T29, p. 47, b18-23）
❼　《俱舍論》「獨勝覺入住正知，非於出位。……久習多聞，勝思擇故。」（T29, p. 47, b17-22）
❼　《俱舍論》「轉輪王入位正知，非住非出。……宿世曾修廣大福故。」（T29, p. 47, b16-21）
❼　《瑜伽師地論》：「如於那落迦。……又於餘鬼、傍生、人等，及欲色界天眾同分中，將受生時，於當生處，見己同類可意有情，由此於彼起其欣欲，即往生處，便被拘礙。」（T30, p. 282, b20-25）

1. 胎生、卵生有情之結生

胎生有情，例如旁生趣的牛、羊、豬、狗等；卵生有情，例如雞、鴨、雀、鴿等，其「中有」結生之際，都必須經過入胎的過程，⑰所以和人趣「中有」一樣，都是對當生父母生起淫欲顛倒心，才入胎結生的。

不同的是，人趣「中有」之結生過程，並不是所有人都以淫欲顛倒心而不正知入胎，福德智慧殊勝的轉輪聖王、獨覺聖者，以及最後身菩薩等，都能以正知入胎。⑱但是，旁生的胎生有情，以及所有的卵生有情，因爲福德智慧都非常少，所以不可能以正知入胎，而且住胎、出胎時，也都是無知的狀態。⑲

2. 濕生有情之結生

濕生有情，例如飛蛾、蝴蝶、蚊子等旁生趣有情的結生過程，和前述胎生、卵生有情的愛染父母而結生不同，《俱舍論》說：

> 若濕生者，染香故生。謂遠嗅知生處香氣，便生愛染，往彼受生。隨業所應，香有淨穢。

(T29, p. 47, a3-5)

濕生有情是由於貪著氣味而往趣生處的。這類「中有」透過具有業通之力的鼻根，無論隔越多遠，都能聞到當生處的氣味，對此氣味生起貪愛欲求之心，於是便趣往該處受生。

因爲業力不同，濕生有情所喜好的氣味，也有淨穢之別，所

---

⑰ 《俱舍論》：「如何卵生從卵而出，言入胎藏？以卵生者，先必入胎。」（T29, p. 47, b2-3）

⑱ 參見《俱舍論》（T29, p. 47, a25- b24）。

⑲ 《俱舍論》：「有諸有情，福智俱少，入住出位，皆不正知。」（T29, p. 47, a28-29）又：「諸卵生者，入胎等位，皆恆無知。」（T29, p. 47, b1-2）

以受生之處也就有種種不同，有的生於香草叢中，有的卻生於臭穢糞坑之內，濕生有情之受生處，可說是千差萬別。

3. 化生有情之結生

化生有情，例如欲、色界天，或地獄有情的結生過程，是由於愛染環境而生起往趣生處的欲求心。《俱舍論》說：

> 若化生者，染處故生。謂遠觀知當所生處，便生愛染，往彼受生。隨業所應，處有淨穢。

（T29, p. 47, a5-7）

化生有情之「中有」透過具有業通之力的眼根，能從遠處看到當生之處的環境，而生起愛染之心，隨即往趣該處受生。

隨業力之不同，或在地獄，或在天上受生，化生有情之受生處，真可謂天差地別。因此，論典中有人提出疑問說：「當看到充滿殊勝福樂的天上情境，而生起愛染心，是可以理解的。但是，為什麼會對大苦充滿的地獄生起愛染之心呢？」因為除了少數福德智慧殊勝者，能以正知結生之外，其他有情在結生之際，都因無法正念分明，而會生起種種幻境。地獄「中有」在結生之際，有的會看見自己正受著冷雨寒風逼迫之苦，忽見地獄火焰熾然，於是生起貪愛暖觸之心，隨即便往趣於熱地獄中了。有的地獄「中有」會看見自己正受著熱風大火的逼迫，忽見寒冰地獄，於是生起貪愛清涼之心，隨即投生該處。❽也有地獄「中有」如在夢中一樣，會忽然看見過去造作地獄業因時的相同情境，例如

---

❽ 《俱舍論》：「豈於地獄，亦生愛染？由心倒故，起染無失。謂彼中有，或見自身冷雨寒風之所逼切，見熱地獄火焰熾然，情欣煖觸，投身於彼。或見自身熱風盛火之所逼害，見寒地獄，心欲清涼，投身於彼。」（T29, p. 47, a7-12）

感生地獄果報的屠夫，在化生地獄「中有」之後，會忽然看見遠處有宰殺牛羊的場所，許多同業技術熟練地正在宰殺牛羊，由於過去自己所培養的習性使然，便生起欣然往趨之心。無論是對怎樣的幻境生起往趨之心，一旦趣赴該處，「中有」諸蘊隨即滅去，地獄「生有」繼起，便已經化生在地獄之中了。❸

三、「中有」之存在時間

　　「中有」的結生過程，所涉及的並不只是投生者單方面的因緣，而必須將生處的因緣也考慮進來，結生因緣具足，「中有」當然能順利結生。但是，結生因緣不具足時，「中有」如何能順利結生呢？為了解釋這個問題，就有必要進一步探討「中有」究竟可以存在多久的問題。在部派時期的佛教學者之間，乃至後來的大乘經論之中，對於這個問題的看法並不一樣，因此，這一小節將分別從部派學者和瑜伽行派學者的觀點來探討此問題：

（一）部派學者之觀點

　　部派佛教時期的學者們，對於「中有」的存在時間，共有四種不同的說法：

1. 住時極短，速往結生

　　「中有」存在的時間極短暫，很快就會往趨當生之處結生了，這是毘婆沙師的主張。❷《大毘婆沙論》說：

---

❸　《俱舍論》：「先舊諸師作如是說，由見先造感彼業時己身伴類，馳往赴彼。」（T29, p. 47, a12-13）另參見《瑜伽師地論》（T30, p. 282, b8-18）。
❷　毘婆沙師（vibhāṣika）指說一切有部中居於主流地位的阿毘達磨論師。（釋印順，1981a：4）

　　經於少時，速求生故。謂住中有，於六處門，遍求生緣，
速往和合。

（T27, p. 360, c25-27）

對毘婆沙師而言，爲了避免轉生之際死處和生處之間的斷裂，
所以才必須暫時現起五蘊假合的「中有」來擔負聯繫的工作。因
此，「中有」是專爲轉生而生起的，並無其他作用，它只會利用
所具備的明利六根，積極尋求當生之處，所以很快就會前往結
生，不會多所停留。

　　這樣的主張，如果是在結生因緣具足的情況下，當然沒有問
題。但是，如果生緣不具足，例如來生父母無緣合會，或當生之
旁生有情並不是在發情的季節，不就無法順利結生了嗎？毘婆沙
師針對此問題，提出二種可能的情形來解釋：（1）「中有」投生
處類皆不可改變的情形，例如命終有情之來生父母雙方或任何一
方已決定，而不可改變時，雖然父母尚無合會因緣，此臨終有情
之業力，會令他們排除萬難，甚至一切水火刀槍都不能阻礙地相
合會，以便讓命終之後的「中有」及時投生。❸（2）投生處類皆
可改變的情形，例如人趣「中有」的來生父母並不一定時，那就
前往其他父母處投生。如果旁生「中有」，正好不遇同類旁生的
發情季節時，則可於形相相似的旁生處投生，例如家牛、狗、馬
之「中有」，可投生爲野牛、野干、或驢子等。雖然是因形相
相似而投生，但是其原來屬於家牛、或狗、或馬的本性並未改
變。❹世親在《俱舍論》中反對可以在相似處投生的說法，認爲

---

❸ 《大毘婆沙論》：「若於父母俱不可轉者，即彼有情未命終位，由業力故，令
其父母雖有住緣而不顧戀，必起相趣和合之心。彼相趣時，於所經處，毒不
能害，刀不能傷，火不能燒，水不能溺，及餘種種夭橫因緣皆不能礙，必得
和合，令彼有情既命終已，適受中有，即往結生。」（T27, p. 361, a11-17）
❹ 《大毘婆沙論》：「雖彼形相與餘相似，而眾同分如本不轉，以諸中有不可轉

「中有」和來生「本有」位的「眾同分」無差別，所以不能於其他類的眾生群中出生。❸但是毘婆沙師並沒有忘記「中有」和來生「本有」位的「眾同分」無差別的規定，所以才會特別強調雖於近類投生，但本性並未改變，就生物界的現實而言，這並不是不可能的，所以世親的批評未必能成立。

毘婆沙師所提出的這二種「中有」結生的情形，似乎能為那些在莫名其妙的特殊情形下受孕的人，找到一種可能解釋的理由。而且，也可能為生物界突變種的發生，多提供一種可以考慮的因素。總之，這一切都和眾生的業力有關；因此，不得不說眾生的業力真是太不可思議了！

2. 極七七日，必往結生

根據《大毘婆沙論》記載，部派佛教早期的權威論師設摩達多（梵 Śarmadatta）❻主張「中有」的存在時間，最久四十九天，他說：

> 極多住七七日，四十九日定結生故。

(T27, p. 361, b8-9)

設摩達多主張「中有」最久可以存在四十九天，在四十九日內，一定會完成結生。這樣的說法，雖然好像暫時解決了短時間內生緣未合，「中有」無法馬上結生的問題。但是，即使將「中有」的存在時間延長到四十九天，也還是可能發生無法具足結生因

故。」（T27, p. 361, b5-7）另參見《大毘婆沙論》（T27, p. 361, a17-b7）。

❸ 《俱舍論》：「豈不中有必無與生眾同分別，一業引故。如何可言轉受相似？」（T29, p. 46, c7-8）

❻ 設摩達多，與迦旃延尼子（梵 Kātyāyanīputra）──『發智論』主同時，早期的權威論師，連阿毘達磨論者宗仰的迦旃延尼子，也有向他請益的可能，這是一位不平凡的大德。（釋印順，1981a：343）

緣，以至不能順利結生的問題。在現有的文獻中，並沒有發現設摩達多進一步的解釋資料。

3. 極多七日，數死數生

說一切有部四大論師之一的尊者世友（梵 Vasumitra）❽主張「中有」的存在時間，一期最久七天。他說：

> 中有極多住經七日，彼身羸劣，不久住故。

（T27, p. 361, b10-11）

因為「中有」是由極微細的色法所組成的，所以非常脆弱，不可能存在太久。因此世友認為最久只能存在七天。但是，如果七天後，結生因緣還不具足，「中有」無法結生，卻又已經壞滅，豈不是會有落入斷見的問題？世友的回答是：

> 謂彼中有，乃至生緣未和合位，數死數生，無斷壞故。

（T27, p. 361, b12-14）

世友的解釋是，雖然「中有」最久只能存在七天，但是如果結生因緣不成熟的話，便會死而復生，如此以七天為週期，不斷死而復生，直到生緣具足，順利結生為止。既然能死而再生，就不會落入斷滅見了。

這個說法的問題是，「中有」如果有死，則應立「死有」之位，但是歷來經論資料中，並無「中有」之死位可得。而且如果「中有」有死位，其存在豈不就是等於「本有」位了，若「中有」與「本有」無異，則是第五生、第六趣，這是絕對不被其他佛教學者所接受的。❽

---

❽ 《大毘婆沙論》中的尊者世友，為迦旃延尼子的後學，相距不會太遠。大概弘法於西元前一百年頃。（釋印順，1981a：274）

❽ 《俱舍論》：「大德說言，此無定限。生緣未合，中有恆存。……若異此者，中有命根最後滅時，應立死有。」（T29, p. 46, b13-16）

4. 住無定限，緣合乃生

說一切有部四大論師之一的大德（梵 Bhadanta）❽主張「中有」的存在時間不一定。根據《大毘婆沙論》的記載，大德說：

> 此無定限。謂彼生緣速和合者，此中有身，即少時住。若彼生緣多時未合，此中有身，即多時住，乃至緣合方得結生。
>
> （T27, p. 361, b14-17）

大德認為「中有」的存在時間，必須由結生因緣是否成熟來決定。生緣早合，存在時間就短；生緣晚熟，存在時間就長。他特別舉二個例子，來說明必須住在「中有」位，等待結生因緣的情形：（1）生處有同類有情將一時俱生者，則必須等待將俱生者之因緣都成熟時，才和大家同時結生。例如夏季的肉堆裡面，忽然同時生出很多蟲，這些蟲之中可能有一些是同時從他方歿而來生此，也可能有一些是先住在「中有」位，一直等到此一刹那，所有俱生者的因緣都成熟了，才和大家同時結生。❾（2）生處的共業條件有限制時，必須住在「中有」位等待共業條件符合了，才能前往結生。例如轉輪聖王必須在人壽超過八萬歲時，才會出世，所以來生作轉輪聖王者，必須住在「中有」位，等待生處的共業條件具足了，才能前往結生。❾因此，大德主張「中有」的存在時間長短不一定，完全由結生因緣是否具足來決定。

---

❽ 大德，即法救（梵 Dharmatrāta），為說一切有部四大論師之一。其獨到的思想，對後起的經部譬喻師，給予最深遠的影響。（釋印順，1981a：245）

❾ 《俱舍論》：「設有肉聚，等妙高山。至夏雨時，變成虫聚。應言諸中有漸待此時？為說從何方頓來至此？雖無經論誠文判釋，然依正理，應作是言：有雜類生，數無邊際，……貪香味故，俱時命終，……同時於此，受細虫身。或多有情，應俱生此，多緣未合，住中有中。今遇多緣，方頓生此。應俱生者，定不異時。」（T29, p. 46, b16-24）

❾ 《俱舍論》：「如有能招轉輪王業，要至人壽八萬歲時，或過此時，方頓與果，非於餘位。此亦應然。」（T29, p. 46, b24-26）

　　而當「中有」在等待生緣聚合的期間，會不會改變形類，或死而復生呢？大德的看法是：

> 生緣未合，中有恒存。由彼命根，非別業引，與所趣人等，眾同分一故。若異此者，中有命根最後滅時，應立死有。
>
> （T29, p. 46, b13-16）

大德認為在生緣未聚合之前，「中有」會一直存在，不會壞滅，也不會改變其形類，因為「中有」和來生「本有」的眾同分是一樣的，所以結生之前，「中有」一定不可能有任何改變。如果說會有改變的話，那應該在前一「中有」壞滅時，建立「死有」位，而事實上並無此位之存在。因此，大德主張在結生因緣未成熟之前，「中有」將一直以原來的形類存在，等到生緣成熟了，才立即前往結生。

　　這個說法似乎最能解決如果「中有」存在時間有定限，而生緣未具要如何結生的問題，所以淨影慧遠在《大乘義章》中也認為此說最好。❷但是，對有部論師而言，這有別於「本有」位的「中有」身，❸要如何長時間存在於欲色界之中呢？一旦長時間存在，又如何能避免「中有」變成第五生、第六趣的誤解呢？更有甚者，在轉生之間有一恆存的「靈體」存在的觀點，恐怕也就呼之欲出了。所以，四說之中，毘婆沙師的看法，似乎才最貼近佛教無我而輪迴的基本主張，也最符合有部論師建立「中有」的原始定義，並且最不會有機會讓「中有」的存在被誤解成飄蕩在時空中的「靈體」，其他三說都較難避免使人產生這樣的誤解。

---

❷ 《大乘義章》：「中有長短，人說不同。有人宣說，極短一念，極長七日。……復有人說，壽命不定，乃至父母未和合來，常在不滅。此諸說中，後說為善。」（T44, p. 619, a24-b1）

❸ 《大毘婆沙論》：「中有非趣所攝，……趣謂所趣，即所至處。中有趣彼，非所至處。猶如道路，故非趣攝。」（T27, p. 358, b26-6）

（二）《瑜伽師地論》之觀點

佛教學者之間，對於「中有」的概念，始終不曾有統一的看法，無論是從學理論證的立場，或從特殊宗教經驗的角度來說明，學者間的意見總是分歧的，對於「中有」的內涵定義，也隨著時空的轉移而不斷演變。有關「中有」的存在時間問題，就是一個很好的例子，除了部派學者之間的看法互異之外，到了《瑜伽師地論》，又在部派學者的見解基礎上，提出另一種主張：

> 又此中有，若未得生緣，極七日住。有得生緣，即不決定。若極七日，未得生緣，死而復生，極七日住；如是展轉，未得生緣，乃至七七日住，自此已後，決得生緣。又此中有，七日死已，或即於此類生，若由餘業可轉，中有種子轉者，便於餘類中生。

（T30, p. 282, a27-b4）

瑜伽行派的學者對此問題提出了二個重要的觀點：

1. 以七天為週期最長四十九天的「中有」存在時間

瑜伽行派的學者主張一期「中有」身最多存在七天，七天之內，任何時間都可能生緣成熟而前往結生。如果第七天結束時，生緣都還不具足的話，「中有」便死而復生。如果再七日仍未得生緣，便又死而復生，如此反覆死生，最久到第七七日，生緣一定會成熟而前往結生。

很明顯的，這是將部派論師設摩達多的「極多住七七日」，和世友「極多七日，數死數生。」的主張相結合之後，所提出的觀點。

2.「中有」存在期間內有六次轉變的機會

以七天為週期，最久存在四十九天的「中有」身，既然每

七天就會有一次死生的過程，那麼，死後復生的「中有」和原
來的形類一樣嗎？對前述那些說一切有部系統的學者而言，
「中有」形類是不會改變的。但是，對瑜伽行派的學者而言，
就不是這樣了，他們認爲七天一個週期的「中有」身滅去之
後，有時會再化生同類的「中有」，但是如果有其他業因成熟
的話，也可以轉變「中有」形類，一旦決定五趣形類的種子有
所改變，便會化生不同形類的「中有」。所以，如果依照瑜伽
行派學者的觀點來看，「中有」每七天就可能會有一次轉變的
機會，除了命終第一次化生的「中有」之外，最多還有六次轉
變的機會。

　　瑜伽行派論師對「中有」存在時間的主張，雖然是綜合有部
論師觀點的結果，但是雙方最大的差異在於「中有」形類能否轉
變的觀點上，瑜伽行派論師主張「中有」形類能轉變，似乎可以
避免「中有」被誤以爲是常住不變的「靈體」，但是卻無法回答
既然「中有」有死，爲何不就是「生有」的問難。❹所以，在學理
的辨證上，仍會陷入困境。然而，卻也開啓了「中陰救度」的可
能性，增強了「中陰」思想在宗教信仰上的意義。

四、小結

　　這一節主要是探究「中有」轉生歷程的相關問題，從二方面
來考察，其一是化生「中有」到「中有」結生的歷程，其二是整
個轉生歷程需要多少時間，亦即「中有」的存在時間問題。

　　首先詳細探究了從化生「中有」到「中有」結生的歷程，又
分成前後二階段來進行考察：前一階段，化生「中有」之歷程，

---

❹ 《成實論》的「無中有論者」曾提出這樣的問難：「若中陰有退，即名爲生。
所以者何？要先生後退故；若無退是則爲常。」（T32, no. 1646, p. 257, a2-4）

主要是考察了眾生臨終之際，到「中有」生起之間的經歷。釐清此階段的各種狀況，對希望善終者以及臨終關懷的施行，有極重要的意義。後一階段，「中有」之結生歷程，主要是探究「中有」生起之後，到轉入來生之間的歷程，釐清此階段的真相，除了對生前的身心行為會有所警惕外，對於施行「中陰救度」的可能性，也才會有正確的認識。

其次探究「中有」從化生到結生之間，可以存在多久的問題。分別考察了部派學者和瑜伽行派學者的主張。發現到部派學者的四種看法之中，毘婆沙師的看法，最貼近佛教無我而輪迴的基本主張，也最符合有部論師建立「中有」的原始意義，並且最不會有機會讓「中有」被誤解成飄蕩在時空中的常住「靈體」，其他三說則較可能使人產生這樣的聯想。至於瑜伽行派學者的看法，則是綜合了部派論師的七天一個週期死而復生，直到投生因緣俱足為止，以及最久存在四十九天的二種主張，進一步提出「中有」最久存在四十九天，每七天就會有一次死生，而且「中有」形類可能改變。這和毘婆沙師認為「中有於界、於趣、於處，皆不可轉」（T27, p. 359, b25-26）而且在極短的時間內就投生的主張，已經完全不同了。這樣的主張，雖然會陷入學理上的辯證困境，但卻也開啟了中陰救度的可行性，增強了「中陰」思想在宗教信仰上的意義。

第三節 「中有」形類能否轉變之問題

「中有」形類能否轉變的問題，所要探討的是「中有」化生之後，到結生之前，形類是否還會改變的問題。其實這應該和「中有」之轉生歷程一起探討，但是這個問題，對於關心死後與再生之間，是否還有救濟機會的人來說，是一個相當重要的問

題,所以特別獨立出來討論。佛教學者對於這個問題,有可轉和不可轉的二種不同主張,「中有」形類不可轉變的理由是什麼?可轉變的原因何在?而這二種不同的主張,又各有什麼意義?這一節將深入探究這些問題。

一、「中有」形類不能轉變

對說一切有部論師而言,「中有」只是聯繫死處和生處的方便存在,「中有」是受到感生來生異熟果報的業力所限定的,所以說:「中有本有,一業引故。」(T27, p. 361, c25)「中有即是此生所攝。」(T27, p. 518, c21-22)因此,他們絕對不容許「中有」階段還有轉變的可能。但是,說一切有部論師在論證實有「中有」時,曾舉契經所說的「中般涅槃人」為證,❾❺認為五種不還果聖者中的「中般涅槃人」,就是指在色界「中有」階段般涅槃的聖者。可見有人是在「中有」階段才斷盡煩惱證入涅槃,難道說「中有」階段不可轉變來生形類,卻可以證涅槃解脫嗎?這一小節將針對這些問題深入探討有部學者的相關主張:

(一)「中有」於界趣處皆不可轉變

毘婆沙師主張「中有」形類不可能轉變,他們說:

> 中有於界、於趣、於處,皆不可轉。感中有業,極猛利故。
>
> (T27, p. 359, b25-26)

因為感生「中有」之業非常猛利,所以一旦化生「中有」之後,

---

❾❺ 《雜阿含經》:「若比丘修習此七覺分,多修習已,當得七果。何等為七?謂現法智有餘涅槃。及命終時,若不爾者,五下分結盡,得中般涅槃。若不爾者,得生般涅槃。若不爾者,得無行般涅槃。若不爾者,得有行般涅槃。若不爾者,得上流般涅槃。」(T02, p. 197, a22-27)

就已經決定來生的形類以及受生之處，再也不可能改變了。世親
在《俱舍論》中說：

應往彼趣中有已生，一切種力，皆不能轉。謂不可令人中
有沒，餘中有起，餘類亦然。為往彼趣中有已起，但應往
彼，定不往餘。

（T29, p. 46, b5-8）

對世親和毘婆沙師而言，「中有」只是為了聯繫死處和生處，
暫時現起的存在，它和來生「本有」的眾同分相同，❿因此「中
有」生起時，就已經和來生的「本有」為同一形類了，絕對不
可能有任何力量能改變「中有」的形類。例如已經化生人趣
「中有」者，此人趣「中有」身就不可能壞滅，而另起別趣「中
有」身。同時，當「中有」探尋到當生之處，而決定前往結生
之後，在往趨結生處的途中，沒有任何力量可以阻擋或改變其
趨勢，「中有」一定只會前往當生之處結生，不會轉到其他地
方去。

贊成「中有」形類可轉變的學者，提出三個在死亡時轉變來
生「界趣處」的經證，以質問「中有」形類不可轉變之說：1. 無
聞比丘修得四禪卻自以為證得四果，因此在生時恆常生起未證
言證的增上慢心。一旦命終，卻忽見四禪天「中有」相現前，因
此生起實無涅槃的邪見，於是四禪天「中有」身壞滅，地獄「中
有」現前。可見「中有」會從色界轉成欲界，如何能說「中有於
界不可轉」呢？❿ 2. 有一今生恆修善行者，命終時因過去所造的
隔生受報之惡業成熟之故，感生地獄「中有」現前，此善行者自

---

❿ 《大毘婆沙論》：「中有即是此生所攝，以眾同分無差別故。」（T27, p. 518,
c21-22）又：「中有本有，一業引故。」（T27, p. 361, c25）
❿ 參見《大毘婆沙論》（T27, p. 359, b26-c11）。

知是過去惡業成熟，坦然接受而自憶念今生所行善法，結果地獄「中有」滅去，天趣「中有」現前。另有一今生常作惡者命終，因過去隔生受報之善業成熟之故，感生天趣「中有」現前，此作惡者卻因而認為根本無善惡因果，由此毀謗因果的邪見之力，遂令天趣「中有」滅去，地獄「中有」現前。可見「中有」的形類是可以轉變的，如何能說「中有於趣不可轉」呢？❸3.摩揭陀國頻婆娑羅王命終前，因被其子囚禁，飢渴難當，乃要求以神通力來探視他的大目揵連尊者，為他說諸天的美妙飲食，於是命終，現起兜率天「中有」身，但卻被多聞天王處的美妙飲食所吸引，於是轉生多聞天。可見「中有」生處是可以改變的，如何能說「中有於處不可轉」呢？❹

對於這三條經證，毘婆沙師提出詮釋意見說：

　　住本有時，有此移轉，非中有位。

(T27, p. 359, c11-12)

毘婆沙師認為上述這些例子發生轉變的時間點，都應該是在臨命終之際，還住在「本有」位時，並不是在化生「中有」之後。但是經中不是明明說已經看見四禪天「中有」、地獄「中有」、兜率天「中有」現前了嗎？毘婆沙師認為這是在正式化生「中有」之前，所看到的來生異熟果報之前相，真正的「中有」身則尚未生起。如果臨終之際的心念轉變，就可能改變招感來生果報的業力，因此化現出不同形類的「中有」身。所以，他們主張唯有在「本有」位才能改變決定來生形類的業因，一旦「中有」現前，就無法再改變了，所以他們堅持「中有於界、於趣、於處皆不可轉」。

---

❸　參見《大毘婆沙論》（T27, p. 359, c19-p. 360, a10）。
❹　參見《大毘婆沙論》（T27, p. 360, b3-c12）。

「中有」形類不可轉,但是臨終最後心念卻能改變招感來生果報的業因,這裡強調了臨終心念的重要性,例如《正法念處經》就曾記載有人臨終時因聽到親人悲泣啼哭之聲,而轉生他趣的情形,⑩所以說:

> 親族兄弟,臨命終時,悲泣啼哭,甚為障礙。

(T17, p. 198, a4-5)

由此可見臨終心念,又會受到外在因緣的影響。如果「中有」形類不可轉變的話,臨終心念,以及當時的外在因緣,將是一期生命中最後的關鍵時刻,臨終關懷的重要性,就不言而喻了。所以「中有」形類不能轉變,唯在「本有」位能轉業的主張,對提醒大家重視平日的修行,與強調臨終關懷的重要性,當有其積極的正面意義。

(二)「中有」位般涅槃的問題

毘婆沙師認為契經所說的五種不還果之一的「中般涅槃」,就是指在色界「中有」位證入涅槃的聖者,他們說:

> 有補特伽羅前生中,於五順下分結已斷已遍知,於五順上分結未斷未遍知。造作增長順起有受業,不造作增長順生有受業。從彼命終,起色界中有。即住彼中有,得如是種類無漏道。由此道力,進斷餘結,於無餘依涅槃界而般涅槃,是名中般涅槃。

(T27, p. 874, b22-28)

毘婆沙師解釋「中般涅槃」是已經斷盡五順下分結、而未斷五順上分結的有情,臨終之際只造作增長生起「中有」之業,而沒有

---

⑩ 《正法念處經》:「若閻浮提人中命終,生鬱單越。……若其業動,其心亦動,聞其悲啼哭泣之聲,業風吹令生於異處。」(T17, p. 197, c26-p. 198, a4)

造作增長生起後有之業，所以在命終現起色界「中有」之際，便在「中有」位上，起無漏聖道力而斷盡餘結，證入無餘依涅槃。

　　從毘婆沙師的這一段解釋裡面，我們可以清楚看到，「中般涅槃」聖者在臨終之際只有「造作增長順起有受業」，卻未「造作增長順生有受業」，可見此「中般涅槃」聖者之「中有」，和前面所討論的「於界、於趣、於處皆不可轉」的「中有」，最大的不同是在前生臨終之際，有無造作增長後有業上面，「中般涅槃」聖者在前生臨命終之際，並未造作「順生有受業」，所以雖因「順起有受業」而現起色界「中有」，卻不會生至色界，而在「中有」位般涅槃。因此，關鍵還是在臨終「本有」位已經不造作增長後有業了，才可能在「中有」位上般涅槃。毘婆沙師描述「中般涅槃」聖者在「中有」位般涅槃的情況是：

　　　住本有得不還果已，起阿羅漢果加行圓滿，於未起聖道頃，即便命終故，由前勢力，能於中有，進斷餘結，而般涅槃。

（T27, p. 877, a2-5）

　　能於「中有」位般涅槃的人，是已經在前生「本有」位證不還果，而且在臨終之際，已經圓滿了足以生起阿羅漢果的加行，但是卻在正要生起可以斷盡一切煩惱的聖道力時命終了。此命終之際所圓滿的起阿羅漢果加行力，便在色界「中有」生起時，引起聖道力現前，斷盡餘結而般涅槃。可見，「中有」位般涅槃的條件，是在「本有」位完成的，如果臨終前沒有具足生起聖道力的因緣，就無法在色界「中有」位般涅槃。

　　還有一個問題，就是除了色界「中有」有般涅槃之外，欲界「中有」是否也可以般涅槃呢？這當然是不可能的，因為：

　　　欲界是不定界，非修地、非離染地、多諸過失，災橫留

難,住本有時,尚難得果,況住中有微劣身耶?

(T27, p. 876, b16-18)

一般而言,無漏聖道力必須依未至定、靜慮中間、四靜慮,以及空無邊處定、識無邊處定、無所有處定才能生起,❶而欲界則是不定界,所以無法生起聖道力。欲界也非修道位和涅槃解脫之所依地,因為欲界充滿種種內在煩惱和外在的災難障礙,住「本有」位都很難證果了,更何況是在身根劣弱的「中有」階段?所以欲界「中有」不能般涅槃。

因此,根據毘婆沙師的看法,只有在「本有」位已經斷盡欲界煩惱,而且圓滿了起阿羅漢果加行業者,才可能在色界「中有」位般涅槃。這和他們一向所主張的「中有」形類不可轉變,必須在「本有」位才能造作改變來生果報之業力的思想,可說是完全一致的。

二、「中有」形類可以轉變

相對於毘婆沙師「中有」形類不能轉變的主張,在部派佛教時期就已經有不同意見。到了大乘經論,則有更進一步的發展,且分別來考察部派學者和大乘經論對此問題的看法:

(一)部派學者之觀點

主張「中有」形類可轉變的部派學者,對於「中有」形類可轉變的理由,並不完全相同,可以歸納出二類不同看法:

---

❶ 《大毘婆沙論》:「於無漏中,通依九地,謂未至、靜慮中間、四靜慮、下三無色。」(T27, p. 786, b9-10)

1. 一切業皆可轉，故「中有」形類亦能轉

因一切業皆可轉，「中有」形類當然也能轉變。這是譬喻師（梵 dārṣṭāntika）的主張，他們說：

> 以一切業皆可轉故。……所造五無間業，尚可移轉，況中
> 有業。若無間業不可轉者，應無有能出過有頂。有頂善業，
> 最為勝故，既許有能過有頂者，故無間業亦可移轉。

（T27, p. 359, b21-25）

部派佛教的譬喻師主張一切業都可以轉變，甚至連五無間業也不例外，所以「中有」形類當然能轉變了。至於五無間業也可以轉變的理由，譬喻師的說法是：就世間法而言，和極惡的五無間業相對的是極善的有頂業，此業能感得世間最高層次的非想非非想處天的果報。但是，這世間最高層次的善業，卻能被解脫的聖者所超越，既然世間的極善業能被超越，相對的極惡業，當然也可以被突破。

如果進一步從學理方面來考察譬喻師反對定業的理由，印順法師的看法是：

> 譬喻師傾向於唯心，重視現起的心力，所以否定了定
> 業。……譬喻者也是禪者，……偏重於唯心的實踐。

《說一切有部為主的論書與論師之研究》p. 374

譬喻師雖然仍遵循佛教色心不離的根本原理，⑩但是在業力的觀點上，和修行實踐的見解上，則有唯心的傾向。譬喻師因為重視心力實踐之故，所以主張「一切業皆可轉」。

就佛教的緣起論而言，一切事物都有隨緣轉變的可能，正如

---

⑩ 《大毘婆沙論》：「譬喻者分別論師，執滅盡定細心不滅。彼說無有有情而無色者，亦無有定而無心者，若定無心，命根應斷，便名為死，非謂在定。」（T27, p. 774, a14-17）

佛在《鹽喻經》裡所說的,如果以一兩的鹽,投入很少的水中,這些水會鹹到不能喝;[103]但如果是投入恆河之中,卻無法令河水鹹到不能喝。因此,一個人雖造了墮地獄的惡業,如果能痛下決心改過,努力修行戒定慧,而且壽命夠長,修行時間夠久的話,就一定能改變他的罪業。[104]從這樣的立場來看,一切業究竟都是能改變的,「中有」形類當然也能改變。問題是,「中有」階段的時間夠長嗎?眾生在自己的業相幻境現前的情況下,還能痛下決心修行嗎?或許正是因為能否轉業和時間有關,所以主張「中有」形類可轉者,也一定會對「中有」的存在時間有所說明。現存的文獻資料中,雖沒有譬喻師對「中有」存在時間的相關看法,但是如果考察譬喻師的思想傳承,發現譬喻師是仰承了大德法救的學系。(釋印順,1981a:371-372)而大德正是主張「中有」存在時間無定限,如果生緣未合,「中有」會一直存在的學者。但是,大德在「中有」形類能否轉變的問題上,還是謹守說一切有部的傳統主張,認為「中有」形類不可轉變,而譬喻師並沒有繼承此主張。但是,在「中有」的存在時間方面,也許有受到大德的影響吧。

2.「中有」業遲鈍,故「中有」形類能轉變

這是贊成「中有」形類能轉變,但理由和譬喻師不同的主張,在本書第二章第三節之二「有無中有之異調」中,曾舉出

---

[103] 《中阿含經》:「鹽多水少,是故能令鹹不可飲。如是,……謂有一人不修身・不修戒・不修心・不修慧・壽命甚短。是謂有人作不善業,必受苦果地獄之報。」(T01, p. 433, a24-29)

[104] 《中阿含經》:「恆水甚多,一兩鹽少,是故不能令鹹叵飲。如是,……謂有一人修身、修戒、修心、修慧・壽命極長。是謂有人作不善業,必受苦果現法之報。」(T01, p. 433, b7-12)

以業猛利與否來判定「中有」有無的三家主張,他們認為命終之後,招感來生異熟果報之業猛利,已不能改變者,便無「中有」;如果業力遲鈍,尚未決定來生異熟果報者,便有「中有」。他們對於生起「中有」的業力條件,和毘婆沙師「感中有業極猛利」的看法,正好完全相反。

對毘婆沙師而言,生欲色界者一定有「中有」,而且感「中有」業極猛利,所以「中有」形類不可轉變。但是對於這三家學者而言,生欲色界不一定都有「中有」,只有招生之業遲鈍,還能改變者才有「中有」。所以,對這三家學者來說,「中有」形類當然能轉,因為「中有」本來就是招生之業還未決定才生起的。而這三家之間的不同主張是:(1)生地獄和天趣者定無「中有」,生人趣、旁生、鬼趣之業,如果遲鈍則有「中有」。[105](2)化生有情都無「中有」,胎卵濕生有情之業遲鈍者則有「中有」。[106](3)用順定受業而招生者,則無「中有」,用順不定受業而招生者,則有「中有」。[107]雖然這三家對於何者是猛利業所生、何者是遲鈍業所生的分判不同,但是對於「中有」是招生業還不決定而生起的看法則一樣。

(二)大乘經論之觀點

有關「中有」形類能否轉變的問題,到了大乘經論就幾乎都同意「中有」形類可轉變了。而且,也都同時處理「中有」的存

---

[105] 《大毘婆沙論》:「地獄及諸天中,皆無中有,業猛利故。人傍生鬼,或有中有、或無中有,業不定故。」(T27, p. 358, c18-20)

[106] 《大毘婆沙論》:「化生有情即無中有,業猛利故。三生有情,或有中有,或無中有,業不定故。」(T27, p. 358, c21-22)

[107] 《大毘婆沙論》:「有餘師說,若用順定受業而招生者,即無中有。若用順不定受業而招生者,即有中有。」(T27, p. 358, c22-24)

在時間問題。例如《瑜伽師地論》說：

> 又此中有，若未得生緣，極七日住，有得生緣，即不決
> 定。若極七日未得生緣，死而復生。……乃至七七日住……。
> 又此中有七日死已，或即於此類生，若由餘業可轉，中有種子
> 轉者，便於餘類中生。

（T30, p 282, a27-b4）

　　《瑜伽師地論》主張一期「中有」身最多只能存在七天，七
天之中，如得生緣，便前往結生，如不得生緣，便死而復生，如
此反覆最多六次，必定轉生。而在以七日爲週期的死生過程中，
或是再化生爲同類「中有」，或是其他業因成熟，而轉變了「中
有」的種子，如此便會化生其他形類的「中有」。可見，瑜伽行
派的論師是主張「中有」形類可轉變。

　　另外，在姚秦竺佛念所譯的《中陰經》裡面，更詳細記載了
釋迦牟尼佛滅度之後，化爲妙覺如來進入中陰眾生的世界，廣度
中陰眾生之事：

> 爾時妙覺如來，……即以神力入中陰中，……復以神力，使
> 彼眾生應七日終者，……盡令住壽。……在如來前聽受法教。

（T12, p. 1060, c17-22、p. 1061, a24-25）

　　佛以威神之力，令中陰眾生住壽聽法，首先就是解決中陰
眾生的存在時間問題，好讓中陰眾生不受七日一死的限制，而有
足夠的時間聞法受教。當中陰眾生聽受佛的教法之後，有的發菩
提心、[108] 有的得法眼淨、[109] 有的發心隨佛出家後證阿羅漢果。[110]

---

[108] 《中陰經》：「爾時化佛說此頌時，七十八億百千那由他中陰眾生，起無上正眞道意，發菩提心。」（T12, p. 1061, a15-16）
[109] 《中陰經》：「爾時世尊說此頌時，八十四億那由他百千億中陰眾生，諸塵垢盡，得法眼淨。」（T12, p. 1064, a26-27）
[110] 《中陰經》：「爾時世尊說此頌時，六十八億那由他中陰眾生，……。白佛

在這部經裡面的「中有」眾生，不但可以轉變「中有」業，甚至可以修證得道。當然，這是站在強調佛力不可思議的大乘立場說的，已經不只是從業感緣起的觀點出發了。但是，如果「中有」形類能轉變的思想，只強調自力的話，對於在生死中隨業流轉的眾生而言，其實是有二面意義的，既可能由壞變好，也可能由好變壞。假如希望由壞變好，不要由好變壞，又只靠自力的話，那就必須重視「本有」位的修行，才可能累積這種能力，這樣就和「中有」形類不能轉的思想沒有太大差別了。所以，仰仗佛力救濟的思想，可能才是使「中有」形類能轉變的主張變成更有意義的關鍵。從這個仰仗不可思議佛力救度的思想，使我們得到的啟示是，在「中有」階段，如果有外緣的協助，就有可能將「中有」形類往好的方向改變。如再和《瑜伽師地論》的主張相結合，就是人死後四十九天之內，以七天為單位，為亡者舉行超度佛事的根據所在了。但是，到了《地藏菩薩本願經》就更進一步說命終之人「在七七日內，念念之間，望諸骨肉眷屬，與造福力救拔」。⑩這樣的內容，其實已經和《中陰經》雖仰仗佛力救度，但仍須自己修行道品的觀點，有很微妙的轉變，或許也正是明清以後漢傳佛教盛行經懺佛事的原因所在吧？可見，「中有」形類可轉變的主張，對於死後仰仗外緣救濟的思想，乃至超度佛事的興起，具有特別重要的意義。

言：……唯願世尊聽為出家。爾時世尊默然聽之。爾時中陰眾生聞佛說法，即得阿羅漢果。」（T12, p. 1066, a4-9）

⑩ 《地藏菩薩本願經》卷2：「是命終人，未得受生，在七七日內，念念之間，望諸骨肉眷屬，與造福力救拔。過是日後，隨業受報，若是罪人，動經千百歲中，無解脫日。若是五無間罪，墮大地獄，千劫萬劫，永受眾苦。」（T13, p. 784, b16-20）近世學者對於此經的成立時間地點，有種種不同的看法，參見《中華佛教百科全書》「地藏菩薩本願經」條。

三、小結

　　這一節探討了「中有」形類究竟能否轉變的問題，主要有二種不同的主張：（一）「中有」形類不能轉變，這是毘婆沙師的主張。他們認爲感「中有」業極猛利，而且「中有」和來生「本有」爲同一業力所引，因此「中有」形類於界趣處皆不能轉變。他們強調只能在「本有」位，才可能轉變「中有」形類，臨終心念是一期生命中最後的關鍵時刻，是可能轉變「中有」形類的最後機會，所以，毘婆沙師的「中有」形類不能轉變，唯在「本有」位能轉業的主張，對提醒大家重視平日的修行與強調臨終關懷的重要性，有積極的正面意義。

　　主張「中有」形類不能轉變的毘婆沙師，同時說有在色界「中有」位般涅槃的「中般涅槃」聖者，那是否意味在「中有」階段可以修道證涅槃呢？考察結果發現欲界「中有」決不可能證涅槃，即使是在色界「中有」位般涅槃的聖者，也是在前生「本有」位已經修到不還果，在臨終之際，更是已經圓滿了起阿羅漢果的加行業，然後依此加行力在色界「中有」現起時，生起聖道力斷盡煩惱。所以「中有」位證涅槃的條件，還是在「本有」位修練完成的，這正和「中有」形類不可轉，唯「本有」位能轉業的主張完全一致。

　　（二）「中有」形類可以轉變，這又從二方面探究：1.部派學者之觀點，考察結果發現由於對「中有」形類能轉變的原因不同，所以又可以歸內出二種不同主張：（1）一切業皆可轉，故「中有」形類能轉，這是譬喻師的主張。（2）「中有」業遲鈍，故能轉。這是被記載在《大毘婆沙論》中的三家異說，其見解和毘婆沙師完全相反。2.大乘經論之觀點，以《瑜伽師地論》和《中陰經》的記載爲例，發現大乘經論都已經主張「中有」形類可轉變了，而且也同時對「中有」的存在時間問題，有新的看

法。在《中陰經》裡面，更強調仰仗不可思議佛力的救度，不但可以轉變「中有」形類，甚至可以修證得道。這個仰仗不可思議佛力救度的思想，使我們得到的啓示是，在「中有」階段，如果有外緣的協助，就有可能將「中有」形類往好的方向改變。如再和《瑜伽師地論》的主張相結合，就是人死後四十九天之內，以七天爲單位，爲亡者舉行超度佛事的根據所在了。因此，「中有」形類可轉變的主張，對於死後仰仗外緣救濟的思想，乃至超度佛事的興起，可說是具有特別重要的意義。

第四章

「中有」概念在漢藏兩地之發展舉隅

　　從前面的研究，我們已經清楚地了解到佛教經論中的「中有」概念，並不是一開始就有的，而且始終有幾種不同的理解路線在分合之間不斷演進發展。當佛教從印度向外弘傳之後，南傳佛教繼承了「無中有論者」的主張，所以反對死亡與再生之間有「中有」存在。❶漢傳佛教不但完整翻譯了主張有「中有」的說一切有部的所有論典，還翻譯了不同部派所持的經論，更譯出大量的大乘經論，因此，對於「中有」概念在佛教經論中的發展，透過漢譯資料，可以有更全面性的掌握。但是，也正因爲漢傳佛教翻譯了大量不同系統的大小乘經論，思想交雜影響的情形也特別明顯，漢傳佛教學者對「中有」概念的理解，即是在印度大小經論的基礎上，進一步融攝的結果，藉由漢傳佛教學者對「中有」概念的詮釋，頗能看出「中有」思想在不同時空繼續發展的樣貌。

　　至於藏傳佛教，對印度部派佛教時期原典的傳譯，並不如漢譯資料完整，所以在追溯各種「中有」概念的發展源流時，可能不如漢譯資料。❷但是，「中有」思想不斷演進發展的特質，在

---

❶　這是南傳大藏經《論事》的主張。

❷　例如對於「中有」問題有詳細討論的《大毘婆沙論》，雖曾有藏譯本，但早已失傳。

藏傳佛教的傳承中，卻被發揮得淋漓盡致，尤其是對「中有」定
義的再詮釋，以及「中有解脫密法」的弘傳，更使「中有」思想
從單純的理論論述，發展到實踐層面。因此，在前面幾章直接從
佛教經論探究「中有」概念之後，這一章將進一步以漢傳佛教和
藏傳佛教學者對於「中有」的特殊詮釋為例，來考察「中有」概
念在不同時空中的發展概況，以便更全面地了解佛教對於死亡與
再生之間的觀點。

第一節　「中有」概念在漢傳佛教發展之例

　　許多漢傳佛教學者對於「中有」概念的理解，還是繼承印度
經論的解釋，例如天台智者大師在《妙法蓮華經玄義》中引《賢
聖集》說：「地獄中陰，但見地獄，不能知上趣。若天中陰，能
知天及下。」（T33, p. 695, b22-23）　在《法華文句記》中解釋
「中陰倒懸者」，則引用《俱舍論》「天首上、三橫、地獄頭歸
下」的解釋（T34, p. 250, c10-11）華嚴宗的賢首法藏在《華嚴經
探玄記》中說：「論言中陰是化生，五趣不收。」（T35, p. 308,
b19）清涼澄觀在《大方廣佛華嚴經隨疏演義鈔》則廣引《大般涅
槃經》對「中有」的解釋。（T36, p. 219, b26-c6, p. 279, b4-b22）
考察上述這些漢傳佛教學者談到「中有」問題時，最常引用的是
《俱舍論》、《大般涅槃經》，以及《中陰經》的資料，所以他
們對於「中有」概念的理解，大略不出本書前面幾章所論述的
範圍。

　　而在古今漢傳佛教學者之中，唐代懷感在《釋淨土群疑論》
中，建立「淨土中有」，（T47, p. 40, c26- p. 41, b16）並強調其
所論之「中有」概念，雖未見之於經論，卻可依經論之義理推論
而證得。懷感既說其「中有」概念，並未見於經論之中，當然可

以說是他的特殊詮釋。所以，這一節將首先以懷感《釋淨土群疑論》對「中有」問題的討論爲主，來進行研究。

　　另外，近代漢傳佛教淨土宗的印光大師，在回覆范古農的書信中，討論了「中有」的問題，他並未依據任何經論，而是自行發揮，但卻很肯定地說：「光近十餘年，目力不堪爲用，故於經論不能廣引以證。然其理固非妄出臆見，以取罪戾也。」（釋印光，1986-1：185）因爲印光不但被推尊爲淨土宗第十三祖，而且又勤於透過文字弘法，是近代中國佛教界影響層面頗廣的一代宗師，他對「中有」概念的理解，在佛教傳入中國千餘年後的時空因緣中，應該也有相當程度的代表意義。所以本節的第二小節將藉印光對「中有」的詮釋，來略窺「中有」思想在漢傳佛教的發展概況。

一、《釋淨土群疑論》對「中有」問題的討論

　　《釋淨土群疑論》共七卷，是唐朝懷感（生卒年不詳）在至心念佛，證得念佛三昧之後，將陳、隋以來，在攝論、三階教、以及玄奘唯識學的流行中，佛教界對淨土往生所產生之疑義，以問答體方式，加以彙集詮釋所寫成的作品。❸根據孟銑所撰之序文得知，此書未脫稿之前，懷感已然示寂，後由同門懷惲補修完成。❹懷惲圓寂於武周大足元年（七〇一年），所以此書的撰述時間，應是在七〇一年之前。關於往生淨土是否有「中有」的問題，是在此書第二卷之中討論的。

　　在印度傳來的經論中，並無「淨土中有」的相關資料，但

---

❸　參見《中華佛教百科全書（七）》p. 3994. 2-p. 3995. 1、望月信亨《中國淨土教理史》pp. 155-156。
❹　參見《釋淨土群疑論》序（T47, p. 30, c9-15）。

是對於特別重視往生淨土的漢傳佛教的淨土行者而言，命終之後，是否以「中有身」往生淨土，當然是值得重視的問題。懷感乃依據經論意旨加以推論，提出他對「淨土中有」的看法。他認為與「中有」相關的議題雖然很多，卻不必一一討論，（T47, p. 41, b15-16）該書共提出三個議題，其中第三個議題，又包括三個子題：

（一）往生淨土者有無「中有」的問題

從此娑婆世界往生極樂淨土，是以「中有」身往生？或是直接現起淨土「生有」呢？這個問題類似於部派佛教對於有無「中有」的論諍。所以，也有二種不同的主張：1. 沒有「中有」，因為往生淨土者都是在蓮花中化生的，往生者命終之後，既然自見其身坐在蓮花之中，當然就已經是淨土「生有」了。（T47, p. 40, c23-25）2. 懷感則主張有「淨土中有」，原因有二：（1）由穢土受生之法，推知應由「中有」身往生淨土。而懷感所謂的穢土受生之法，是指：「必須至彼生處，方受生陰。如欲界死，生於色界；須從欲死，受色中有之身；至彼色界，方受生陰，無有於欲界受色界生有身。」（T47, p. 40, c26-28）懷感因此推論往生淨土者，既然是從穢土往生到淨土，當然不可能在穢土就受淨土「生有」之身，而必須先受「淨土中有」身，再由此「中有」身往生到淨土的七寶池中，才化生為淨土「生有」。（T47, p. 40, c29-p. 41, a2）（2）無色界無色則無「中有」，反之，有色處必有「中有」。懷感認為淨土既是有色之處，因此推知往生必有「中有」。（T47, p. 41, a2-4）

考察這二種不同的主張，其實都各有經論依據，因為經論中本來就有二種不同的主張。懷感所持的理論依據，例如穢土受生之法，以及無色界無色故無「中有」的看法，都是「有中有論」

的毘婆沙論師的一貫主張，所以他當然認定有「淨土中有」。
但是，另一方認爲往生淨土無「中有」者，也一樣可以在經論中
找到依據，例如《大毘婆沙論》提到過的三種有「中有」論者的
異說之中，就有一家主張化生有情，因爲業猛利，所以都無「中
有」；往生淨土，既然都是化生，❺當然是沒有「中有」了。又如
宋代四明知禮（960 — 1028）在《觀無量壽佛經疏妙宗鈔》中，
則依據《成唯識論》「極善極惡俱不經中陰」之說，認爲淨土上
輩三品，既是極善之類，必不經「中有」，故主張臨終「自見坐
金蓮身，已是彼國生陰」。（T37, p. 197, b15-18）由此可見漢傳
佛教學者仍是依據經論而主張淨土無「中有」之一般，而且知禮
生在懷感之後，也讓我們了解到漢傳佛教學者對於淨土有無「中
有」的意見，也始終是不一致的。

　　但是，如果考查淨土經典有關往生過程的記載，有三輩九
品之分，例如《觀無量壽佛經》說上輩上品的往生情形是：行
者「自見其身乘金剛台，隨從佛後，如彈指頃，往生彼國」。
（T12, p. 344, c23-25）上輩中品是：「行者自見坐紫金台，合掌
叉手，讚歎諸佛。如一念頃，即生彼國七寶池中。此紫金台，如
大寶花，經宿即開，行者身作紫磨金色，足下亦有七寶蓮華。」
（T12, p. 345, a11-15）上輩下品是：行者「自見身坐金蓮花，
坐已華合，隨世尊後，即得往生七寶池中。一日一夜，蓮花乃
開。」（T12, p. 345, a28-b1）乃至以下的中輩三品及下輩三品，
都一樣是行者自見坐蓮花往生彼國，只是花開的時間不同而已。

　　這裡成爲關鍵的是，無論乘坐金剛台或紫金台或蓮花，行
者總是「自見其身」坐於其上，而上品中生特別提到花開之後的

---

❺ 往生淨土雖有邊地胎生之例外，但以七寶池中蓮花化生爲正說。而且對於
「無中有論者」而言，即使是胎生，也無須「中有」之聯繫。

行者身是「紫磨金色」，如果根據阿彌陀佛在《佛說無量壽經》中所發的成佛本願：「設我得佛，國中人天不悉眞金色者，不取正覺」（T12, p. 267, c21-22），以及「設我得佛，國中人天形色不同有好醜者，不取正覺」（T12, p. 267, c23-24）來看，所有生活在淨土中的有情，都是形色相同的紫磨金色。但是，行者命終時，各自所見的坐在蓮花上往生淨土的身體，應該都不一樣，也還不是紫磨金色。而命終之後，原來的五蘊身已經壞滅，當然也不可能坐在蓮花上往生淨土；所以，坐在金剛台或紫金台或蓮花上往生的是「中有」身，應該是更符合淨土經義的主張。難怪懷感會說：「雖無經文，然取有義爲勝。不爾，去身說是何耶？」（T47, p. 41, a21-22）但是，這樣的「中有」形貌，就必須和前生一樣，而不是來生形貌了。

　　儘管對於淨土是否有「中有」，在漢傳佛教界仍有諍論。但是，懷感相對於「穢土中有」而提出「淨土中有」的主張，使「中有」除了往生五道的五趣「中有」之外，又增加了一類可以往趨淨土的「淨土中有」，可說是「中有」概念在漢傳佛教的新發展。

（二）淨土「中有」與「生有」之差別

　　有人提問說，往生淨土者，既然在此土命終時即入蓮花之中，到了淨土也一樣是在蓮花之中，又如何能分別前者是「淨土中有」，而後者是「淨土生有」呢？懷感的回答是，「中有」和「生有」無論是在花中或不在花中，二者的主要差別在於：（1）「中有」隱微劣弱，「生有」則明顯眞實；（2）「中有」是爲往趨當生之處所現起的生命體，「生有」則是已經到達當生之處所現起的生命體。穢土「中有」和「生有」的差別，也正是淨土「中有」和「生有」的差別。而淨土「中有」和「生有」之所

以化生在蓮花中，是因為福德力勝過穢土「中有」和「生有」之故。❻

又有人以經論中並未說明往生淨土之身是「中有」身，或不是「中有」身，因此認為不可以堅持往生淨土定有或定無「中有」。這問題仍然和部派時期有無「中有」論諍雙方都無法提出直接教證一樣，但是卻又都可以提出一套支持自家主張的教證詮釋以及學理論證。懷感主要是以「有中有論」的毘婆沙論師的主張為其理據，所以當然會主張有「淨土中有」。

懷感在這個議題中，對於分別「中有」和「生有」的性質，只是繼承了毘婆沙論師的傳統主張，並無新意。但是提出「淨土中有」乘蓮花往生，是因為福德力勝於「穢土中有」的見解，❼可說是為淨土和穢土「中有」的差別做了進一步的說明。

（三）「淨土中有」的衣服、飲食、和行動方式

確立了「淨土中有」之後，當然必須進一步探討有關「淨土中有」特性問題，懷感在書中只提出三個問題來討論：

1.「淨土中有」有沒有穿衣服？

「淨土中有」有沒有穿衣服呢？懷感依據《俱舍論》：「欲界中陰，除鮮白比丘尼，餘一切中陰，皆悉無衣。以欲界中有，無慚愧故。一切色界所有中陰，皆有衣，具慚愧故。」（T47, p. 41, a26-28）因此推論「淨土中有」必定有穿衣服，因為「淨土超勝色界」（T47, p. 41, a28-29）。既然色界「中有」

---

❻ 參見《釋淨土群疑論》（T47, p. 41, a5-19）。
❼ 《釋淨土群疑論》：「福德力勝，雖是中陰，乘花往生。不同穢土，中陰無花。」（T47, p. 41, a9-10）

都有穿衣服,境界更勝於色界的「淨土中有」,當然不會沒有
穿衣服了。

2.「淨土中有」的行動方式

「淨土中有」以什麼方式行動呢?懷感依據穢土天趣「中
有」頭上足下的行動方式,以及淨土經典「坐蓮花中」往生的記
載,推論往生淨土的「中有」,是以頭上足下的坐姿,坐在蓮花
中往生淨土的,和天趣「中有」以立姿往生不同。❽這也使「中
有」的行動方式,在經論的傳統說法之外,又增加了一種新的
描述。

3.「淨土中有」的飲食問題

因為經上說西方極樂世界距離此世界有十萬億佛土,「淨土
中有」往生途中要吃什麼呢?懷感針對這個問題的回答是:「淨
土中陰,如彈指頃,即得往生。時既不長,無勞食也。」(T47,
p. 41, b12-13)如果一定有所食的話,那吃的是所經過的十萬億佛
土的「香飯之氣」。❾

依據淨土經典的記載,往生淨土,即使是下品下生,都是
在至心求生彼國的情況下,「如一念頃,即得往生極樂世界」。
(T12, p. 346, a21-22)既然一念即至彼國,而且此一念又志在求
生極樂,哪裡還會想到飲食呢?所以應該還是以「淨土中有」

---

❽ 《釋淨土群疑論》:「問曰:淨土中陰,行相如何?答曰:亦以義准知,穢土
生天中陰,足下頭上。地獄中陰,頭下足上。人鬼傍生,猶如鳥飛,平身行
也。今生淨土,足下頭上。即此經文坐蓮華中,即其相也。又釋別有:生天
中陰,足下頭上,立趣受生。淨土中陰,坐趣受生也。」(T47, p. 41, b2-8)
❾ 《釋淨土群疑論》:「又經中間十萬億佛土,即於空中,食諸佛土香飯之氣,
以資陰身,趣受生處。」(T47, p. 41, b13-15)

不用飲食，較合乎淨土經典之旨趣。而且，穢土也只有欲界「中有」需要段食，色界「中有」即無須段食了，❿懷感既然認爲「淨土中有」超勝於色界「中有」，當然也無須段食才是。所以他似乎沒有必要在「時既不長，無勞食也」之後，又加上食用「諸佛土香飯之氣，以資陰身」（T47, p. 41, b13-15）的說法。

　　綜觀懷感《釋淨土群疑論》對於「中有」問題的討論，大略有如下五點特色：1. 在往生五道的穢土五趣「中有」之外，別立了往生淨土的「中有」。2.「淨土中有」以福德力勝於「穢土中有」，所以乘坐蓮花往生。3.「淨土中有」之境界超過穢土色界「中有」之境界，所以有穿衣服。4.「淨土中有」的行動方式，類比穢土天趣「中有」的頭上足下，不同在於穢土天趣「中有」是以立姿往生，而「淨土中有」則是以坐姿往生。5. 穢土欲界「中有」必須有段食，「淨土中有」一念頃即得往生，所以基本上並不需要飲食；若需飲食，則是食用所經過的十萬億佛土的香飯氣味。以上這五點特色，都是印度傳來的經論所未曾論及的，因此，可說是由漢傳佛教新發展出來的「中有」思想。當然，這也並不是毫無根據的創見，而是融會了經論的旨趣，配合現實時空的信仰需要所發展出來的觀點。

二、印光大師對「中有」的看法

　　印光大師（1861 — 1940）是當代淨土宗高僧，與虛雲、太虛、弘一等同爲代表民國初期的佛教龍象。一生淡泊名利，恪遵「不當住持、不收徒眾、不登大座」的三大行事原則。常勸人應老實修持，認爲「生死，是眾生之大事；因果，是教化之大

---

❿ 《大毘婆沙論》：「色界中有，不資段食。欲界中有，必資段食。」（T27, p. 362, c15-16）

權」，所以特別重視因果報應之教化，以之爲「轉煩惱生死、成菩提涅槃」之方便。（釋印光，1986-1：185）自己專修持名念佛，也專弘淨土法門，透過文字弘法，十方緇素受教者極多，影響既廣且深，故被推尊爲蓮宗第十三祖。師之著述甚多，在各種刊本中，以臺北佛教書局所印行的《印光大師全集》精裝七冊，內容最爲完備。❶

印光曾在回覆范古農居士的書信中，❷詳細論述了有關「中有」的幾個問題。透過這一代宗師對於「中有」問題的詮釋，相信將有助於我們稍窺佛法傳入中國千餘年後，「中有」概念在當代被理解的大致情況。印光在這封書信中對於「中有」相關問題的看法，大致可以歸納出四個議題來討論：

（一）「中有」之定義問題

印光在〈復范古農居士書〉中說：

> 中陰者，即識神也。非識神化為中陰，即俗所謂靈魂者。……死之已後，尚未受生於六道之中，名為中陰。若已受生於六道中，則不名中陰。
>
> 《印光大師全集》第一集 pp. 183-184

印光認爲「中有」存在於死後與再生之間，這和經論中的看法一樣。而他所詮釋的「中有」定義，有二個重點：1.「中有」即是「識神」。2. 識神化爲「中有」，卻不就是等於世俗所謂的「靈魂」。在印光心目中的「中有」，和「識神」無別，既然二者無別，爲什麼又叫作「中有」呢？他說「中有」是特別對死

---

❶ 參見望月信亨《中國淨土教理史》pp. 367-368、《中華佛教百科全書（四）》p. 1871. 2 -p. 1872. 2。

❷ 收錄於《印光大師全集》第一集 pp. 183-185。

後，到未受生於六道之前的「識神」的稱呼；受生之後，則不再
稱「識神」為「中有」了。所以，「中有」可說是「識神」在死
後到再生之間的別名。

印光所謂的「中有」，是可以脫離身軀的存在。❸而且他對
於「中有」七日一死生的詮釋是：「中陰之死生，乃即彼無明心
中所現之生滅相而言，不可呆作世人之死生相以論也。」（釋印
光，1986-1：183）「中有」的生死現象，只是就無明心中所現
起之生滅相而說的，並不是指肉體上的生死現象。可見，印光
的「中有」定義，純粹是從心識來建立的。對於印光而言，「三
界諸法，唯心所現」（釋印光，1986-1：185）此不可思議之心
力，在眾生方面而言，則表現為不可思議之業力；在諸佛方面而
言，則表現為不可思議之神通道力。❹像這樣把業力建立在心識
之上，再完全從心識建立「中有」的概念，事實上是相當微妙的
發展。

在印度部派佛教時期的學者，如果把業力建立在心識上，則
反對有「中有」。但是隨著部派思想的分合，當發展到大乘經論
時，界限就不再那麼判然分明了。例如《瑜伽師地論》說：「無
始樂著戲論因已熏習故、淨不淨業因已熏習故，彼所依體，由二
種因增上力故，從自種子，即於是處，中有異熟無間得生。……
而此中有必具諸根。」（T30, p. 282, a13-17）雖然瑜伽師們已將
業力轉為種子，而有細心持種，能生一切的概念，（釋印順，
1992：207）但他們所說的「中有」，還是從業力種子所化生的具
有六根的微細五蘊身，並不就是業識本身。

---

❸ 印光說：「中陰雖離身軀，依舊仍有身軀之情見在。」（釋印光，1986：1-184）
❹ 印光說：「三界諸法，唯心所現。眾生雖迷，其業力不思議處，正是心力不
　思議處，亦是諸佛神通道力不思議處。」（釋印光，1986：1-185）

　　無論大小乘印度經論中的「中有」，都是以具有五蘊六根
之身被理解的。但是，印光卻將之理解爲等同於「識神」，「中
有」只是死後與再生之間的「識神」之名稱而已，並沒有具體的
身形。對於「中有」的定義而言，這不能不說是很大的轉變。而
這樣的改變，是否會衍生出學理上的困境，而無法回歸佛法的根
本主張呢？在底下的議題中將進一步討論。

（二）「中有」之存在時間及投生問題

　　有關「中有」存在時間的問題，印光認爲對於「中陰七日
一死生，七七日必投生」的說法，不可泥執，「中有」投生的時
間，快則「一彈指頃，即向三途六道中去」，慢則七七日，甚至
有超過七七日的。而他又將「中有」七日一死生，解釋爲「無明
心中所現之生滅相」，並不是形體上的生死，已如前述。（釋印
光，1986-1：183）這裡成爲問題的是，離開軀體的「無明心」到
底在哪裡生滅呢？或是更明確地說，已離開軀體又未投生的純粹
屬於神識的「中有」，究竟存在哪裡呢？在佛教經論中，凡是將
轉世理論建立在心法上的思想，大抵認爲識神轉變之間，不需要
「中有」，也不必討論轉世之間神識停留在哪裡的問題，例如主
張「眾生神識無邊大，無色無相不可見、無礙無形、無定處、不
可說。」（T16, p. 642, c15-17）的《大乘同性經》回答楞伽王所
提出的：「眾生捨此身命，未受彼身。於其中間，識停何處？」
（T16, p. 642, b20-21）的問題時說，就像種子發芽，既非種子先
滅而後生芽，亦非先生芽而後種子滅，而是種滅即是芽生，所以
前識滅，後識即生。前後世之間根本無間隙，哪裡有時空距離可
討論呢？（T16, p. 642, b19-c3）如果還要追問爲什麼不可以討
論時空距離呢？其實楞伽王的問題已經點出了關鍵所在，即便是
那不可見不可說，超越現前根識範圍的神識，也不能離開眾生的

身軀，否則馬上就有「識停何處」的問題出現，因為色心互為緣起、相即不離才是佛教的根本思想。所以《大乘同性經》藉「步屈蟲先安頭足，次後足隨，其形屈伸，間無斷絕」（T16, p. 642, b29-c1）的比喻回答此問題的結論是：「此之神識，見前有中，生處了已，識即令移，託就於彼，間無斷絕。」（T16, no. 673, p. 642, c2-3）對以心法解釋輪迴主體者而言，轉生之間是無空隙可說的，如有空隙，馬上會有「識停何處」的問題出現。

現在，印光既將轉世主體建立在心法之上，卻又要討論識神從死亡到再生之間的停留時間問題，他馬上必須面對的質疑就是《大乘同性經》中楞伽王所提出的「識停何處」的問題。如果以「識神」本就可以離開軀體，所以沒有「識停何處」的問題回應的話，他又必須面對是否脫離佛法色心互為緣起的根本主張的問題。這些矛盾，都是印光將屬於心法的識神和經論中的「中有」概念混淆之後，才產生出來的困難。

之所以討論「中有」的存在時間，主要是關涉到「中有」結生的問題，印光說：「投生必由神識與父母精血和合，是受胎時，即已神識住於胎中。」（釋印光，1986-1：184）這和經論所說沒有不同。較特殊的是，印光針對投生之神識提出了相對於「本識」的「代識」概念，他認為像圓澤來生之母懷孕三年，圓澤才入胎投生的傳說，❶是因為有「代識」在父母交媾時，代為受胎，等到「本識」來時，「代識」才離開。印光認為一般傳說在小孩出生時，親見某人入母室的情形，也是「代識」先代為受胎，「本識」才來受生。印光的「代識」說，顯然是為了符合「受胎時，即已神識住於胎中」的教說而來的。但是，「代識」又從何而來？「本識」為何不能即時來受胎呢？如果是因前世命未終所以無

---

❶ 圓澤投生之傳說，見《樂邦遺稿》（T47, p. 238, a1-17）。

法來，例如圓澤者，爲何需要「代識」先代爲受胎？果眞定業不可轉，竟至於如此？如果前世命已終，「本識」又爲何沒有即時來受胎呢？離開了身軀的「本識」又何所寄託呢？所謂「親見某人入母室」，難道不是見者心念所起的幻象？如果不是見者之幻象，那麼本識又變成了可被看見的有形質之體，豈不是又和他的「中有」即「識神」，非世俗所謂的「靈魂」之說相矛盾了？

　　印光的「代識」之說，既無經論的證據，理證也顯得非常薄弱矛盾，似乎只能從業力不可思議，心力不可思議來理解。但如此高張不可思議心力的結果，似乎使佛教色心互爲緣起、無我而輪迴的根本教說，變得更加模糊起來了。

（三）「中有」對衣食之需要問題

　　印光說：「中陰雖離身軀，依舊仍有身軀之情見在。」因爲「凡夫業障深重，不知五蘊本空」，所以即使死了，卻還有和「世人無異」的身心情見，因此，還是自覺需要衣食等資具，事實上這只是心識的作用而已。❶印光特別舉世俗焚燒冥衣爲例，他說就像冥衣的大小長短，哪能正好符合亡者身材。但是，當在生者有給亡者衣服的情見，加上亡者自以爲還有身軀，所以需要衣食的情見之後，冥衣就自然合宜了，印光以此做爲「一切諸法，隨心轉變」的證明。❷

　　經論中對於「中有」問題的討論，本就包括衣食問題在內。

---

❶ 印光說：「中陰雖離身軀，依舊仍有身軀之情見在。既有身軀之情見，固須衣食而爲資養。以凡夫業障深重，不知五蘊本空，仍與世人無異。」（釋印光，1986：1-184）

❷ 印光說：「如焚冥衣，在生者只取其與衣之心。其大小長短，豈能恰恰合宜。然承生人之情見，並彼亡人之情見，便適相爲宜。此可見一切諸法，隨心轉變之大義矣。」（釋印光，1986：1-184）

但是，印光所以討論「中有」衣食的問題，顯然和經論中討論的方向不同，而更多分是和民間信仰中的死後「亡靈」的衣食問題有關。就印光而言，「中有」對衣食的需要，只是出自「業障深重，不知五蘊本空」的凡夫對於身軀的情執，所以仍是屬於心識作用的範圍。這樣的「中有」衣食觀，和論典中所說欲界「中有」以氣味爲食，色界「中有」，以及鮮白比丘尼的「中有」恆有微妙衣服，乃至淨土前賢懷感的「淨土中有」有穿衣服的說法，顯然非常不同。但是二者之間，是否有衝突呢？對印光來說，應該也不會衝突，因爲他說：「其境界雖不必定同，不妨各隨各人之情見爲資具。」因爲心力不可思議，各隨情見受用衣食資具，正「可見一切諸法，隨心轉變之大義矣！」（釋印光，1986-1：184）所以，對印光來說，即使說「中有」有衣食的需要，也不代表「中有」必須有形質，這才能回應到他所謂「中陰即識神」的主張。他所謂的「中有」衣食問題，是完全從一切都只是心識活動的立場來理解的。

（四）「中有」和亡者現形之關係

在民間的傳說中，亡者可能出現在相識者面前，不但和生者接觸，有的還會交談，也有附身在他人身上說話的情形。印光認爲這些現象並不是只有在「中有」階段才會發生，即使亡者已經轉生六道之中，也還可能在相識親故之前現形。印光認爲這些現象雖然和亡者的意念有關，但決定權卻操之於「主造化之神祇」手中，而神祇令亡者現形之目的是「欲以彰示人死神明不滅，及善惡果報不虛。」（釋印光，1986-1：183）所以，印光認爲亡者現形的眞正意義，是在「輔弼佛法，翼贊治道」的教化功能上。透過亡者現形，可以對治撥無因果的斷滅邪見，因此使人相信「佛語無妄，果報分明」，使「善者益趨於善，即惡者其心亦被

此等情理折伏，而亦不至十分決烈」。（釋印光，1986-1：183-184）

印光對於「中有」和亡者現形之間關係的看法，首先否定了亡者現形即是「中有」的觀念，因為他說：「即已受生善惡道中，亦能於相識親故之前，一為現形。」（釋印光，1986-1：183）可見亡者之現形，並不只是發生在「中有」階段，所以不能將二者等同視之，難怪他一開始要說：「非識神化為中陰，即俗所謂靈魂者。」想必他是認為世俗所謂的「靈魂」，其實只是亡者現形，所以並不是「中有」。更重要的是他認為亡者是否現形的主導權，是在「主造化之神祇」以及「天地鬼神」的手中，是他們用來教化世人，使人相信三世因果，以及佛陀教說的輔助方法。鬼神護持佛法，乃至參與佛法的弘傳，在大乘經典中是經常可見的，所以印光的說法也並未完全脫離佛經的觀點。但是有「主造化之神祇」和「人死神明不滅」的說法，恐怕就和佛法否定有造物主以及緣起無我思想，有不小距離了。

然而，他把「中有」和亡者現形做出區隔，再把亡者現形解釋為是天地鬼神為教化世人的變現；這樣的詮釋，對於一般人經常把「中有」和亡者現形混為一談的錯謬，倒有提醒作用。因為即使如印度經論所說的具有微細五蘊六根的「中有」身，也不可能是一般世人所見的亡者現形，「中有」身唯有以四根本淨慮為依地的「極清淨修得天眼」才能看到，❸所以一般世俗所見的亡者靈魂，確實不是佛教經論中所說的「中有」。但是亡者現形是否就是如印光所說的，乃是鬼神施教化之工具，可能也未必盡然。因為民間所謂的亡者現形，很可能是出於生者之幻見，也可

---

❸ 《大毘婆沙論》：「住本有者，諸生得眼皆無能見中有身者，唯極清淨修得天眼能見中有。」（T27, p. 364, b24-26）

能是看見鬼道眾生。總之，如依據佛教經論的看法，唯一可以肯定的是，一般人所見的必然不是「中有」，因爲如果沒有由四根本禪的定力所修得的極清淨天眼，根本看不到「中有」。

綜觀印光對「中有」問題的討論，主要的特點在於將「中有」理解爲「識神」，不但和經論中「中有」具有五蘊六根的主張不同，也因此而相當程度地背離了佛法色心互爲緣起，乃至無我而輪迴的根本論點。但是，印光對於他所持的理論，可不認爲是和經論所說不同的，因爲他在信末強調：「光近十餘年，目力不堪爲用，故於經論不能廣引以證。然其理固非妄出臆見，以取罪戾也。」（釋印光，1986-1：185）對於印光而言，他堅信自己的理解是根據經論而來的，並無絲毫妄自猜測的成分在內。但是，今天我們將其論點與經論所說兩相對照之下，發現其中確實有極大的差異。然而，對於大師的初衷，我們還是抱持著相當的尊重和理解。

從印光對於「中有」問題的理解，我們不難看出在佛法傳入中國千餘年後，「中有」概念所產生的變異和混淆的情形。當然，這並不意味在當時，乃至今日的漢傳佛教界學者，都不再依據經論去理解「中有」概念。起碼，我們看到印光這封信的回覆對象范古農對於「中有」的看法，就和印光不同。范氏的《古農佛學答問》對於「中有」的解釋是：「中陰身六根六識皆具，並非只剩阿賴耶。賴耶但持一切種，並無形體。心色現行，乃起中陰。經云：中陰如五六歲孩。是已有形體也。」又：「中陰身七日一死，至七七日必投生。此說見《俱舍論》、《瑜伽師地論》。」（范古農，1983：132）可見范氏還是根據《俱舍論》和《瑜伽師地論》來理解「中有」的。但是，不可諱言的，從印光的論述之中，我們也發現到「中有」概念在今日漢傳佛教圈內，有如下的變化：1.「中有」被某些佛教學者認爲是不具形質的

「識神」，是一種超越現實界而常存不滅的靈明本體。❶2.「中有」在民間，或在某些未深究相關經論的學佛者間，多被認為是死後可在相識親故面前現形，或能與通靈者溝通，或附在他人身上說話的「靈體」。3.「中有」和民間「人死為鬼」的觀念相混淆。❷以上這些流傳在漢傳佛教圈內的「中有」概念，事實上，已經和印度經論中的「中有」有極大的差異，可說是漢傳佛教才發展出來的特殊觀點。

三、小結

從上面二小節的析論中，發現到「中有」概念隨著佛教經論傳入中國之後，大多數的佛教學者還是根據經論來理解其意義。但是，當淨土思想在中國發展成特殊的信仰傳統之後，於是有了相對於「穢土中有」的「淨土中有」之討論。主張有「淨土中有」的懷感，乃依據毘婆沙論師的觀點來建立其「淨土中有」之概念。而因為印度傳來的經論中，本來就存在著有無「中有」的諍論，大乘經論更是各依不同的標準，來決定「中有」之有無。所以，懷感雖依據實有「中有」論的毘婆沙論師的觀點而主張有「淨土中有」；但事實上，在漢傳佛教的流傳中，對於有無「淨土中有」的看法並不一致。然而，儘管有無「淨土中有」的意見

---

❶ 例如顏建益在他二○○四年才完成的碩士論文中就說：「……單純以生命的微細意識存在。這樣的存在，便是中有。」（顏建益：2004，79）而且此微細意識「不依於肉體的作用而存在」，並且「包含了生命不滅且貫穿了一切生死流轉的本性」。（顏建益：2004，78）

❷ 從印光對焚燒冥衣的解釋可見其端倪；又《古農佛學答問》中，有人問：「儒云祭則鬼享之，佛云人死則為中陰……致祭必若祖若父之中陰鬼享之也。若云經輪迴而轉生，則享其祀者誰耶？」（范古農：1983，132）就更可證明一般人以「中有」為鬼的混淆情形了。

不同，但「淨土中有」的概念，是在漢傳佛教發展出來的，則無庸置疑，這的確為不斷演變發展的「中有」思想，注入了新的內涵。懷感的「淨土中有」思想，起碼為「中有」概念增加了如下五個內涵：1. 五趣「中有」之外，多了一類往生淨土的「淨土中有」。2.「淨土中有」的福德力，勝過只能受生五趣的「穢土中有」。3.「淨土中有」都有穿衣服。4.「淨土中有」以坐姿移動。5.「淨土中有」以十萬億佛土的香飯氣味為食。

然而，在這裡必須特別注意的是，懷感的「淨土中有」思想，雖為「中有」概念注入了新內涵，但有關「中有」的基本定義和特質，仍然是和經論一致的。例如「中有」存在於死生之間、具備五蘊六根、其存在是為了聯繫死處至生處等等，這些在經論中的「中有」基本定義和特質並無任何改變。

但是，當佛教在中國流傳千餘年後，我們從印光對「中有」的理解發現到，「中有」的基本定義已經發生了質變的現象，更由於流行日久，和中國民間觀念也發生了混淆的情形。從第二小節的研究得知，今日漢傳佛教的「中有」概念有三點變異：1. 經論中的「中有」基本定義是指死生之間，為了投生而現起的具有五蘊六根的微細生命體，現在卻被部分佛教學者解釋為不具形質的「識神」，甚至是一種超越現實界而常存不滅的靈明本體。2. 經論中「中有」存在的唯一功能是「往趣當生之處」，而且唯有依四根本禪的定力所修得的極清淨天眼才能看見，現在卻被以為是會在相識親故面前現形、或能與通靈者溝通、或附在他人身上說話的「靈體」。3. 經論中的「中有」，不是五趣眾生，而是投生五趣的方便存在；現在卻被某些人以為是「鬼」，而民間人死為鬼的「鬼」又和佛教六道眾生之一的「鬼」不一樣。可見，一般民間對於「中有」的理解是非常混亂的。

雖然所有佛教學者都不可能故意不依據經論來了解「中

有」，問題是經論中的「中有」概念，並不完全一致，不同經論所建構的轉世理論更可能完全不同，面對著這許多傳譯自不同系統的經論，如果不能掌握其中思想脈絡的差異，就很容易造成理解上的混淆，這是漢傳佛教學者在理解「中有」概念時的基本困難。以至於雖各各自稱有經論依據，但是對於轉世理論以及「中有」概念的理解，卻可能發生矛盾和偏差。而這樣的偏差，最後甚至偏離了佛法色心和合，緣起無我的根本主張。所謂失之毫釐，差之千里，對於「中有」思想在漢傳佛教發展的混亂現象，實在不能不加以謹慎簡別。

第二節　「中有」概念在藏傳佛教發展之例

藏傳佛教學者對於「中有」概念的理解，有一部分仍是以印度傳來的經論為依據，尤其是格魯派的傳承，例如宗喀巴在《菩提道次第廣論》卷六對於「中有」的詮釋，主要是依據世親的《俱舍論》、無著的《瑜伽師地論》以及《入胎經》[21]等顯教經論來詮釋的。（宗喀巴，1989：177-180）

但是，藏傳佛教學者對於「中有」概念的理解，除了和顯教經論共通的部分之外，最具特色的，應該是配合密法的修證經驗以及修行原理，而給予「中有」更加深細和創新的詮釋。藏傳佛教將「中有」概念從單純的學理論述，進一步轉換成和修證方法緊密結合的創新詮釋，可說是「中有」概念的全新發展。

正因為藏傳佛教對「中有」的詮釋，是配合密法的修證經驗和修行方法所發展出來的，所以，隨不同教派而有不同解釋。再

---

[21] 此經相當於漢譯的《大寶積經》卷 56、57〈佛說入胎藏會〉，T11, p. 326-p. 336。

加上密法修練儀軌,多是以祕密口傳的方式將其論述和修法保存在各自的傳承之中,並不輕易對外公開。(阿旺念札,2002:7-10)因此,如果想要彙整藏傳佛教所有教派對「中有」概念的不同詮釋,加以比較研究的話,事實上是有困難的,而且也超過了本研究所預定的範圍,這一節的主要研究目的只設定在藉藏傳佛教學者對「中有」的特殊詮釋,來略窺「中有」思想在不同時空中的演變情形。

在藏傳佛教中,有一類極特殊的經典,叫作伏藏,這是藏傳佛教四大教派中的寧瑪派所敬奉的經典。❷相傳是蓮華生大士等人,❸把某些密宗經典埋藏在大山岩石之中,並在這些經典的扉頁上,詳細寫明何時可發掘,臨近發掘時的預兆,以及掘藏者的姓名、部族、出生地、身體特徵等。一旦條件成熟,即可掘出伏藏並培養眾多徒弟,這就是所謂伏藏法,而掘出伏藏的上師,則被稱爲伏藏師。❹這些伏藏法典,在十二、三世紀以前甚至被藏傳佛教學者認爲是僞造假託的。(王輔仁,

---

❷ 寧瑪派徒眾所敬奉的經典,依其來源可分成二種:1.噶瑪,又稱口傳,主要是根據八、九世紀以來所翻譯的密宗經典,在民間由父子或師徒相傳而沿襲來。2.迭瑪,又稱伏藏。(王輔仁,1985:75)

❸ 蓮華生大士是八世紀時北印度烏仗那國人。七四七年左右,他應西藏國王赤松德贊的邀請,入藏弘法。相傳他是一位密教大成就者,其隨行弟子二十五人也都具有法力,加上其弘法方式甚爲善巧,因此不久即扭轉西藏人的苯教信仰,而使之改信佛教。在西藏佛教史上,蓮華生大士是一位兼具有歷史地位與宗教地位的重要人物。依史實所傳,他是西藏寧瑪巴(紅教)的始祖,也是奠定西藏密教基礎的大德;在宗教地位上,西藏人以爲他是阿彌陀佛之化身、觀世音菩薩之法語與一切佛之心性所匯合而成的大士。(《中華佛教百科全書(九)》p. 5390. 1)

❹ 參見《吐蕃佛教》p. 207,引自東噶・洛桑赤列的藏文著作《紅史》校註 p. 377。

1985：75）而近代也有學者認爲伏藏「是寧瑪派教徒在當時教派競爭中，爲宣傳本派觀點，擴大本派影響，增強本派勢力，而採取的一種與其他教派的學者著述相抗衡的應急手段。」❷由此可見，伏藏法典可能多是出自寧瑪派徒眾之創作。雖然如此，但經過寧瑪派徒眾代代相傳，早已成爲足以代表藏傳佛教的重要文獻，也是考察佛教思想在藏傳佛教地區的特殊發展的重要資料。所以，本研究選擇伏藏文獻來探討「中有」概念在藏傳佛教的發展。

在眾多的伏藏中，有一部常被後世寧瑪派教徒拿來向死者念誦的法典──《中有大聞解脫》（藏 Bar do thos grol chen mo），由於因緣際會，在一九二七年被美國的伊文斯・溫慈根據卡孜・達瓦桑珠（Kazi Dawa Samdup）喇嘛的英譯加以編輯整理後，以 *The Tibetan Book of the Dead* 的書名出版。到一九九八年時，英文版已賣出五十二萬多本，還被翻譯成許多其他歐洲語言出版，（Lopez，1998：47-48）中文譯本也在一九八三年問世，書名是《西藏度亡經》。❷這本法典所記載的「中有」概念，遂在世界廣爲流傳，而爲世人所熟悉，儼然成爲藏傳佛教「中有」概念的唯一代表，所以本研究特別選擇此書來考察藏傳佛教學者對於「中有」的特殊詮釋。

一、《中有大聞解脫》與《六中有自解脫導引》

《中有大聞解脫》是屬於寧瑪派伏藏師事業洲（或譯作卡瑪林巴、噶瑪嶺巴，1376 ─ 1394 或 1377 ─ 1395）❷所發掘出來的

---

❷ 參見《西藏文學史》（上）p. 254。
❷ 中譯本由徐進夫翻譯，1983 年，臺北天華出版社出版。
❷ 有關伏藏師事業洲的生卒年是採用談錫永的論定。（《六中有自解脫導引》pp. 18-21）

伏藏法典《寂靜忿怒密意自解脫深法》（藏 Zhi Khro dgongs pa rang grol）二個主要法門系統之一的「中有聞解脫導引」，❷另一個法門系統則是「六中有自解脫導引」。

　　根據寧瑪派的傳說，伏藏法典《寂靜忿怒密意自解脫深法》是蓮華生大士（七四七年左右入藏）攝集內密的教授及智慧而成，相傳蓮華生最初是將此法的教授及悟證，隱藏、託付在藏王赤松德贊及其王子，以及大譯師屬盧·龍幢的本覺心性中；然後以空行標相文字書寫於黃卷上，並藏於西藏中部的達拉崗波山。十四世紀時，由龍幢譯師轉生的事業洲尊者挖掘出來，將之解讀後，筆錄成文，單傳三代後，直到十五世紀的虛空法海（1430 —？）才將此法廣為弘揚。❷不管上述的傳說是否屬實，但可以確定的是，此法典是十五世紀中葉以後才在西藏地區流傳開來的。

　　在《寂靜忿怒密意自解脫深法》所包含的二個法門系統中，「中有聞解脫導引」乃是用來為亡者念誦，指導亡者如何面對臨終及「中有」階段所出現的種種境界，以解脫成佛或往生善處的法門。❸此法門雖然強調即使生前未修習過密法的人，於死亡時也可以因聽聞法典的誦念而得解脫。但在《中有大聞解脫》中，卻一再提及「生前導引」，這是指生前修習「六中有自解脫導引」而言，❸可見《中有大聞解脫》是以「六中有自解脫導引」的

---

❷ 《寂靜忿怒密意自解脫深法》全部法典分七部分：一、傳記部；二、灌頂部；三、生起次第部；四、圓滿次第部；五、解說部；六、方便道部；七、護法部（參見該書附錄 pp. 193-196）。

❷ 參見《六中有自解脫導引》義成活佛甯波車序言 pp. 8-9、談錫永導論 pp. 19-20。

❸ 參見《中有大聞解脫》p. 1，談錫永〈中有大聞解脫序〉。

❸ 《中有大聞解脫》：「前導時的解脫，是在最初依《導引次第》修持。諸上根

法門為基礎的，而事業洲的《寂靜忿怒密意自解脫深法》其實也是以「六中有自解脫導引」的法門系統為修習主幹的。❷因此，二個系統之間事實上有極密切的關係，談錫永說明這二個法門系統之間的關係是：❸

　　修行人生前依《六中有自解脫導引》修習，上根者能證得法、報、化三身而自解脫，此時即無須入「中有」，是故「中有聞解脫導引」即與他們無關。

　　如其不能藉修行「六中有」而解脫，則於臨終以至受生時，可於「中有」階段，藉憶念生前所修的「導引」而得三身解脫。

　　對於完全未修過《六中有自解脫導引》的人，則可藉「中有聞解脫導引」的方便法門，依照其指示而得解脫，或得圓滿受生（受生為暇滿人身）。

　　　　　　　　　　　　　　　（《中有大聞解脫》序 p. 3）

　　可見，必須將「中有大聞解脫」和「六中有自解脫導引」二個法門系統合觀，才能完整了解《寂靜忿怒密意自解脫深法》的「中有」概念，也才能正確了解寧瑪派「中陰解脫密法」的甚深涵義。

　　人，依《導引》必定解脫。」談錫永指出此《導引》是專指《六中有自解脫導引》全部修習而言。（p. 22）

❷ 談錫永在《六中有自解脫導引》的導論中說：「《六中有導引次第》，實屬事業洲整個《寂靜忿怒密意自解脫深法》巖藏的核心教授，其餘各法都只是圍繞此核心來開展而已。（p. 30）

❸ 談錫永，廣東南海人。法號無畏金剛（Dorje Jigdral），以筆名王亭之馳譽於世。二十八歲時皈依西藏密宗，三十八歲時得寧瑪派金剛阿闍梨位。一九九五年主編《甯瑪派叢書》逐步將藏文典籍翻譯成中文出版。並創立「密乘佛學會」，弘揚寧瑪派教法。（參見《甯瑪派叢書》主編者簡介）

二、寧瑪派對「中有」的詮釋

這一小節將依據上述寧瑪派伏藏法典《寂靜忿怒密意自解脫深法》中的「六中有自解脫導引」和「中有大聞解脫」，考察寧瑪派對「中有」的特殊詮釋，分別從「中有」的定義、特性，以及「中有」的存在時間等問題來深入探討：

（一）有關「中有」之定義問題

「中有」，藏文譯作 bar do，其中的「bar」是「在……之間」的意思，「do」是「懸空」或「被丟」的意思。因此，藏文 bar do 代表著「一個情境的完成」和「另一個情境的開始」之間的「過渡」或「間隔」。在一般西藏人的日常用語中，bar do 是指生命在死亡和再生之間的中間狀態，（索甲仁波切，1996：140-141）這和印度佛教經論「中有」一詞的定義並無不同。

但是，寧瑪派卻為了配合修行的需要，而擴大了「中有」的內涵定義。就寧瑪派大圓滿法的觀點而言，世間一切萬事萬物，以及生生滅滅等變化過程，都不離眾生無始本具的靈明空寂的清淨心性，（尕藏加，2002：187）而索甲仁波切解釋此本覺心性，即是「生與死的背景」。（索甲仁波切，1996：26）如果從徹悟本覺心性的角度來觀看生死現象時，生和死一樣都是本覺心性所顯現的，並無差別；無論生或死時，如果能直接證知一切生死現象即是本覺心性的「自顯現」，便能自證解脫，即身成佛。因此，就寧瑪派大圓滿法的觀點來看，從生至死，乃至轉生之間的整個生命歷程中，隨時都會出現證悟的契機，若能當下認證出清淨的本覺心性，則證得解脫，即身成佛；若不能認證本覺心性，反而生出種種分別的話，則隨業流轉，輪迴生死。❸如何才能掌握生命歷程中，出現證悟契機的關鍵時刻，以認證出清淨的本覺心性，便成了寧瑪派修行法門的核心

要點。

《六中有自解脫導引》便是在上述大圓滿法的修證理論基礎上，爲了方便行者次第修習，而分別建立了「生」和「死」的「三中有」：❸

1. 生時三中有：

是指活著時所能經驗到的三種處於二個情境之間的生命狀態：

（1）處生中有（skye gnas bar do），❸是指從出生到臨終之前的整個生命過程，近似於四有之中的「本有」，但並不包括臨終到「死有」現前的階段。對於最終要面對的死亡而言，這也是爲死亡作充分準備的唯一最好時間，所以必須善用這個階段努力熟悉教法和穩定修行經驗。（索甲仁波切，1996：141）在《六中有自解脫導引》的〈處生中有導引·阿賴耶識自解脫〉中，將此階段的修習重點，總攝爲有相寂止、無相寂止、勝義觀等三個次第，而以證悟世間一切如幻，都是本覺心性的自顯現境界爲修練目標。❸此階段所確立的解行觀念和實證經驗，可說是其他五個導引的基礎，因此非常重要。

（2）夢幻中有（rmi lam bar do），❸這是指從入睡到做夢之

---

❸ 參見談錫永《六中有自解脫導引》導論 p. 28。

❸ 同上。

❸ 許明銀譯本作「自然處生中有」，相當於索甲仁波切《西藏生死書》中的「此生的自然中陰」。

❸ 《處生中有導引·阿賴耶識自解脫》：「此處專述處生中有，內外絕疑，如鴿子歸巢之修習導引。由此建立阿賴耶識（自解脫），此分爲二：寂止與勝觀。」（《六中有自解脫導引》p. 76）

❸ 許明銀譯本作「夢境中有」，相當於索甲仁波切《西藏生死書》中的「睡夢中陰」。

間的意識狀態，寧瑪派學者認為此階段的意識變化歷程，可以類比從臨終到生起「意生身」之間的過程：①由清醒到入睡，類似「臨終中有」的色心依次消融，以至進入本覺光明的過程。❸②做夢時的「夢之身」，類似受生中有階段的「中有身」，二者都有敏銳的覺察力和快速的活動力，而且都會經歷種種經驗。❹③熟睡後入夢前的階段，則類似「臨終中有」和「受生中有」之間的「法性中有」階段。❶因此可以利用「夢幻中有導引」的修練方法，練習熟悉死亡過程，以便死亡時能認證本覺心性。在《六中有自解脫導引》的〈夢幻中有導引・迷亂自解脫〉中，將此階段的修習重點，分作晝修幻身、夜修夢幻、後修光明三大綱領，而以證得本覺心性的報身「自顯現」為修練目標。❷主要是將修行方法，延伸到日常生活的行住坐臥，乃至睡夢之中，尤其是能轉夢境入清淨光明的四種修練方法──持悟解光明、持大種光明、持上師光明、持明點光明，更是和「死時三中有」的解脫成佛，有直接密切的關係。❸

（3）禪定中有（bsam gtan bar do），❹是指進入禪觀境界時的身心狀態。寧瑪派學者認為唯有透過禪修，才能覺察更深細的心識變化，並且安住在本覺心性之中，無論任何念頭生起，都任

---

❸ 參見《西藏生死書》p. 145。
❹ 同上，p. 145-146。
❶ 同上，p. 146。
❷ 《夢幻中有導引・迷亂自解脫》：「第二總義為夢幻中有實修導引，喻為暗室燃燈。此導引有關習氣，將之引入『轉化淨光明道』。此有三分：晝修幻身，明相自解脫；夜修夢幻，迷誤自解脫；後修光明，虛妄自解脫。」（《六中有自解脫導引》p. 104）
❸ 參見《六中有自解脫導引》p. 116-120。
❹ 許明銀譯本作「禪定・靜慮中有」，相當於索甲仁波切《西藏生死書》中的「禪定中陰」。

其顯現而自消融，於無執的境界中等持釋念。而這樣的覺察和任運安住的能力，是想要在任何階段的生命過程中認證和安住於本覺心性所必備的條件。在《六中有自解脫導引》的〈禪定中有導引·本覺自解脫〉中，主要是觀修三虛空禪定——外空、內空、密空，❹以袪除前二階段修習後所產生的微細執著，進而得四大解脫——本初解脫、自解脫、剎那解脫、圓滿解脫的證量，❹行者依此可證得本覺心性的法身「自顯現」境界。

　　以上「生時三中有導引」，主要是以證得法、報、化三身之解脫果爲目的而建立的止觀修練法門。透過這些方法的修練，可以證知一切都是本覺心性的「自顯現」，因此而見性成佛，這也正是寧瑪派的「即身成佛」之道。❹而這樣的「中有」內涵定義，是印度經論中所未曾有的。

2. 死時三中有：

　　是指臨終之際，到死後，乃至轉生之間，所發生的三種處於二個情境之間的生命狀態：

　　（1）臨終中有（'chi kha bar do），❹這是指臨終之際，到意識離開肉體之前的生命存在狀態。《中有大聞解脫》又將此階段分成前後二段：前一階段名爲「第一中有」，指臨終四大依次消融，各種死亡象徵逐漸出現，❹到外呼吸停止之前的生命

---

❹　參見《六中有自解脫導引》p. 123。

❹　參見《六中有自解脫導引》p. 124-133。

❹　參見談錫永《六中有自解脫導引》導論 p. 28。

❹　許明銀譯本作「死位中有」，相當於索甲仁波切《西藏生死書》中的「臨終的痛苦中陰」。

❹　藏傳佛教以四大的依次分解，詳細說明臨終的外分解過程。參見《中有大聞解脫》p. 29，《西藏生死書》pp. 315-318。

狀態;當外呼吸停止之際,會出現第一次本覺光明。❺❶後一階段名為「第二中有」,指外呼吸停止後,經過大約「吃一頓飯的時間」,意識逐漸分解,到內呼吸結束時,❺❶會出現第二次本覺光明。❺❷如能當下認證本覺光明,又有禪定力穩定此境界的話,通常可維持三天半。如果無法認證,通常會陷入無意識的昏絕狀態,在此昏絕狀態中,有的人只停留一剎那就轉入下一階段,有的則停留二、三十分鐘,通常是停留三天半左右。之後,意識就會離開身體,而進入「法性中有」階段了。❺❸

在《六中有自解脫導引》的〈臨終中有導引・往生憶念自解脫〉中,已經熟習「生時三中有導引」法門的上根者,可於本覺光明出現時,證得「法身自解脫」。但是那些雖聽聞過甚深教法,卻無暇觀修的中下根者,則以五種遷識往生法門(頗瓦法)——法身往生、報身往生、化身往生、強制往生、凡庸往生,幫助亡者憶念曾聽聞過的教法而遷識往生。❺❹

(2)法性中有(chos nyid bar do),❺❺這是在「臨終中有」階段未認證出本覺光明者,當他的意識脫離舊有肉體,出現「清淨幻化身」之後,到化生出欲轉生五趣的「受生中有身」之前的存在狀態。

---

❺❶ 參見《中有大聞解脫》p. 26-27。

❺❶ 藏傳佛教認為外顯的呼吸雖然停止,但是微細的意識分解過程卻還繼續在進行,索甲仁波切稱之為「內分解」。參見《西藏生死書》pp. 318-319。

❺❷ 參見《中有大聞解脫》p. 32。

❺❸ 《瑜伽師地論》對於臨終到化生「中有」之間,則有粗想細想現行之二階段說。(詳見本書第三章第二節之(一))

❺❹ 參見《六中有自解脫導引》p. 134-150。

❺❺ 徐進夫所譯的《西藏度亡經》作「實相中陰」,相當於索甲仁波切《西藏生死書》中的「法性的光明中陰」。

本來赤裸裸、如晴朗虛空般的本覺光明，此時「自發性地」顯現出聲、光、色等能量表現；一般人受業力影響，不但無法認證出這些聲光色其實是本覺能量的自然顯露，還會因此產生怖、畏、懼等情緒反應，結果凝塑出與自己的貪、瞋、癡、慢、忌妒等煩惱相應的六道幻景。❺

在《中有大聞解脫》一書中，將這整個過程，用有如千雷一時俱作的強大聲響，以及強烈刺眼的藍光、白光、黃光、紅光、綠光，和四十二位寂靜尊聖眾、五十八位忿怒尊聖眾等種種聲光色像，來表徵法性能量的自發性顯露；❺用黯淡不炫目的藍光、白光、黃光、紅光、綠光、以及煙灰色光等代表六道的光色，❺而這些也都是法性能量的自發性顯露。❺

就寧瑪派的教法而言，如能認證出這些聲光色像乃是本覺心性的「自顯現」，則能證得「報身自解脫」。根據《中有大聞解脫》的記載，這整個過程共經歷了「十四天」。但這個天數的計量單位，究竟是指平常所說的二十四小時一天，或是指「可以安心專注於心性中，或安住於單一心境中的時間長度」，亦即所謂的「禪定日」呢？（索甲仁波切，1996：347）此問題留待後面再詳細討論。

在《六中有自解脫導引》的〈法性中有導引·現分自解脫〉中，上根者於生前修習「三握要」——依身、語、意三個

---

❺　參見《西藏生死書》p. 350。
❺　《中有大聞解脫》（p. 79）：「從法身空寂部分變成寂靜尊。……從法身顯明部分變成忿怒尊。」另參見《西藏度亡經》p. 85。
❺　參見《中有大聞解脫》p. 56。
❺　《瑜伽師地論》有這樣的記載：「將命終時，……受先所作諸不善業所得不愛果之前相，猶如夢中見無量種變怪色相，……修善者與上相違，猶如夢中見無量種非變怪色、可意相生。」（T30, p. 281, c10-19）

重點而修止，然後依根、境、氣而修「直觀」，因而生起「四現分」——現見法性現分、證量增長現分、明體進詣現分、窮盡法性現分，❻如此便能證悟一切顯相都是本覺的自然顯現。當處於「法性中有」階段時，則依《聞解脫》的引導，而憶念寂忿諸尊等一切聲光色像，都是本覺之自然顯現，由此便可證得「報身自解脫」。

（3）受生中有（srid pa bar do），❻這是無法在前二階段認證本覺心性而自解脫者，因對「法性中有」階段所出現的種種聲光色像，不能了知是法性能量的自然顯現，所以被嚇昏過去，當再度恢復知覺時，類似前生的「意生身」筆直現前，❻從「意生身」筆直現前，到再度結生之間的存在狀態，即是「受生中有」，近似於四有之中的「中有」。❻

在《六中有自解脫導引》的〈受生中有導引・受生自解脫〉中，主要教導六種遮閉胎門的方法——本尊遮胎門、上師父母遮胎門、四喜遮胎門、對治遮胎門、淨光明遮胎門、幻身遮胎門，❻隨修其中一法，都能證得「化身自解脫」，或開啓往生善處之路徑。

以上「死時三中有」，是將臨終之際，以至結生之間的歷

---

❻ 參見《六中有自解脫導引》p. 151-163，又《密宗大解脫法》p. 251-270。
❻ 許明銀譯本作「輪迴受生中有」，相當於索甲仁波切《西藏生死書》中的「受生的業力中陰」。
❻ 參見《中有大聞解脫》p. 87。
❻ 只能說是「近似」，因為四有之中的「中有」，介於死有和生有之間。但是，寧瑪派在死有和生有之間，又細分為「臨終中有」、「法性中有」和「受生中有」。
❻ 參見《六中有自解脫導引》pp. 165-171。而在《中有大聞解脫》則說五種遮閉胎門的方法，缺「四喜遮胎門」，事實上此法在《六中有自解脫導引》書中也並未完整譯出，談錫永提到此法門涉及密乘三灌修法，正是西藏密乘所以招誘所在，今日已甚少傳授。（參見《六中有自解脫導引》pp. 168-169）

程，細分成臨終中有、法性中有、受生中有，對寧瑪派的學者而言，「死時三中有」和「生時三中有」一樣，都是為了證得法、報、化三身解脫果之觀修法門而建立的。❻

於是，bar do 一詞，在寧瑪派的大圓滿教法中，從本來只是局限在代表死亡與再生之間的生命存在狀態，被更廣泛地運用到從生至死，乃至再生之間的整個生命歷程的不同階段。凡是介於二種情境之間，而且充滿不確定性和改變機會的生命過渡狀態，都被稱作「中有」。對寧瑪派的修行者而言，「處生中有」代表活著時充滿不確定性的生命實相，不但有可能造作生死輪迴之業，也可能努力修練而證悟世間如幻，因此證得「化身自解脫」。「夢幻中有」代表入夢之際，可能顛倒亂夢，也可能利用此階段來修練，而證得「報身自解脫」。「禪定中有」代表各種世出世禪觀境界，如果因「本明覺性」之見，而執著「心為澄明與本覺」的話，終不得解脫；如能「藉離執且超越世智之修習」，將可證得「法身自解脫」的境界。❻「臨終中有」、「法性中有」、「受生中有」既是認證本覺心性的良機，又是隨業流轉的關鍵。bar do，對寧瑪派學者而言，就是這樣代表著充滿不確定性、和改變機會的生命過渡狀態。

考察寧瑪派有關「中有」的定義，除了將本來只是屬於死後與再生之間的「中有」概念，細分出臨終中有、法性中有，和受生中有的「死時三中有」之外，更將「中有」概念延伸到生前的生命歷程，而建立「生時三中有」——處生中有、夢幻中有、禪定中有。其主要目的顯然是為了配合修證解脫的方法而建立的；這和印度經論中，為了說明生命如何完成輪迴過程而建立「中

---

❻ 參見談錫永《六中有自解脫導引》導論 pp. 29-30。

❻ 參見《六中有自解脫導引》p. 122。

有」之目的，有顯著不同。對寧瑪派而言，建立「中有」之目
的，是爲了提供具體的修行方法，以便在生命歷程的不同階段之
關鍵時刻，達到解脫成佛的理想目標。這樣的發展，使「中有」
概念從單純的學理論述，進一步和佛教的修證理論相結合，「中
有」概念從部派佛教時期，只歸屬於苦諦範疇的理論，❻被延伸
至道諦的範疇，寧瑪派對於「中有」思想的發展，確實有著特殊
的貢獻。

（二）有關「中有」之特性問題

　　探討了寧瑪派的「中有」定義之後，進一步探討在《六中有
自解脫導引》和《中有大聞解脫》二部法典中的「中有」概念，
和印度經論的「中有」概念之異同。分別從如下幾方面來進行
考察：

1. 有關「中有」之形相問題

　　《中有大聞解脫》提到「中有」的形相時說：

　　　經過了五日半，因害怕而昏倒下去。昏迷後恢復知覺，神
　　志逐漸清醒過來之後，像你生前的身體筆直出現（意生身）。

　　　　　　　　　　　　　　　　　　（《中有大聞解脫》p. 87）

這是說死後五日半（或說三日半，或說四日，或說四日半），❻從
「法性中有」階段因受到驚嚇而昏倒的狀態中清醒過來，像前生

---

❻　「中有」的議題，在《阿毘曇俱舍論》被編在〈分別世品〉中，（T29, p. 44,
　　b5-p. 48, a23）此品主要是解說染法之果，在以四諦爲綱領的本論架構中，
　　屬於苦諦的範疇。有關本論之架構，另參見《中華佛教百科全書（六）》p.
　　3472. 2-p. 3473. 1。

❻　參見《中有大聞解脫》p. 87 註 3。如依本法典的前文來考察，應該是三日
　　半。參見《中有大聞解脫》p. 28、39。

的「意生身」現前,進入「受生中有」階段。法典中還特別引述一段《密續》之記載來加以說明:

> 有前身當生色身,一切感官全無礙;具有業神變力,以淨天眼見同類。

(《中有大聞解脫》p. 87)

法典中進一步對「前身」加以解釋說:「在此三天半之前,你曾想要有的一個身體 —— 一個跟你前生因習氣所感的那個血肉之軀一樣的身體。」[69]「當生」是指「今後出現將來投生於何處的景象。」[70]就寧瑪派學者而言,「中有」的形相和前生一樣。但是生前五官有缺陷者,「中有」卻是健全的。[71]此「中有」來去自在,除了母親的子宮和佛陀的金剛座之外,沒有任何事物或力量能障礙它,並且具有業通神變之力,唯有修得天眼通和「中有」同類才能看見它。

這樣的主張,和印度經論最大的差異是在「中有」的形相上,如果根據《俱舍論》、《大毘婆沙論》、《瑜伽師地論》和《大寶積經》等經論的記載,「中有」是和來生同一形類的。但是,早在《大毘婆沙論》中,就已經有毘婆沙師以外的學者主張「中有」形類像前生了。[72]可見這二種說法,始終一直流行著。而從宗喀巴在《菩提道次第廣論》中的批評,可以看到在藏傳佛教有將這二種主張合併的說法,宗喀巴說:

> 有誤解此說為前生身形,又有見說是後形故,說三日半為前生形,次三日半為後生形。

---

[69] 參見《西藏度亡經》p. 129。

[70] 參見《中有大聞解脫》p. 88。

[71] 參見《中有大聞解脫》p. 89。

[72] 《阿毘達磨大毘婆沙論》:「有作是說,若此命終,受中有者,中有形狀,即如此身,如印印物,像現如印。」(T27, no. 1545, p. 361, c25-27)

《菩提道次第廣論》卷六 p. 178）

這是將一期可存在七天的「中有」身，分成前後二段來說明其形相，以前三日半為前生形相，後三日半為來生形相，雖巧妙地將二種主張結合在一起，但是宗喀巴批評此說「全無清淨依據，唯增益執。」對格魯派而言，是依據《俱舍論》而主張「中有」和來生「本有」為同一形類的。

其實，《中有大聞解脫》在「受生中有」階段教導如何關閉胎門，以避免生死輪迴的方法之前，提到將有六道迷界光現前時說：

> 從此時起，前生的身形，將逐漸不清晰，而來世的身形，將逐漸清楚。

（《中有大聞解脫》p. 101）

可見，寧瑪派學者也認為「中有」身形會從像前世轉變成像來生，只是轉變的時間不同罷了。所以，有關「中有」形相的問題，在藏傳佛教起碼有二種說法：①是來生形相。②前段是前生形相，後段是來生形相；這前後不同的說法，倒是印度經論中不曾見到的。

2. 有關「中有」之意識問題

寧瑪派不但主張「中有」的形相類似前生，同時主張「中有」的意識也和前生一樣，❼還會黏著自己的身體，所以會看見自己的家鄉、親人，以及自己的屍體，當想到自己已經死亡時，「中有」會感到無限煩悶，而想要再得到一個身體。《中有大聞解脫》說：

> 雖然你能進入自己的屍體達九次，但是法性中有太長，所

---

❼ 參見《中有大聞解脫》p. 35。

以你的屍體，在冬天則已凍僵，在夏天則已腐爛；……已經
由親屬火化了，或已埋在洞坑，或已施與飛禽走獸吞食，而
不得回來了，你內心非常不高興……。

（《中有大聞解脫》p. 93-94）

宗喀巴批評這種死後會對前世身體產生憂苦的說法，和《瑜伽師
地論》不同，所以也是屬於「增益執」。❼考察《瑜伽師地論》
的記載，當「中有」生起後的意識狀態是：

彼於爾時，先我愛類，不復現行，識已往故。❼

（T30, p. 282, a20-21）

瑜伽行派學者認為「中有」現起時，識已離開前生所依託的五
蘊身，而執取新的五蘊身了，所以不會再對前世的屍體生起煩
悶憂惱之心。對於瑜伽行派的論師而言，想要再得到一個身體
的欲望是在臨終時，由於無始以來所熏習的「我愛」現行之故，
於是畏懼死亡，貪著五蘊身，所以在命終五蘊壞滅的同時，便依
此「我愛」的貪著力，促成來生異熟果報之「中有」五蘊身繼續
生起。❼因此，當「中有」生起之際，可說是已經滿足了渴求身
體的前方便，所以不會再依戀前世的五蘊身。但是《中有大聞
解脫》卻把這種渴求心往後挪到「受生中有」階段，也因為這樣
的挪動，才使寧瑪派在人死之後進行「聞解脫導引」變成有意
義，否則就只能在臨終時提供幫助了。這樣的轉變，應該是在印

---

❼ 《菩提道次第廣論》卷六：「瑜伽論說識不住故，於前世身不起欲樂。故有說
云，見前世身而生憂苦，亦屬增益。」p. 178

❼ 「識已往故」，大正藏版作「識已住故」，今據《瑜伽師地論科句批尋紀彙編》
校定之。

❼ 《瑜伽師地論》：「諸眾生將命終時，乃至未到惛昧想位，長時所習我愛現
行，由此力故，謂我當無，便愛自身，由此建立中有生報。」（T30, no. 1579,
p. 281, c23-26）

度經論的「中有」概念,從「中有」形類不能轉變,發展到「中有」形類可轉變後的必然趨勢吧。**⑰**

3. 有關「中有」之飲食

《中有大聞解脫》說:

> 食物,也只有為你擺設(供施)的才能吃。

(《中有大聞解脫》p. 93)

索甲仁波切解釋說:「意生身以氣味為食,並從燃燒的供品攝取養分,但它只能享用特別以它的名字祭祀的供品。」(索甲仁波切,1996:360)關鍵在「特別為它擺設」的才能吃,這個主張和印度經論有很大的差異。對於「中有」的飲食,有部論師主張唯有欲界「中有」需要段食,而且是以氣味為食,但並未指定段食的來源;《大般涅槃經》甚至說一切「中有」都無段食,就更不必談來源問題了。

寧瑪派將段食來源限定為以亡者姓名祭祀燃燒的供品,這當然必須在「中有」意識和前生一樣的條件下才能成立。而這樣的限定,有強調祭亡儀軌的傾向,和印度經論中單純從「中有」的形質微細,以及維生所需來討論飲食問題的出發點相較,可說已經完全變調了,這也許是混雜了西藏苯教之度亡觀的結果吧。

4. 「中有」生起之處的問題

《中有大聞解脫》說亡者在氣息進入中脈,外呼吸停止之後,在經過吃一頓飯,大約二、三十分鐘的期間,「氣息流入左右二脈管的任何一個以後,從身體的任一孔穴外出」。此時,亡

---

⑰ 參見本書第三章第三節之二「中有形類可以轉變」之相關論述。

者的心識衝出體外,「意生身」現前。❼而對於心識離開身體孔
竅的途徑,在《六中有自解脫導引》中細分爲九門:

(1)三上門:①心識從頂輪梵穴出,爲往生空行淨土解脫成
佛之路。②心識由眼離開,轉生爲轉輪聖王。③心識由左鼻孔離
開,轉生得清淨人身。

(2)三中門:①心識由右鼻孔離開,轉生爲藥叉。②心識由
兩耳離開,轉生爲色界天人。③心識由臍出,轉生爲欲界天人。

(3)三下門:①心識由尿道離開,轉生爲畜生。②心識由紅
白菩提流注之生門出,轉生爲餓鬼。③心識由肛門離開,將轉生
地獄道。❼

將寧瑪派學者的主張和印度經論加以比對的話,有部論師曾
說:「生惡趣者,識在腳滅。生人中者,識在臍滅。生天上者,
識在頭滅(或說在面滅,或說在心滅)。❽般涅槃者,識在心滅
(或說在頂滅)。❽」(T27, p. 359, b9-11)但是,《瑜伽師地
論》則主張「後識唯心處捨」。(T30, p. 282, a11)

雙方除了五趣所配合的孔竅部位不同之外,可能還必須注意
到「出」和「滅」的不同。《大寶積經》說:

> 欲移識時,猶如夢見諸事。然此識不從咽喉出,亦不從諸
> 孔出。

---

❼ 參見《中有大聞解脫》pp. 32-35。

❼ 《六中有自解脫導引》pp. 148-149。

❽ 《阿毘曇毘婆沙論》:「生四天下者,識在臍邊滅。生天者,識在面滅。」
(T28, p. 266, a14-15)《阿毘達磨俱舍論》和《阿毘達磨順正理論》則說:
「若往生天,識滅心處。」(T29, p. 56, b16;T29, p. 514, a18)

❽ 般涅槃的阿羅漢當然不再生起「中有」,其識蘊最後在心處滅去。但是在
《阿毘達磨俱舍論》和《阿毘達磨順正理論》中,則有其他學者主張「彼滅
在頂」。(T29, p. 56, b17-18;T29, p. 514, a19-20)

（T11, p. 610, c29-p. 611, a1）

佛教無我而輪迴的根本主張，並不容許有任何恆存的實體在三世中流轉。無論是叫作「法體」或「識」，只要它是常住不變的實體，就無法成立輪迴的事實。這已經在本書第二章第三節中，藉龍樹菩薩的批判討論過了。所以講到轉世時的神識，由於「長時所習我愛現行」（T30, p. 281, c24），加上無始以來所熏染的名言習氣和善惡業因二種增上緣，❷便在前生五蘊壞滅的同時，化生「中有」，所以並沒有識從哪個孔竅出去的問題，而只能說是在某處「滅」後，即於該處「中有」蘊生。❸

《六中有自解脫導引》心識從不同孔竅出去的說法，不免會讓人誤以為心識是轉世過程中的不變「靈體」，甚至或許也不是誤解，而是寧瑪派本來就主張有一常住的本識存在？當然，對寧瑪派學者而言，仔細分析孔竅部位的目的，還是為了引導修行方法而建立的，所以《六中有自解脫導引》說：

> 頂輪梵穴為往生空行淨土之路，故本覺由此離開，即得解
> 脫，是為最上途徑，故須練習於此持心，此實為要。

（《六中有自解脫導引》p.148）

可見，寧瑪派學者的主張，是從其整體的修行理論，以及平日的修練方法來考量的。如果生前沒有配合上師的指導，修練相關的

---

❷ 《瑜伽師地論》：「由我愛無間已生故。無始樂著戲論因已熏習故、淨不淨業因已熏習故，彼所依體，由二種因，增上力故。從自種子，即於是處，中有、異熟，無間得生。死生同時，如秤兩頭，低昂時等。」（T30, no. 1579, p. 282, a13-17）

❸ 《阿毘達磨大毘婆沙論》：「若於是處，死有蘊滅，即於此處，中有蘊生。如種滅處，即有芽生，法應爾故。」（T27, no. 1545, p. 352, c1-3）又，《阿毘達磨俱舍論》：「正命終時，於足等處身根滅故，意識隨滅。」（T29, no. 1558, p. 56, b18-19）

遷識法門──頗瓦法，臨終時想要導引心識從理想的孔竅出去，恐怕也是不易做到的吧。

（三） 有關「死時三中有」之存在時間

「中有」，在印度經論中是通指死後與再生之間的生命存在狀態。但寧瑪派學者又細分成三個階段──臨終中有、法性中有、受生中有。雖然《中有大聞解脫》在「受生中有導引」中曾明確記載「中有」出現「或一七、或二七、或三七、或四七、或五七、或六七、或七七等」，[84]可見「受生中有」的存在時間是四十九天。問題是，「臨終中有」和「法性中有」又各存在多久呢？這必須分別來考察：

1.「臨終中有」的存在時間

《中有大聞解脫》將「臨終中有」分成二段，前一階段名為「第一中有」，指臨終四大依次消融，各種死亡象徵逐漸出現，[85]到外呼吸停止之前的生命狀態；當外呼吸停止之際，會出現第一次本覺光明。[86]後一階段名為「第二中有」，指外呼吸停止後，經過大約「吃一頓飯的時間」，意識逐漸分解，到內呼吸結束時，[87]會出現第二次本覺光明。[88]如能當下認證本覺光明，又有禪定力穩定此境界的話，通常可維持三天半。如果無

---

[84] 參見《中有大聞解脫》p. 91。
[85] 藏傳佛教以四大的依次分解，詳細說明臨終的外分解過程。參見《中有大聞解脫》p. 29，《西藏生死書》pp. 315-318。
[86] 參見《中有大聞解脫》pp. 26-27。
[87] 藏傳佛教認為外顯的呼吸雖然停止，但是微細的意識分解過程卻還繼續在進行，索甲仁波切稱之為「內分解」。參見《西藏生死書》pp. 318-319。
[88] 參見《中有大聞解脫》p. 32。

法認證，則會陷入無意識的昏絕狀態，在此昏絕狀態中，有的人只停留一剎那就轉入下一階段，有的則停留二、三十分鐘，通常是停留三天半左右。❽之後，意識就會離開身體，而進入下一「法性中有」的階段了。

因此，「臨終中有」的存在時間，如果從外呼吸停止開始算起，到內呼吸結束，再到心識離開身體為止，有可能是二、三十分鐘，或更短的時間，一般則大約是三天半左右，所以在西藏有死後三天內不碰觸或干擾肉體的風俗。❾

2.「法性中有」的存在時間

如果死後在本覺光明出現時，無法認證者，當他的心識離開身體之後，就會出現「意生身」（索甲仁波切則稱之為「光身」，見《西藏生死書》p. 358）而進入「法性中有」階段。此時，本覺「自發性地」顯現出聲、光、色等能量表現，亡者因業力使然，無法認出這是自己的本覺能量之自然顯現，反而被嚇昏了。❿如果能認出來，就證得了「報身自解脫」。

而「法性中有」階段整個法性能量自然顯現的歷程，在《中有大聞解脫》中，用前七天出現「寂靜部聖眾」，後七天出現「忿怒部聖眾」的種種聲光色像來表徵，⓬所以前後共經歷了十四日。問題是這「十四日」的計量單位，是不是平常所說的二十四小時一天呢？這有二種不同說法：

（1）計量單位是二十四小時一天，所以「十四日」即是平

❽ 參見《中有大聞解脫》p. 28。
❾ 參見《西藏生死書》p. 332。
❿ 參見《中有大聞解脫》pp. 34-36。
⓬ 參見《中有大聞解脫》pp. 39-79。

常所說的十四天。例如許明銀在翻譯《中有大聞解脫》時，還特別以註記的方式標示成：第一日（死者死後第五日）、第二日（死者死後第六日）……。如果考察內文，書中曾提到：「法性中有時間太長，所以你的屍體，在冬天則已凍僵，在夏天則已腐爛。」（p. 94）可見將這十四日作平常的十四天來理解，也許是沒錯的。但是，同書記載「受生中有」生起的情境是：「你在『法性中有』，出現寂靜尊與忿怒尊的幻影時，不曉得是自己，經過了五日半，因害怕而昏倒下去。……清醒過來之後，像你前生的身體筆直出現。」（p. 87）其中的「五日半」在其他版本有作「三日半或四日」或「四日半」者。❸ 所以「法性中有」的階段只有五日半或三、四日，這就和將「十四日」當作正常時間的說法相矛盾了。

（2）是指「禪定日」，即「可以安心專注於心性中，或安住於單一心境中的時間長度。」（索甲仁波切，1996：347）❹ 所以如果沒有禪修工夫的人，這些日子很快就過去了，索甲仁波切說：「這些日子可能就像一分鐘那麼短，而喜樂部和忿怒部聖尊的出現也都十分快速，我們甚至感覺不到他們已經生起。」所以「十四日」是指十四個「禪定日」，對沒有禪定工夫的人而言，這是很短暫的時間。

索甲仁波切曾將「法性中有身」和「受生中有身」的特性加以比較說：

> 受生中陰最顯著的特色是「心」扮演著最主要的角色，而法性中陰則是在本覺之內顯現。因此，在法性中陰之中，我們有光身；在受生中陰之中，我們有意生身。

---

❸ 參見《中有大聞解脫》p. 87，註 3。
❹ 噶舉派的朗欽加布仁波切也將之解釋為「定日」。《中陰入門教授》p. 82。

《西藏生死書》p. 358）

如果依照索甲仁波切的解釋，我們似乎可以將「法性中有」階段，理解成在經過「臨終中有」階段的三天半昏絕狀態之後，到心識將要完全清醒進入「受生中有」之前，本覺的能量非常快速地自然顯現出種種聲光色像，於是亡者從昏絕中逐漸清醒過來，心識尚未站在主導的地位時，這便是「法性中有」的「光身」階段。當心識完全清醒，具有無限活動力時，就進入了以心識為主導的「受生中有」之「意生身」階段。

考察《中有大聞解脫》對於出現「受生中陰」的記載，也提到經過三日半的昏絕，[95]雖然書中說這是在「法性中有」階段被嚇昏的時間，但即使是這樣也已經和將「十四日」當作正常時間的說法相矛盾了。如果再和「臨終中有」三天半的昏絕時間相比對，不禁使人懷疑這可能是在法本流傳過程中，已經有前後混淆的情況了。

如果仔細考察「臨終中有」存在時間的長短，事實上也和禪定境界有關，[96]對於已經認證本覺光明，禪定工夫深厚的人而言，固然可以維持三天半，但對一般人而言，還是很快就會過去的。之後進入「法性中有」階段，所必須經歷的十四個「禪定日」，對沒有禪定工夫的人而言，也是瞬間即逝，馬上就轉入「受生中有」階段了。「受生中有」存在四十九天，這和印度經論所說的「中有」存在時間一樣。至於已經認證本覺光明的人，並不會生起「中有」，[97]所以也就不必討論「中有」的存在時間

---

[95] 參見《中有大聞解脫》p. 87，註3。

[96] 《中有大聞解脫》p. 28：「時間的長短不一定，端視身體的優劣，……止有堅固，以及良好脈管者，也有長時間地持續。」

[97] 參見《中有大聞解脫》p. 25。

問題了。

　　寧瑪派學者討論「中有」存在時間的主要目的，其實是爲了導引亡者進行恰如其時的修練。但是，透過「禪定日」的詮釋，一般人的「臨終中有」和「法性中有」的存在時間卻不一定相同，可見，這樣的導引要有效進行，就必須有能清楚辨識亡者現況的具格上師才能發揮眞正的作用。如將三天半或十四天當作固定的喪葬儀軌來進行，恐怕不是《寂忿密義自解脫》法典的眞正密義所在，而有混雜西藏苯教度亡思想之嫌了。❾❽

三、小結

　　這一節主要是藉十四世紀才挖掘出來的寧瑪派伏藏法典《寂靜忿怒密意自解脫深法》中的《中有大聞解脫》和《六中有自解脫導引》，來考察「中有」概念在藏傳佛教的發展。

　　研究結果發現，寧瑪派的「中有」概念有如下幾點特殊發展：

　　1.「中有」定義被拓展至和修證理論緊密結合的道諦範疇。

　　寧瑪派學者在大圓滿法的解行理論基礎上，將本來只是局限在死生之間的「中有」概念，進一步延伸到全部生命歷程的各階段，而建立「生時三中有」——處生中有、夢幻中有、禪定中有，以及「死時三中有」——臨終中有、法性中有、受生中有。其主要目的，很明顯地是爲了配合修證解脫的方法而建立「六中有」；這和印度經論中，爲了說明生命如何完成輪迴過程而建立

---

❾❽　高文達喇嘛（Lama Anagarika Govinda）在《西藏度亡經》的〈導言〉中說：「《中陰得度》與喪儀連合使用——這也許就是唯一值得一提、隱約可見的蹦教（又譯作苯教）影響了。」（《西藏度亡經》〈導言〉p. 6）

「中有」之目的，有顯著的不同。對寧瑪派而言，建立「中有」之目的，是為了提供具體的修行方法，以便在生命歷程的不同階段之關鍵時刻，達到解脫成佛的理想目標。這樣的發展，使「中有」概念從單純的學理論述，進一步和佛教的修證理論相結合，「中有」概念從原來只歸屬於苦諦範疇的理論，被延伸至道諦的範疇，寧瑪派對於「中有」思想的發展，確實有極特殊的貢獻。

2.「中有」形相由類似前生而逐漸轉變成來世形相。

印度經論對於「中有」形類的問題，在部派佛教時期，雖有類似前生之異說，但在大乘經論中，還是以來生形類為主。藏傳佛教的格魯派也還承襲這樣的主張，但是寧瑪派則認為是先從類似前生形類，再轉變成來生形類。

3.「中有」的意識和前生一樣。

這樣的主張是說一切有部學者，乃至瑜伽形派論師都不會同意的，因為這和「中有」的生起因緣不相符合。但是寧瑪派的主張，或許可說是印度經論的「中有」概念，從「中有」形類不能轉變，發展到「中有」形類能轉變之後的必然趨勢吧。

4.「中有」只能吃以它的名字祭祀的供品。

如此一來，有強調祭亡儀軌的傾向，這是完全變調的主張，恐怕是混雜了西藏苯教度亡觀的結果。

5.命終之後，心識會隨將要轉生之善惡趣而從不同孔竅離開身體。

寧瑪派學者依所要轉生的趣處，將心識離開身體的孔竅，分成九門。這和有部論師以及《瑜伽師地論》所主張的「識最後滅處」，除了五趣所搭配的孔竅部位不同之外，印度經論所談的是「識」最後「滅」處，並不是「出」處，一旦有「識」離開身體，再展開新生，這常住不滅的輪迴「實體」就呼之欲出了。如此一來，便違背佛教無我而輪迴的根本主張了，這是必須謹慎簡別

之處。

6. 有關「死時三中有」的存在時間問題。

「死時三中有」的「受生中有」可以存在四十九天，這和印度經論的「中有」存在時間一樣。「臨終中有」存在時間不一定，可能二、三十分鐘，也可能更短，一般則說是三天半，所以西藏有人死後三天內，不碰觸、干擾身體的風俗。「法性中有」要經歷寂忿尊聖眾依序出現的「十四天」，對於這十四天的計量單位，則出現二種不同看法：（1）就是指平常的十四天，所以依此而舉行度亡儀軌。（2）是指「禪定日」，對於禪修工夫不好的人而言，「十四日」可能像一分鐘那麼短，甚至無法發現那快速出現的寂忿尊聖眾。如果依「禪定日」的概念來了解「中有」存在的時間，其實長短都是不一定的。而寧瑪派學者所以要詳細討論時間問題，主要是為了提供適時的導引，以幫助亡者憶念所修法門，或生起善念。如果「中有」歷程時間並不一定的話，制式的度亡儀軌根本不符所需，也應該不是《寂忿密義自解脫》法典的真正密義所在。

第五章

結論

一、綜論研究之結果

本書依照預定的研究計畫，完成了如下三項研究成果：

（一）釐清了有無「中有」論諍過程的相關問題

1. 全面整理了論諍雙方的教證和理證內容，並製作成對照表，方便檢索。

2. 解析出論諍癥結所在。

研究結果發現，導致有無「中有」論諍的根本原因，是部派之間各自建構的輪迴理論不同所致。而部派所建構的輪迴理論，又和各自的宗義思想息息相關，因此對論諍雙方而言，這不只是有無「中有」之爭，更是維護自宗宗義之爭。因此，有無「中有」的論諍，其實是部派宗義論諍的必然結果。如此一來，當我們要討論現實界是否有「中有」存在的問題時，恐怕就不能只從論諍雙方的論證來決定了。

3. 整理部派論典中的非主流看法，以及部派以外的大乘經論對有無「中有」論題的意見，主要有二方面的發現：

（1）對論諍之批判。透過《百喻經》、《大般涅槃經》、《中論》等大乘經論對有無論諍的批判，有助於讓「中有」議題回歸佛教「無我而輪迴」的根本主張，所以應給予特別的重視。

（2）有無「中有」之異調。研究發現佛教經論對「中有」的概念內涵始終有種種異說，除了各依不同判準而決定有無「中有」之外，甚至有給與「中有」完全不同的定義者。可見「中有」思想在佛教內部並無一致性，佛教學者對「中有」概念一直都有不同的詮釋。

（二）釐清了佛教經論中的「中有」概念內涵

本研究借用宗教現象學尊重特殊宗教經驗的研究態度，先跳開佛教內部的有無「中有」之諍，而以更開放和尊重的態度，相信佛教經論所記載的「中有」，是特殊宗教經驗下的存在，來進行考察，研究結果發現佛教經論中的「中有」，有如下幾項特點：

1.「中有」的特性方面：

（1）可以在特殊宗教經驗中看見「中有」。

（2）「中有」都是化生，欲界「中有」以氣味爲食。

（3）「中有」是爲轉生而存在的一種生命狀態，在此前提下又有二種不同主張：①直接趨往受生之處。②等待決定受生之處。

（4）「中有」的特殊能力，只能作用於轉生歷程，而且受到業力的制約。

（5）「中有」的行動方式和受生的形類有關。

（6）「中有」的形類，有二種不同主張：①和來世「本有」相似。②和今生形類相同。

（7）善業「中有」具亮度較高的清淨好色；惡業「中有」具亮度較低的黑暗惡色。

（8）具足慚愧心所成就的增上力，或是有施衣功德所成就的本願力者，在「中有」位時，有穿微妙的衣服，除此之外的欲界

「中有」則沒有穿衣服。

上述這些關於「中有」特性的研究成果，有助於簡別佛教「中有」思想和民間信仰的靈魂觀和鬼魂思想。

2. 考察了「中有」的轉生歷程之後，發現有如下的重點：

（1）臨終隨善惡心念，現起往生善惡趣之「中有」，而善惡心念又隨業力的不同而有純由自力憶念或受外緣影響而憶念的差別。

（2）臨終隨善惡心念化生善惡趣「中有」時，在感受和見聞方面，會隨善惡心念而經歷不同的情境。

（3）化生「中有」之後，到轉入來生之間，必須內外因緣具足，才能順利結生。在內緣方面，主要是生起欲求前往受生之心，當外緣條件具足時，內外因緣結合成具有誘發此欲求心的情境，「中有」便馬上趨往結生。

（4）既然結生必須內外因緣和合才能完成，就必須討論「中有」的存在時間問題，從部派論典，到大乘經論，有種種不同的主張：①住時極短。②最多住四十九天。③最多七天，七天後死而復生，直到緣具結生為止。④在未結生之前，一直存在。以上四說，「中有」的存在時間雖不同，但「中有」形類都不會改變。⑤瑜伽行派學者結合第②、③說，而主張以七天為週期，最久可存在四十九天，而且形類可以改變。一旦「中有」存在時間延長之後，就不免使人誤以為有一永恆的靈體存在，而且也將產生無法區隔「中有」和「本有」的問題，難怪「無中有論者」會認為這只是存在時間極短的另一類具微細形質的眾生罷了。

有關「中有」轉生歷程的考察，最重要的意義應該是深入了解到轉生過程心念情境受業力影響的事實後，將使我們更願意謹慎抉擇現世的思想行為模式。

3. 探討了「中有」生起，到結生之前是否還能轉變的問題之

後，發現大小經論中，雖有可轉與不可轉二種主張，但真正的關鍵是業力的轉變能否仰仗他力或只能仰仗自力的不同。如果只能依靠自力轉業，那無論主張「中有」業不可轉或可轉，二者並無太大差別。唯有仰仗他力救濟的思想，才是使「中有」業能轉的主張變成有意義的關鍵所在。而仰仗他力救濟轉業的思想，進而促成了超度佛事的興起。

（三）了解「中有」思想在不同傳承的佛教體系中之發展概況

在掌握了經論中的「中有」概念內涵之後，以漢傳佛教和藏傳佛教學者對「中有」的特殊詮釋為例，進行比較研究，因而了解「中有」思想在不同時空的發展概況：

1.「中有」概念在漢傳佛教發展之例。

在漢傳佛教學者的論著中，選擇了對「中有」概念有特殊詮釋的懷感《釋淨土群疑論》，以及近代印光大師對於「中有」的看法做為考察的對象。研究結果發現懷感雖有「淨土中有」的創見，但是對於「中有」的內涵定義仍遵循有部論典的解釋。但是到了佛教傳入中國一千多年後的印光，對於「中有」的詮釋已經有許多變調，幾乎大部分和經論所說不同。

2.「中有」概念在藏傳佛教發展之例。

在藏傳佛教學者的論著中，選擇十五世紀才對外廣傳的寧瑪派伏藏法典《寂靜忿怒密意自解脫深法》中的《六中有自解脫導引》和《中有大聞解脫》二書做為考察的對象。研究結果發現，寧瑪派將「中有」概念延伸到整個生命歷程，並配合法、報、化三身成就的修證目標而建立「生時三中有」和「死時三中有」。不但擴充了「中有」概念的範圍，還將「中有」概念從單純的學理論述，進一步和修證理論相結合，使「中有」概念從原來只歸

屬於苦諦範疇的理論，被延伸至道諦的範疇，寧瑪派對於「中有」概念的發展，確實有極特殊的貢獻。

雖然如此，但不可否認的，寧瑪派的「中有」概念也有許多變調之處，例如「中有」只能吃以它的名字祭祀的供品；把心識當作永恆不滅的「靈體」，死時從身體的孔竅出去；將「中有」歷程時間制式化，以利喪葬儀軌的進行等，恐怕都有離佛法太遠之嫌。

總之，從這二個不同系統的佛教學者對於「中有」概念的特殊詮釋，再度凸顯出佛教「中有」思想是在不同的詮釋過程中不斷演進的特質。

二、對本研究之檢討

在這本論文終於完成之際，回顧整個研究過程，可從三方面來檢討：

（一）文獻解讀方面

研究過程中，遭遇到的最大困難是對於藏傳佛教資料的解讀，雖然這不是本研究的主軸，但是如果不討論寧瑪派的「中有」概念，一定會是「中有」研究的最大缺憾，因為「中有」議題所以受到現代學者的注意，和寧瑪派的「中陰解脫密法」有最密切的關係。而對於不曾修習過密法的研究者而言，真是吃盡苦頭，花在解讀藏傳資料的時間，不少於解讀其他章節資料的時間。這也證明了一個事實，那就是要閱讀佛教文獻資料，許多時候不能忽略實際修行經驗的重要性。否則就必須能運用更多參考資料，來相互佐證。

（二）學理論證方面

本研究在學理論證方面，雖然自信還能掌握佛教的中觀見，

以及業感緣起的輪迴理論，但是對於部派佛教複雜的學理系統，還必須更全面而深入的學習。因為部派論師的論義，每一個環節都牽連甚廣，研究過程中，經常有只知其一，不知其二、其三之感，所以遇到必須有所評論時，總是戰戰兢兢，唯恐顧此失彼。對於部派佛教的思想脈絡，以及彼此間的分合同異，個人還需要更審慎而深入的研究學習。

（三）文獻資料方面

本論文只依據漢譯資料進行研究，雖然漢譯資料對於考察「中有」思想的發展源流，有極重要的意義。但是對於佛教「中有」思想的後期發展，尤其是藏傳佛教「中有」概念的發展方面，顯然有很大的不足。而且當藏傳佛教的「中有」概念傳入西方之後，西方學者是否因此而有回溯佛教「中有」思想方面的相關研究，都是本論文所未觸及的。

上述這些不足之處，都將是未來還可以繼續努力的重點所在。

三、後續研究之展望

本書只能算是有關「中有」議題的基礎研究，其中的三個主要章節，都還可以發展更深廣的後續研究：

1. 從佛教內部對於有無「中有」的論諍及批判出發，可以進一步和其他宗教傳統的「靈魂」觀做比較研究。因為目前西方有關死後存在議題的研究，似乎總是以證明是否有永恆不滅的「靈魂」為主要研究目的，❶而佛教卻在反對「靈魂」有實體性的前

---

❶ 例如卡爾·貝克在《超自然經驗與靈魂不滅》之導言說：「本書旨在探討靈魂不滅的假設，也就是檢討『人類某些重要特質在肉體生命結束後依然繼續存在』是否可能。」（導言 p. 2）

提下，說明轉生之間的「中有」，佛教學者如何在「緣起無我」
的根本教說之下，詮釋「中有」的存在，正是處理輪迴是否一定
要有永恆不滅「靈魂」的重要論述關鍵。所以佛教在這方面的觀
點，對於死後存在議題的研究而言，應該是非常有意義，而值得
進一步研究的。

2. 以「中有」轉生歷程的研究為基礎，可以進一步和現代
臨終關懷的議題進行整合研究。在現代生死學的研究風潮中，
臨終關懷的安寧療護是極重要的一個研究領域。但是起源於西
方宗教思想影響下的臨終「靈性照顧」（spiritual care）理念，
並不見得適應每一個人的人生觀或信仰。❷因此，現代佛教學者
進一步提出了所謂「覺性照顧」（care of awareness）的理念，
強調透過對五蘊身心敏銳而穩定的覺察，以淨化臨終者心念的
方法。❸然而，無論是靈性照顧，或覺性照顧，都同時關注了臨
終者所生起的心念。因此，深入了解臨終者的心念情境，其實是
臨終關懷的重要環節，因為唯有愈了解實情，才愈能有效關懷。
所以，將「中有」轉生情境的資料，結合臨終關懷的議題，進
行整合研究，將能為臨終關懷的實務工作，提供更堅強的理論
基礎。

3.「中有」概念在漢藏兩地的發展方面，本研究只舉其中一
隅為例，進行研究而已。有關「中有」概念在漢傳佛教的發展，
乃至和中國死後存在觀念的比較研究等，都將是未來可以繼續進
行的研究主題。至於藏傳佛教「中有」概念的研究，更可以發展

❷ 參見釋道興《從佛教瞻病送終法談臨終關懷》pp. 63-72，對「靈性照顧」之
「靈性」意義的探討。
❸ 參見釋惠敏〈靈性照顧與覺性照顧之異同〉，文中所提示的方法，主要是指
「四念住」法門的運用。

出許多獨立的研究主題，例如藏傳佛教「中有」概念和西藏苯教的關係，乃至和印度婆羅門教的關係等相關研究。

　　從上述這些後續研究方向的多面性，正顯示出了本書對「中有」思想的基礎性研究的重要性。

參考文獻

一、經論原典

(一)《大正藏》資料（依大正藏之經號排序）

《長阿含經》，後秦・佛陀耶舍共竺佛念譯，T01, no. 1。

《長阿含十報法經》，後漢・安世高譯，T01, no. 13。

《中阿含經》，東晉・瞿曇僧伽提婆譯，T01, no. 26。

《閻羅王五天使者經》，宋・沙門慧簡譯，T01, no. 43。

《雜阿含經》，劉宋・求那跋陀羅譯，T02, no. 99。

《別譯雜阿含經》，失譯，T02, no. 100。

《增一阿含經》，東晉・瞿曇僧伽提婆譯，T02, no. 125。

《佛說普曜經》，西晉・竺法護譯，T03, no. 186。

《方廣大莊嚴經》，唐・地婆訶羅譯，T03, no. 187。

《大莊嚴論經》，馬鳴菩薩造，後秦・鳩摩羅什譯，T04, no. 201。

《百喻經》，僧伽斯那撰，蕭齊・求那毘地譯，T04, no. 209。

《出曜經》，姚秦・竺佛念譯，T04, no. 212。

《大方廣佛華嚴經》六十卷，東晉・佛陀跋陀羅譯，T09, no. 278。

《大寶積經》〈佛為阿難說處胎會〉，唐・菩提流志譯，T11 , no. 310 , p. 322。

《大寶積經》〈佛說入胎藏會〉，唐・義淨譯，T11, no. 310, p. 326。

《佛說無量壽經》，曹魏・康僧鎧譯，T12, no. 360。

《佛說觀無量壽佛經》，劉宋・畺良耶舍譯，T12, no. 365。

《大般涅槃經》，北涼・曇無讖譯，T12, no. 374。

《中陰經》，姚秦・竺佛念譯，T12, no. 385。

《地藏菩薩本願經》，唐・實叉難陀譯，T13, no. 412。

《入楞伽經》，元魏・菩提流支譯，T14, no. 671。

《道地經》，僧伽羅剎造，後漢・安世高譯，T15, no. 607。

《達摩多羅禪經》，東晉・佛陀跋陀羅譯，T15, no. 618。

《大乘同性經》，宇文周・闍那耶舍譯，T16, no. 673。

《證契大乘經》，唐・日照三藏譯，T16, no. 674。

《正法念處經》，元魏・瞿曇般若流支譯，T17, no. 721。

《大智度論》，龍樹菩薩造，後秦・鳩摩羅什譯，T25, no. 1509。

《阿毘達磨集異門足論》，尊者舍利子說，唐・玄奘譯，T26, no. 1536。

《阿毘達磨法蘊足論》，尊者大目乾連造，唐・玄奘譯，T26, no. 1537。

《阿毘達磨大毘婆沙論》，五百大阿羅漢等造，唐・玄奘譯，T27, no. 1545。

《阿毘曇毘婆沙論》，迦旃延子造，五百羅漢釋，北涼・浮陀跋摩等譯，T28, no. 1546。

《舍利弗阿毘曇論》，姚秦・曇摩耶舍共曇摩崛多等譯，T28, no. 1548

《阿毘曇心論》，尊者法勝造，晉・僧提婆共慧遠譯，T28, no. 1550。

《雜阿毘曇心論》，尊者法救造，劉宋・僧伽跋摩等譯，T28, no. 1552。

《阿毘達磨俱舍論》，尊者世親造，唐・玄奘譯，T29, no. 1558。

《阿毘達磨順正理論》，尊者眾賢造，唐·玄奘譯，T29, no. 1562。

《中論》，龍樹菩薩造，梵志青目釋，姚秦·鳩摩羅什譯，T30, no. 1564。

《般若燈論釋》，偈本龍樹，釋論分別明菩薩，唐·波羅頗蜜多羅譯，T30, no. 1566。

《瑜伽師地論》，彌勒菩薩說，唐·玄奘譯，T30, no. 1579。

《菩薩地持經》，北涼·曇無讖譯，T30, no. 1581。

《大乘阿毘達磨雜集論》，安慧菩薩揉，唐·玄奘譯，T31, no. 1606。

《三彌底部論》，失譯，T32, no. 1649。

《成實論》，訶梨跋摩造，姚秦·鳩摩羅什譯，T32, no. 1646。

《妙法蓮華經玄義》，隋·智顗說，T33, no. 1716。

《法華文句記》，唐·湛然述，T34, no. 1719。

《華嚴經探玄記》，唐·法藏撰，T35, no. 1733。

《大方廣佛華嚴經隨疏演義鈔》，唐·澄觀述，T36, no. 1736。

《觀無量壽佛經疏妙宗鈔》，宋·知禮述，T37, no. 1751。

《大般涅槃經集解》，梁·寶亮等集，T37, no. 1763。

《大般涅槃經疏》，隋·灌頂撰，T38, no. 1767。

《俱舍論頌疏論本》，唐·圓暉述，T41, no. 1823。

《中觀論疏》，隋·吉藏撰，T42, no. 1824。

《瑜伽論記》，唐·遁倫集撰，T42, no. 1828。

《大乘義章》，隋·慧遠撰，T44, no. 1851。

《釋淨土群疑論》，唐·懷感撰，T47, no. 1960。

《樂邦遺稿》，宋·宗曉編，T47, no. 1969B。

《異部宗輪論》，世友菩薩造，唐·玄奘譯，T49, no. 2031。

《法苑珠林》，唐·道世撰，T53, no. 2122。

《金七十論》，陳‧眞諦譯，T54, no. 2137。

（二）其他原典資料（依中文、日文、英文排序）

《異部宗輪論疏述記》窺基記，卍續藏 83，中國佛教會，1967。

《菩提道次第廣論》，宗喀巴造，法尊譯，1989，美國：大覺
　　蓮社。

《密宗道次第廣論》，宗喀巴著，法尊譯，1987，臺北：新文豐。

《六中有自解脫導引》，事業洲尊者 著，談錫永譯，1999，香
　　港：密乘佛學會。

《中有大聞解脫》，事業洲尊者著，許明銀譯，2000，香港：密乘
　　佛學會。

《論事》二‧第八品第二章〈中有論〉，郭哲彰漢譯，漢譯《南傳
　　大藏經》62 冊，pp. 58-64，高雄：元亨寺，1997。

《論事》二‧第八品第二章〈中有論〉，高楠博士功績記念會纂
　　譯，日譯《南傳大藏經》第 58 卷，pp. 64-71，東京：大正新
　　修大藏經刊行會，1973。

《國譯一切經‧毘曇部二十六上》《阿毘達磨俱舍論》，岩野眞
　　雄編，東京：大東。

Points of Controversy VIII.2. OF an Intermediate State, translated by
　　Shwe Zan Aung and Mrs. Rhys Davids, Oxaord: The Pali Text
　　Society, first published 1915, reprinetd 2001：212-213

二、現代著作

（一）中文著作（依作者姓名筆劃排序）

王輔仁，1985，《西藏密宗史略》，臺北：佛教出版社。

釋印光，1986，《印光大師全集》，臺北：佛教出版社。

釋印順，1981a，《說一切有部爲主的論書與論師之研究》，臺
　　北：慧日。

1981b，《中觀論頌講記》，臺北：正聞。

1992a，《唯識學探源》，臺北：正聞。

1992b，《佛法概論》，臺北：正聞。

1993a，《印度佛教思想史》，臺北：正聞。

1993b，《成佛之道》，臺北：正聞。

1994，《雜阿含經論會編》上中下，臺北：正聞。

1998，《性空學探源》，臺北：正聞。

西藏學叢書編委會編著，1987，《西藏文學史》，臺北：文殊。

尕藏加，2002，《吐蕃佛教 —— 寧瑪派前史與密宗傳承研究》，
　　北京：宗教文化。

呂澂，1982，《印度佛學思想概論》（原名：印度佛學源流略
　　講），臺北：天華。

李潤生，2000，《佛家輪迴理論》上下，臺北：全佛文化。

果濱，2014，《漢傳佛典「中陰身」之研究》，臺北：萬卷樓。

范古農，1983，《古農佛學答問》，《現代佛學大系》31，臺北：
　　彌勒。

姚治華釋譯，1996，《異部宗輪論》，高雄：佛光。

洪漢鼎，2001，《詮釋學 —— 它的歷史和當代發展》，北京：
　　人民。

姚衛群，1996，《印度宗教哲學百問》，高雄：佛光。

悟殷，2001，《部派佛教上編 —— 實相篇、業果篇》，臺北：
　　法界。

陳兵，1995，《生與死的超越：佛教對生死輪迴的詮釋》，臺北：
　　圓明。

黃俊威，1995，《無我與輪迴》，中壢：圓光。

傅偉勳，1993，《死亡的尊嚴與生命的尊嚴》，臺北：正中。

演培，1980，《俱舍論頌講記》上中下，臺北：正聞。

黎志添，2003，《宗教研究與詮釋學》，香港：中文大學。

藍吉富，1997，《佛教史料學》，臺北：東大。

韓清淨，1983，《瑜伽師地論科句披尋記彙編》，臺北：新文豐。

（二）中文譯著（依原作者譯名筆劃排序）

木村泰賢著，歐陽瀚存譯，1980，《原始佛教思想論》，臺北：商務。

木村泰賢著，釋演培譯，1978，《小乘佛教思想論》，臺北：慧日。

水野弘元著，釋達和譯，2000，《巴利論書研究》，臺北：法鼓。

石上玄一郎著，吳村山譯，1997，《輪迴與轉生》，臺北：東大。

平川彰著，莊崑木譯，2002，《印度佛教史》，臺北：商周。

卡爾·貝克（Carl B. Becker）著，王靈康譯，1987，《超自然經驗與靈魂不滅》，臺北：東大。

伊利亞德（Mircea Eliade）著，楊素娥譯，2000，《聖與俗——宗教的本質》，臺北：桂冠

佐佐木現順著，周柔含譯，2003，《業的思想》，臺北：東大。

沃爾夫（Fred Alan Wolf）著，呂捷譯，1999，《靈魂與物理》，臺北：商務。

肯內斯·克拉瑪（Kenneth Paul Kramer）著，方蕙玲譯，2002，《宗教的死亡藝術》，臺北：東大。

和辻哲郎著，譯叢編委會譯，1988，《原始佛教的實踐哲學》，《世界佛學名著譯叢》80，臺北：華宇。

阿迦摩訶布瓦（Ven. Acharn Maha Boowa）著，Siri Buddhasukh 英譯，曾銀湖中譯，1992，《尊者阿迦曼傳》，臺中：原始佛教協會籌備會。

服部正明、長尾雅人著，許明銀譯，1986，《印度思想史與佛教史述要》，臺北：天華。

拉諦仁波切、傑佛瑞‧霍普金斯著，翁仕杰譯，2004，《穿越生死——藏傳佛教中的死亡、中陰與轉世》，臺北：春天。

索甲仁波切著，鄭振煌譯，1996，《西藏生死書》，臺北：張老師文化。

朗欽加布仁波切講授，馬步芳整理，劉國威校正，2001，《中陰入門教授》，臺北：慧炬。

高楠順次郎、木村泰賢著，高觀廬譯，1979，《印度哲學宗教史》，臺北：商務。

望月信亨著，釋印海譯，1974，《中國淨土教理史》，臺北，慧日講堂。

奧智達比丘著，禪行編譯組編譯，2004，《何去何從——業‧死亡‧轉生》，香港：聞思修佛法中心。

達賴喇嘛著，傑佛瑞、霍普金斯英譯，丁乃竺譯，2003，《達賴生死書》，臺北：天下。

達賴喇嘛著，陳琴富譯，1997，《藏傳佛教世界》，臺北：立緒。

嘉初仁波切著，楊弦、丁乃筠譯，2004，《密宗大解脫法》，臺北：圓神。

漢斯‧格奧爾格‧加達默爾（Hans-Georg Gadamer）著，洪漢鼎譯，1999，《真理與方法——哲學詮釋學的基本特徵》，臺北：時報。

摩訶提瓦著，林煌洲譯，2002，《印度教導論》，臺北：東大。

蓮華生大士原著,達瓦桑杜喇嘛藏譯英,徐進夫英譯中,1983,
　　《西藏度亡經》,臺北:天華。

(三) 日文著作 (依作者姓名筆劃排序)

川田洋一,1996,《脳死問題と仏教思想》,東京:第三文明社。
木村泰賢,1968,《阿毘達磨論の研究》,《木村泰賢全集》第四
　　卷,東京:大法輪閣。

(四) 英文作著

Lopez, Donald S. Jr., 1998, *Prisoners of Shangri-La, Tibetan Buddhism
　　and the West* , Chicago : The University of Chicago.

三、期刊論文

(一) 中文部分 (依發表時間排序)

1977,楊白衣,〈生有之研究──兼論中有觀〉,《佛光學報》第
　　2 期,pp. 17-34,高雄:佛光。
1980,黃俊威,〈論部派佛教時代之輪迴觀〉,《東方文化》第
　　11 期,pp. 42-57,臺北:政大。
1981,黃俊威,〈部派佛教時代之業力存在觀(B.C. 201-A.D.
　　350)〉,《東方文化》第 11 期,pp. 82-162。
1987,黃俊威,〈三世實有、法體恆存的商榷〉,《慧炬雜誌》第
　　322 期,pp. 52-60。
1989,黃俊威,〈自我、無我與補特伽羅〉,《諦觀》N. 58 , pp.
　　119-136,臺北:諦觀。
1995,智化,〈補特伽羅(pudgala)和阿特曼(Atman)的譯名問
　　題〉,《諦觀》N. 82 , pp. 47-64,臺北:諦觀。

1997，釋惠敏，〈靈性照顧與覺性照顧之異同〉，《安寧療護》
　　NO. 5，pp. 35-40。

1997，釋道興，《從佛教瞻病送終法談臨終關懷》，中華佛學研
　　究所畢業論文。

1998，郭朝順，〈無我的輪迴〉，《元培學報》N. 5, pp. 65-81，新
　　竹：元培醫專。

1999，釋宗平，〈說一切有部之中有觀——以有無和轉變爲主〉，
　　《正觀》9，南投：正觀。

2001，釋如石，〈《西藏度亡經》略究〉，《法光學壇》第五期，
　　pp. 45-57，臺北：法光。

2002 年 12 月 7 日，阿旺念札，〈綜觀西藏顯、密佛教的中陰身理
　　論〉，「密教文化學術研討會」發表論文，佛光人文社會學
　　院佛教研究中心主辦。

2003，黃俊威，〈有關說一切有部的「三世實有、法體恆存」的
　　論諍〉，第七屆儒佛慧通學術研討會發表論文，華梵大學
　　主辦。

2004，顏建益，「《阿毘達磨大毘婆沙論》「中有」相關議題之探
　　究——以「中有救度」爲核心」，華梵東方人文思想研究所
　　碩士論文。

2004，李函眞，《中陰解脫之研究——藏傳佛教「中陰超度法」
　　的生死意識轉化內涵》，南華大學生死學研究所碩士論文。

2011，瑪欣德比庫，〈甘塔拔是"中有"嗎？〉，新加坡帕奧禪修
　　中心，網路文章。

（二）日文部分（依發表時間排序）

1954，雲井昭善，〈輪迴と無我について〉，《印度學佛教學研
　　究》2-2，pp. 280-282。

1958，上野順瑛，〈無我輪迴の主體〉，《印度學佛教學研究》
　　　6-1，pp. 130-131。

1958，上野順瑛，〈原始佛教に於ける無我輪迴說の理論的意義〉
　　　《印度學佛教學研究》7-1，pp. 190-193。

1961，上野順瑛，〈原始佛教に於ける無我輪迴說の理論的構造〉
　　　《印度學佛教學研究》9-1，pp. 120-121。

1965，增田英男，〈無我と主體性〉，《印度學佛教學研究》
　　　14-1，pp. 110-113。

1979，伴戶昇空，〈中有〉，《印度學佛教學研究》27-2，pp. 182-
　　　183。

1980，川村昭光，〈「中有」の研究　その1〉《曹洞宗研究員研
　　　究生研究紀要》13，pp. 203-216。

1983，川村昭光，〈「中有」の研究　その2〉《曹洞宗研究員研
　　　究生研究紀要》15，pp. 1-17。

1987，加治洋一，〈『三彌底部論』解読研究 中有の存在に関す
　　　る議論（上）〉《大谷學報》V. 67, n. 2, pp. 28-39。

1988，加治洋一，〈『三彌底部論』解読研究 中有の存在に関す
　　　る議論（下）〉《大谷學報》V. 67, n. 4, pp. 65-77。

1991，池田練太郎，〈中有の機能について〉，《印度學佛教學研
　　　究》39-2，pp. 129-133。

工具書（依書名筆劃排序）

《中華佛教百科全書》，藍吉富主編，臺南：中華佛教百科文獻
　　　基金會，1994。

《佛光大辭典》，慈怡主編，高雄：佛光出版社，1989。

《佛教語大辭典》，中村元著，東京：東京書籍，1974。

《法相大辭典》，朱芾煌編，臺北：新文豐，1987。

《望月仏教大辭典》，編纂代表者：塚本善隆，東京：世界聖典刊
　　行協會，1974。

「CBETA 電子佛典集成」，臺北：中華電子佛典協會，2004 年 4
　　月版。

〔附錄一〕
部派論典主張「有中有」之論證內容

（一）《三彌底部論》之論證
依理證和教證二方面，歸納整理本論對實有「中有」之論證：

1. 理證
「有中有論者」提出三點理由，論證必有「中有」：

（1）識無身不至彼
身不至故。識無身不至彼，我等見身不至彼，是故有中間有。

(T32, no. 1649, p. 470, c3-4)

「有中有論者」認爲心識之轉生，必須配合五蘊身，而此世之五蘊身既已敗壞，若無「中有」，將沒有可承載心識移轉至下一世受生之五蘊身，所以必須有「中有」。

「無中有論者」針對此說提出反駁，認爲死有和生有之間的關係，就如有人靠近井邊，水面上就會映現出他的影像一樣，二者之間並不需要有任何中介物促使影像現前，可見並不需要有「中有」。❶

---

❶ 《三彌底部論》：「日影現模像。如人映井，面像影現；如死受生處。如是，不明中間有。」（T32, no. 1649, p. 471, a23-25）

（2）死生之間必須有色法無間相續

復次，得相關故。柯羅羅作本，乃至老無中間，色得相關。我等見得相關故，應有道度處，從死有受中間有應有，相關可成。復次，稻苗譬故。從稻生苗，從苗生稻，是色定法。何等為稻？前生有為稻。何等為苗？中間有為苗，又生有為稻。我等見稻苗譬故，是故有中間有。

（T32, no. 1649, p. 470, c14-22）

「有中有論者」認為，就像胎兒自母體中受胎至出生，經歷了羯剌藍（即柯羅羅，梵 kalala）、頞部曇（梵 arbuda）、閉尸（梵 peśī）、鍵南（梵 ghana）、缽羅賒佉（梵 praśākhā）等五階段，而出生之後，乃至老死之間，每一階段都有色法相續而無中斷。所以死有和生有之間，也必須有「中有」，才能維繫這連續而不間斷的關係。若以譬喻來說，就像由稻種生稻之間，也有苗的階段來聯繫一樣。

「無中有論者」針對此說提出反駁，認為直接就死有和生有二者，便可以建立緊密相關而無間斷了，並不需要另立「中有」來接續。

又，「無中有論者」認為以稻苗相生作譬喻，是非常危險而無法用來正確類比轉生之理的，因為，稻種經苗只能再生出稻，而人死後，經「中有」階段，卻不一定只能轉生為人。❷

（3）心識必須依色法乃能轉變。

復次，人欲受生轉變故。是人是其可往道近其邊，其人欲

---

❷ 《三彌底部論》：「曰何故如汝言，從此死有生中間有相關。如我從死有受生有相關，不明中間有。復次，如前所說稻苗譬故，曰道不勝故。何以故？稻苗為譬，道成不勝。何以故？稻性生苗，既生苗已，復能生稻。從人落，起中間有，不能生人而已。是故此譬殊險，不明中間有。」（T32, no. 1649, p. 471, b4-11）

受生心轉變，不轉變不受生。……無中間有，不成轉變，不
應見其所往道。是其所依處，是處見其所往道。……我等見
人欲受生轉變故，是故有中間有。

（T32, no. 1649, p. 470, c28-p. 471, a5）

「有中有論者」認為人之輪迴受生，心識必須轉變；而心識
之轉變，必有所依處，若無「中有」作為心識轉變之所依處，心
識則無法轉變；心識不轉變，則不受生。所以，必須有「中有」
做為心識轉變之所依處，乃可由此「中有」看到通往將受生處之
道。因此，確信必有「中有」。

「無中有論者」針對此說的反駁是，輪迴受生之際的心識轉
變，並不一定非依「中有」不可。就像有人夢見住在般稠摩偷羅
國，於夢中看到摩偷羅北方的領屬國那樣，在受生之際，只依靠
心識的力量即可看到來生的受生處，並不需要依靠「中有」。所
以心識轉變必須有所依之說，並不能成立。❸

2. 教證

「有中有論者」共舉出六條經證，以證明定有「中有」：

（1）佛曾說斷「中間處」

有中間有，何以故？斷間故。如佛語摩樓柯子：是時汝
見聞覺知而已，汝爾時不在彼世界，不在此世界，不在中間
處，是名苦盡。我等見佛遣中間處，是故有中間有。

（T32, no. 1649, p. 470, b16-20）

「有中有論者」以佛曾說苦盡解脫之境界，是在見聞覺知之

---

❸ 《三彌底部論》：「曰夢見故。如人夢在般稠摩偷羅國，倚見摩偷羅北界所領
國，如是，無中間有。人欲受生轉變亦如是，不明中間有。」（T32, no. 1649,
p. 471, b17-20）

當下，但有見聞覺知，當此之時，既不在此世界，不在彼世界，也不在中間處爲證，認爲既然解脫者所斷離的世界包括中間處，可見實有「中有」。❹

「無中有論者」認爲佛此說的眞正意思，是指在三處斷貪、瞋、癡三縛。所謂「無此」是指不執著內六根，「無彼」是指不執著外六塵，「不著中間」是指不執著六識。所以，佛所說的「不著中間」，是於六識生起之處斷貪、瞋、癡三縛之意，並不是指「中有」處。❺

（2）佛說有意生身衆生

復次，有中間有，如佛說跋蹉耶那修多羅。爾時，佛語跋蹉耶那：捨此身未生彼處，是時意生身愛取合故，我說名爲衆生。我等見佛說跋蹉耶那修多羅，是故有中間有。

（T32, no. 1649, p. 470, b21-24）

「有中有論者」舉佛爲跋蹉耶那的說法爲證，認爲佛說當此身死後，尚未轉生到下一世之時，有意生身由貪愛而執取五蘊和合之身心，即名爲衆生。此「意生身」，就是「中有」。❻

「無中有論者」認爲佛陀的本意是在說明三界受生的情形，所謂「捨此身」是指捨欲界，「未生彼」是指尚未轉生到色界，「是時」是指生色界意生身之時，「愛取合」指貪著諸禪，是與

---

❹ 所引經證，參見《雜阿含經》：「佛告摩羅迦舅：善哉！善哉！摩羅迦舅！見以見爲量，聞以聞爲量，覺以覺爲量，識以識爲量。而說偈言：若汝非於彼，彼亦復非此，亦非兩中間，是則爲苦邊。」（T02, no. 99, p. 90, a11-16）.

❺ 《三彌底部論》：「斷三縛故是。是時三處中，是處斷三縛。無此，無此有何義？曰不著內門。無彼，無彼有何義？曰不著外門。不著中間，不著中間有何義？曰不著六識。是佛所說，不明中間有。」（T32, no. 1649, p. 471, a7-11）

❻ 與所引經證近似的經文，參見《雜阿含經》：「佛告婆蹉。衆生於此處命終，乘意生身，生於餘處。當於爾時，因愛故取，因愛而住，故說有餘。」（T02, no. 99, p. 244, b3-5）

味愛相應之禪定境界。所以，佛所說的意生身，並不是指「中有」。❼

（3）佛說有中般涅槃者

> 復次，有中間有，中間入涅槃故。佛語諸比丘：五種人名龍駒馬。何等五種人？中間入涅槃是名第一人，生入涅槃是名第二人，行入涅槃是名第三人，不行入涅槃是名第四人，上行入涅槃是名第五人。我等見佛說中間入涅槃故。是故有中間有。

（T32, no. 1649, p. 470, b25-c2）

「有中有論者」以佛所說的五種不還果聖者中的「中般涅槃」人爲證，認爲「中間入涅槃」是指在「中有」階段入涅槃，可見實有「中有」。

「無中有論者」針對此說的反駁是：

> 行過去。若說中間入涅槃者，成生中間有。恐如是行入涅槃者，成生共勇猛，是語不應，不明中間有。

（T32, no. 1649, p. 471, a20-22）

這段原文不易解讀，其中的「行過去」，宋元明及宮本作「行過故」。❽而「共勇猛」，據加治洋一的研究，認爲可能是誤譯。（加治洋一，1988：76 上，註 43）

（4）佛自說以天眼見眾生落生

> 復次，天眼力故。佛言：我天眼見眾生落生，如是一切。若無中間有者，佛不說我天眼見眾生落生。我等見佛說天眼

---

❼《三彌底部論》：「說三界故。佛已說三界，捨此身有何義？曰捨欲界。未生彼有何義？曰未生色界。是時有何義？曰生色界意生身。愛取合有何義？曰著禪味愛相合。是佛所說，不明中間有。」（T32, no. 1649, p. 471, a13-18）

❽ 見《大正藏》之校註。（T32, p. 471）

　　見眾生落生,是故有中間有。

(T32, no. 1649, p. 470, c5-8)

　　「有中有論者」以佛曾以天眼親見眾生,從此處歿,於彼處生等一切過程爲證,主張定有「中有」,否則佛如何能以天眼見眾生之死此生彼?

　　「無中有論者」則反駁說,天眼所見的是具有極細微的色身,而爲一般人所看不到的一類眾生,並不是指「中有」。❾

(5) 佛說三事和合入胎有揵闥婆現前

　　　　復次,如佛說揵闥婆處故。佛言:三處合時,然後度入
　　　胎。何等三處合?父母和合、揵闥婆來至前立,三事合時,
　　　然後度入胎,是名三處合。若無中間有,佛不說揵闥婆處。

(T32, no. 1649, p. 470, c9-13)

　　「有中有論者」以佛說有三事和合,然後入胎爲證。所謂三事:是指父母交合、以及揵闥婆(同健達縛,梵 gandharva)現前,此揵闥婆即是「中有」。❿

　　「無中有論者」認爲現前的不是揵闥婆,而是爲過去造作的善惡業所積累成的趨向來生善惡道的業力現前,所以並無「中有」。⓫

---

❾ 《三彌底部論》:「曰細道故。有道細微,餘人不能見,天眼力樂見。是故說天眼力,不明中間有。」(T32, no. 1649, p. 471, a26-28)

❿ 所引經證,參見《中阿含經》:「三事合會,入於母胎。父母聚集一處,母滿精堪耐,香陰已至。此三事合會,入於母胎。」(T01, no. 26, p. 769, b23-25)

⓫ 《三彌底部論》:「曰向道故。是人先造善惡道,臨死時,隨善惡業道向其人。曰是故佛說揵闥婆處,不明中間有。」(T32, no. 1649, p. 471, a29-b3)解說參見加治洋一,1988:77 註 46,並參見《阿毘達磨大毘婆沙論》:「健達縛言,經不應說,彼無鼓等諸樂器故。應說蘊行,彼蘊行故。」(T27, no. 1545, p. 357, b13-14)相關解說詳見附錄一註 18。

（6）菩薩降胎時光明普照

復次，光明世間故。如阿難所説：我聞世尊為菩薩時，從兜率天上，憶念智明，下降母胎，是時一切世界，光明普照。菩薩是時在中間有處，光曜遍照，然後入胎。我等見光明世間故，是故有中間有。

（T32, no. 1649, p. 470, c23-27）

「有中有論者」以阿難説世尊從兜率天降生母胎時，光明普照世間為證，認為這是菩薩在「中有」階段放光，然後入胎，可見確實有「中有」。❷

「無中有論者」批評此説是犯了時間上的錯誤，他們認為阿難所説的是，「菩薩得阿耨多羅三藐三菩提時，光明照耀一切世間。」並不是在入胎前光照世間。所以此説無法成立「中有」。❸

本論在詳細記載了有無雙方的往來辯論之後，論主再次引述佛曾以天眼親見眾生死此生彼為證，總結有無「中有」之論辯，認為若無「中有」，則違背佛之經教，因此主張定有「中有」。

（T32 , p. 471, b21-c3）

茲將本論論證「有中有」之理由表列如下：

---

❷ 有關菩薩降生前放光的記載，參見《長阿含經》：「毗婆尸菩薩從兜率天降神母胎，從右脇入，正念不亂。當於爾時，地為震動，放大光明，普照世界，日月所不及，處皆蒙大明。」（T01, no. 1, p. 3, c15-18）又《方廣大莊嚴經》：「即於兜率最勝天宮，而便降生。將下生時，放未曾有身相光明，遍照三千大千世界。世界中間、幽冥之處，日月威光所不能照，而皆大明。」（T03, no. 187, p. 548, a7-10）另見《普曜經》卷二〈降神處胎品〉（T3, p. 490 下）。

❸ 《三彌底部論》：「日間過故。此語阿難已説言：我聞世尊為菩薩得阿耨多羅三藐三菩提時，光明照曜一切世間。恐如是，如此曜照，在菩薩成佛中間光明，非成佛時光明。此語不應，不明中間有。」（T32, no. 1649, p. 471, b12-16）

《三彌底部論》論證「有中有」之理由

1. 理證	2. 教證
（1）識無身不至彼	（1）佛曾說斷「中間處」
（2）死生之間應有色法無	（2）佛說有意生身眾生
間相續	（3）佛說有中般涅槃者
（3）心識轉變必須有所依	（4）佛自說以天眼見眾生落生
	（5）佛說三事和合入胎有揵闥婆現前
	（6）菩薩降胎時光明普照

（二）《阿毘達磨大毘婆沙論》之論證

　　《阿毘達磨大毘婆沙論》所持的立場是「有中有」，所以論中雖記載「無中有論者」之主張，卻一一加以駁斥，即使往來辯論，也總是以實有「中有」作結，最後甚至還批評主張「無中有」的分別論者是「無知果，黑闇果，無明果，不勤加行果。」（T27, p. 358, a24）且分三方面來探討其論證內容：

1. 理證

　　《大毘婆沙論》的應理論者證成實有「中有」的主要理論是，有「中有」才能避免死生之間，落入斷滅或無因生之謬誤：

> 謂從此洲歿，生北俱盧等。若無中有，此身既滅，彼身未生，中間應斷。是則彼身本無而有，此身亦則本有而無。法亦應爾，本無而有，有已還無。勿有斯過，故有中有。

（T27, no. 1545, p. 357, a6-10）

　　應理論者認為如果沒有「中有」的聯繫，則已死之身，由有而無，便成斷滅。再生之身，由無而有，便成無因生。斷滅或無因生，都違背了佛法的緣起論，所以必須有「中有」，才能避免

這樣的過失。

「無中有論者」針對此說的反駁是，死生之間，「要得生有，方捨死有」，就像折路迦（蚓蠖蟲）前進時，總是先安放前足，再移動後足那樣。❶所以死生之間無「中有」，也不會發生中斷的過失。

應理論者認爲敵方的主張，起碼犯了三項大過失：

> 若作是說，則有大過。謂人中死，生地獄者，應先得地獄諸蘊，後方捨人中諸蘊。若爾，趣壞、所依身壞、有一身內二心俱生。趣壞者，謂彼於爾時，是地獄趣，亦人趣攝。身壞者，謂彼於爾時，是地獄身，亦人身攝。有一身內二心俱生者，謂死有生有二心俱生。一有情身，二心並起，心既有二，身應非一。
>
> （T27, no. 1545, p. 358, a13-20）

應理論者認爲敵方「要得生有，方捨死有」的主張，有三大過失：1. 同時存在於二趣之中；2. 同時有二種不同的生命形態；3. 在同一身中，同時有二心生起。這些都違反了事實情況，所以應該「有中有」，才能避免死生之間中斷的過失。❶

2. 教證

應理論者提出三段經說，以證成實有「中有」：

---

❶ 《阿毘達磨大毘婆沙論》：「諸從死有至生有時，要得生有，方捨死有。如折路迦，緣草木等，先安前足，方移後足；是故死生中無斷過。」（T27, no. 1545, p. 358, a10-13）

❶ 這裡的諍論焦點，主要在於雙方時間觀的不同，分別論者將一剎那分成前後二時，故可避開應理論者之詰難。有關此議題的分析，詳見本書第二章第二節之二「理證方面之論諍原因解析」。

（1）健達縛現前

應理論者以入母胎要由三事現前的經說為證，⑯認為如果沒有「中有」身，則無法解釋三事中的「健達縛」，因為「前蘊已壞」，入胎時現前的「健達縛」當然是指「中有」而言。（T27, p. 356, c26-p. 357,a1）

主張「無中有」的分別論者提出反駁說，入母胎時，並無鼓等種種樂器聲，所以不應說有「健達縛」現前，⑰而應說「蘊行」，因那時應該是感生未來世五蘊之業力現前之故。⑱

應理論者反問敵方，無論是說「健達縛」現前，或說「蘊行」，都證明「中有」的存在，否則「蘊行」又是指什麼呢？（T27, p. 357, b14-16）⑲

主張「無中有」的分別論反詰敵方，既然你說四生皆有「中

---

⑯ 參見《中阿含經》：「三事合會，入於母胎。父母聚集一處、母滿精堪耐、香陰已至。此三事合會，入於母胎。」（T01, no. 26, p. 769, b23-25）及《中阿含・梵志阿攝惒經》（T01, p. 666, a8）

⑰ 健達縛，有多種意義，分別論者認為這是指與緊那羅一同奉侍帝釋天，而司奏雅樂之神，（參見《佛光大辭典》，p. 4371）所以有此反駁。

⑱ 分別論者說：「健達縛言，經不應說，彼無鼓等諸樂器故。應說蘊行，彼蘊行故。」（T27, no. 1545, p. 357, b13-14）蘊（梵 skandha，巴利 khandha），和健達縛（梵 gandharva，巴利 gandhabba）的前二個音節發音相近，或許分別論者認為這是由於音近所造成的混淆。而加治洋一認為這或許是 gandharva 的俗語形（prākṛta 形）被聯想成 skandha 所致。（加治洋一，1988：77 註 46）另可參見《三彌底部論》：「日向道故。是人先造善惡道，臨死時，隨善惡業道向其人。日是故佛說揵闥婆處，不明中間有。」（T32, no. 1649, p. 471, a29-b3）

⑲ 新加坡帕奧禪修中心瑪欣德比丘站在「無中有論」的立場說：「gandhabba 應解釋為『去到那裡的有情』（tatrūpagasatto），即正隨業力投生到該投生之趣的有情。」（瑪欣德，2011）這樣解釋，反而使我們更加了解「有中有論者」為什麼會如此反駁。

有」，但是現在你所引用的經證，卻只適用於說明胎生和卵生有情之投生，並不適用於濕生和化生的有情，如何能用三事入胎的經證來證明四生皆有「中有」呢？（T27, p. 357, b16-19）

應理論者認為三事入胎只是針對適合的情況說的，並不一定要全面適用於四生。所以不能因不適用於說明濕生化生，就認為沒有「中有」。（T27, p. 357, b19-21）

（2）有中般涅槃

應理論者認為佛所說的五種不還果聖者中的「中般涅槃」，即是指在「色界中有」階段般涅槃，所以肯定有「中有」。但是，主張「無中有」的分別論者則提出四種不同的解釋：（T27, p. 357, b21-26）

①「中般涅槃」是指在「中天」般涅槃

應理論者對此說的駁斥是，佛所說的二十八天中，並沒有「中天」，所以這是沒有根據之言。更何況如果因「中般涅槃」而立「中天」之名，那麼相對於其他四種不還果聖者的入滅處，豈不是也應該有生天、有行天、無行天、和上流天了嗎？而事實並非如此。（T27, p. 357, b27-c4）

②「中般涅槃」是在捨欲界而未至色界途中入滅

應理論者認為如果沒有「中有」，那麼所謂「捨欲界而未至色界」途中，究竟依何身入滅呢？所以必須有「中有」。（T27, p. 357, c6-7）

③「中般涅槃」是在生色界後，不久即入滅

應理論者認為既已生於色界，然後才入滅者，即名為「生般涅槃」，而非「中般涅槃」了。（T27, p. 357, c8-10）

④「中般涅槃」是在生色界後，壽量未盡而入滅

應理論者認為如果壽量未盡而入滅，就是「中般涅槃」的話，那麼欲界、無色界都可以有「中般涅槃」者，而不只是在色

界才有，如此就與經說不合了。（T27, p. 357, c13-19）

（3）有意成有情

應理論者以世尊曾說：「此身已壞，餘身未生，意成有情，依止於愛，而施設取。」為證，認為世尊所說的「意成有情」即是「中有」。（T27, p. 357, a2-6）但是，主張「無中有」的分別論者舉佛與犢子梵志的對話為證，認為這是指生於無色界而言。（T27, p. 357, c19-29）應理論者則以佛明明說「餘身未生」，既然未生，怎可能是指無色界身呢？（T27, p. 357, c29-p. 358, a9）所以「意成有情」，一定是指「中有」。

3. 反駁「無中有論」

歸納本論反駁「無中有論」所使用之方法，有二方面：

（1）異解教證

①釋「無間生地獄」

「無中有」的分別論者，以「造作增長五無間業，無間必生地獄」的經說為證，主張實無「中有」。[20]「有中有」的應理論者對同一段經文提出不同的解釋：

> 彼經意遮餘趣、餘業，不遮中有。遮餘趣者，謂無間業定招地獄，不招餘趣。……。遮餘業者，謂無間業順次生受，非順現法受，非順後次受。

（T27, no. 1545, p. 357, a14-18）

應理論者認為對於經典，不能只是望文生義，而要了解其真實意趣所在。否則經文但說造作五無間業者必生地獄，難道造作

---

[20] 《阿毘達磨大毘婆沙論》：「契經說：若有一類造作增長五無間業，無間必定生地獄中。既言無間必生地獄，故知中有決定為無。」（T27, no. 1545, p. 356, c17-20）

其中的一種乃至四種者，就不必墮地獄了嗎？而且所謂「無間」必生地獄，難道是造業後的第二刹那就會墮地獄嗎？可見不能只是望文生義。所以「有中有論者」認爲此經說主要有二個意義：1.排除往生他趣的可能性。強調凡是造作五無間業者，命終後必定墮入地獄，不會往生他趣。2.強調必定來生受報。排除現生受報和隔越多生受報的可能。

　　②釋「求住中間無所止」

　　「無中有」的分別論者以「再生汝今過盛位，至衰將近琰魔王，欲往前路無資糧，求住中間無所止。」的偈語爲證，**㉑**認爲既然說「求住中間無所止」，可見並無「中有」。**㉒**應理論者針對此說的反駁和上文一樣，認爲這段偈語的本意也是在「遮餘趣、及遮餘業」，並不遮「中有」。（T27, p. 357, a26-27）

　　（2）破斥理證

　　「無中有」的分別論者認爲死有和生有之間的關係，就像影和光之間，並無間隙，所以沒有「中有」。**㉓**應理論者認爲敵方用世間法來詰難出世間法，是不合理的，所以根本不必加以討論。**㉔**如果勉強要繼續討論的話，那就說明此譬喻之過失，以破

㉑ 此偈語參見《別譯雜阿含經》卷5：「……壯盛及衰老，三時皆過去，餘命既無幾，常爲老所患；近到閻王際，婆羅門欲生，二間無住處，汝都無資薪。」（T02, no. 100, p. 403, c6-9）

㉒ 《阿毘達磨大毘婆沙論》：「又伽他說：『再生汝今過盛位，至衰將近琰魔王，欲往前路無資糧，求住中間無所止。』既說中間無所止處，故知中有決定爲無。」（T27, no. 1545, p. 356, c20-23）

㉓ 《阿毘達磨大毘婆沙論》：「又說過難證無中有。謂如影光，中無間隙，死有生有，應知亦然。」（T27, no. 1545, p. 356, c24-25）

㉔ 《阿毘達磨大毘婆沙論》：「彼所設難，不必須通。所以者何？非三藏故。世俗法異，賢聖法異；不應引世俗法，而詰難賢聖法。」（T27, no. 1545, p. 357, a29-b2）

敵方之論證，於是從三方面說明其過失：

> 謂如影光，非有情數，無根無心；死有生有，豈同彼耶？
> 又如影光，俱時而起；死有生有，豈俱生耶？又此影光無間
> 隙喻，乃證中有是有非無。謂如影光無間無隙，如是死有趣
> 中有時，無間無隙。復從中有趣生有時，亦無間隙。是故，
> 中有定有非無。

（T27, no. 1545, p. 357, b3-9）

應理論者認為敵方的譬喻犯了三個過失：1.性質不相當，以
無情識之影光，譬喻有情識之死有、生有等生命現象，故無法類
比。2.時間關係不相當，以同時存在之影光，譬喻不能同時存在
之死有和生有，故無法類比。3.落入反證，相續無間的要求，正
是所以要在死有和生有之間，安立「中有」的主要原因，所以此
譬喻反而是提供「有中有」之論據，而不能證成「無中有」。

茲將本論論證「有中有」之理由和方法表列如下：

《阿毘達磨大毘婆沙論》論證「有中有」之理由

1. 理證	2. 教證	3. 反駁「無中有論」	
		（1）異解教證	（2）破斥理證
死生之間必須有五蘊身才不會落入斷滅或無因生之謬誤	（1）健達縛現前 （2）有中般涅槃 （3）有意成有情	①釋「無間生地獄」 ②釋「求住中間無所止」	①破影光喻 I. 性質不相當 II. 時間不相當 III. 落入反證 ②破「要得生有，方捨死有」 I. 同時有二趣 II. 同時有二身 III. 同時有二心

（三）《阿毘達磨俱舍論》之論證

《阿毘達磨俱舍論》在有無「中有」的論題上，和《阿毘達磨大毘婆沙論》一樣，是採取實有「中有」之立場，但是對於某些論證，有進一步的補充說明，而且論主面對這個議題時，還有一些他個人的特別思惟，值得我們加以留意。仍從三方面來探討本論有關「中有」實有之論證：

1. 理證

死生之間必須有色法才能無間相續。《俱舍論》主藉種子和稻穀之間，必須經過禾苗階段的譬喻來證成其說：

> 現見世間相續轉法，要處無間，剎那續生。且如世間穀等相續，有情相續，理亦應然，剎那續生，處必無間。

(T29, no. 1558, p. 44, b22-25)

死生之間，必須相續，才能成立輪迴，其實是雙方共許的前提。而主要的爭執，在於業果現起的過程，是否必須有具體表顯的色法來相聯繫。所以，「有中有論者」認為就像種稻之間，必須有具體的禾苗相續生起一樣，死生之間，也必須有具足五蘊的「中有」來聯繫，才能完成相續的任務。

但是，「無中有論者」卻認為即使沒有具顯的色法來聯繫，在表面上看似有間斷的情況下，仍可完成死生之間的相續。所以他們藉某物在境中顯像的譬喻，來說明雖然所現起的業果之間，沒有具顯的色法來連貫，卻無礙於死生之間相續生起的關係。㉕

論主針對「無中有論者」的鏡像喻，提出二點駁斥：

㉕ 《阿毘達磨俱舍論》：「豈不現見，有法續生，而於其中，處亦有間。如依鏡等，從質像生。如是有情，死有生有，處雖有間，何妨續生？」（T29, no. 1558, p. 44, b25-27）

實有諸像，理不成故；又非等故，為喻不成。謂別色生，說名為像，其體實有，理所不成；設成非等，故不成喻。

（T29, no. 1558, p. 44, b27- c1）

論主認爲鏡像喻不能成立的理由有二：1. 以非實法之鏡中像和鏡前實物的關係，❷不能類比二者皆屬實法之死有和生有的關係。（T29, p. 44, c1-12） 2. 能喻所喻的存在條件不相當，即使承認鏡中像是實有之法，❷此比喻也不能成立，原因有二：（1）就存在之時間條件而言，鏡前實物和鏡中像是同時存在的，並非如死生之間的前後相續。（2）就存在之因緣條件而言，鏡中像必須依實物和鏡子二個因緣才能現前，而「生有」但以一「死有」爲緣即可生起。（T29, p. 44, c12-20） 所以鏡像喻不能類比死有和生有之間的關係。

2. 教證
（1）七有
論主以契經說七有爲證，主張實有「中有」。❷

（2）健達縛現前
論主以入母胎有三事中的健達縛現前的經說爲證，主張實有

---

❷ 此處世親是依經部像色無體之義而立論的，若依有部，則認爲像色仍屬實有之色法，所以《阿毘達磨順正理論》對世親之說又加以駁斥：「今謂彼因，不能遣像，故不能解破中有難。且彼所說，以一處所，無二故者，其理不然。同處壁光，俱可取故。雖壁光色，異大爲依，而於一時同處可取，不可亦撥在壁光無。由此例知鏡像俱有，故彼所說，非遣像因。」（T29, no. 1562, p. 470, b2-7）

❷ 世親的第二個論證觀點，又從有部以鏡中像爲實法的立場來立論。

❷ 參見《長阿含十報法經》：「第三七法，當知七有：一爲不可有、二爲畜生有、三爲餓鬼有、四爲人有、五爲天有、六爲行有、七爲中有。」（T01, no. 13, p. 236, b14-16）

「中有」。㉙

（3）知受胎時之來者

論主以《掌馬族經》中提到現前的健達縛屬於哪一種姓，以及從何處來的問題爲證，認爲前世之五蘊既已毀壞，如果不是「中有」現前，那麼，入胎前可被辨識種姓、來處的又是什麼呢？㉚

（4）中般涅槃

論主以五不還經中的中般涅槃爲證，㉛主張實有「中有」。並以沒有「生天」、「有行天」，反駁「無中有論者」的「中天」般涅槃之說。㉜

（5）三品中般涅槃

論主以七善士趣經爲證，㉝主張實有「中有」。此契經中的「七善士」，是將五不還聖者的「中般涅槃」者再細分成三個層次，並且藉由火星熄滅之時處不同，來譬喻這三個層次。論主巧妙地運用這個三品差別的譬喻，反駁「無中有論者」認爲「中般

㉙ 參見《中阿含經》：「三事合會，入於母胎。父母聚集一處、母滿精堪耐、香陰已至。此三事合會，入於母胎。」（T01, no. 26, p. 769, b23-25）

㉚ 參見《中阿含經》：「阿私羅復問諸仙人曰：汝等頗自知受胎耶？彼諸仙人答曰：知也。以三事等，合會受胎。父母合會、無漏堪耐、香陰已至。阿私羅！此事等會，入於母胎。阿私羅復問諸仙人曰：頗知受生爲男？爲女？知所從來，爲從刹利族來？梵志、居士、工師族來耶？爲從東方、南方、西方、北方來耶？彼諸仙人答曰：不知。」（T01, no. 26, p. 666, a8-15）

㉛ 參見《雜阿含》七三六經、七四〇經（T02, p. 196c、199a）。

㉜ 《阿毘達磨俱舍論》：「如契經說有五不還：一者中般、二者生般、三無行般、四有行般、五者上流。中有若無，何名中般？有餘師執，有天名中，住彼般涅槃，是故名中般。是則應許有生等天，既不許然，故執非善。」（T29, no. 1558, p. 45, a6-10）

㉝ 參見《中阿含・善人往經》（T01, no. 26, p. 427, a13- c24）（A. VII. 52. Purisagati）。

涅槃」是在「中天」般涅槃,或認為是在生至色界的近分天,或已經生至色界天中才般涅槃的種種說法。理由是這些說法的涅槃時處,都無法和契經所建立的三品差別相應。❸

3. 異解「無中有論」之教證

(1) 釋「現身墮無間地獄」

「無中有論者」以現身墮無間地獄的經說為證,認為有人現身墮地獄,並未經「中有」階段,❸所以定無「中有」。論主答辯說:

> 此經意說,彼命未捨,地獄猛焰,已燒其身。因此命終,受彼中有,茲仍墮無間地獄。由彼惡業勢力增強,不待命終,苦相已至。先受現受,後受生受。

(T29, no. 1558, p. 45, b8-12)

論主認為此契經本意是說,有人因惡業勢力太強,所以不待命終,地獄火焰焚身的苦相先至,這是先受現世報業,再受次生報業的現象。事實上,仍是命終之後,乘「中有」身而墮地

---

❸ 《阿毘達磨俱舍論》:「又經說有七善士趣。謂於前五,中般分三,由處及時,近中遠故。譬如札火,小星迸時,纔起近即滅,初善士亦爾。譬如鐵火,小星迸時,起至中乃滅,二善士亦爾。譬如鐵火,大星迸時,遠未墮而滅,三善士亦爾。非彼所執,別有中天,有此時處三品差別,故彼所執,定非應理。有餘復說,或壽量中間、或近天中間,斷餘煩惱,成阿羅漢,是名中般。由至界位、或想或尋,而般涅槃,故有三品。或取色界眾同分已,即般涅槃,是名第一。從是次後,受天樂已,方般涅槃,是名第二。復從此後,入天法會,乃般涅槃,是名第三。……如是所說,與火星喻皆不相應。所以者何?以彼處行,無差別故。」(T29, no. 1558, p. 45, a10- a25)

❸ 《阿毘達磨俱舍論》:「云何契經中說:造極惡業使魔羅,現身顛墜無間地獄。」(T29, no. 1558, p. 45, b7-8) 所引契經見《中阿含·降魔經》:「彼時,惡魔便於彼處,其身即墮無缺大地獄。」(T01, no. 26, p. 622, a17-18)

獄的。

(2)釋「無間生地獄」

「無中有論者」以造作五無間業之有情，無間必生地獄的經說為證，認為定無「中有」。論主反駁說：

> 此經意遮彼往異趣，及顯彼業，定順生受。若但執文，應要具五，方生地獄，非隨闕一，或餘業因，便成大過。又言：無間生那落迦，應作即生，不待身壞。或誰不許中有是生？那落迦名，亦通中有。死有無間，中有起時，亦得名生，生方便故。經言無間生那落迦，不言爾時即是生有。

> (T29, no. 1558, p. 45, b13-20)

論主從三方面加以反駁：1. 契經本意在排除往生他趣的可能，以及凸顯其業力是屬於來生必定受報的一類。2. 反難對方，若固執表面文義，則必須俱犯五罪才會墮無間地獄，若只犯其中一種、或二或三或四種無間業，便不必墮地獄，這就違反經意而成為大過失了。而且既說「無間生」，那應該在造業後的第二剎那即墮地獄，而不必等到身壞命終，但事實並非如此。3. 論主認為「中有」之生起也可以名之為「生」，在「死有」之後，無間生起的是「地獄生有」之方便——地獄中有。❸契經只說「無間生那落迦」，並沒有指明是生起地獄「生有」，當然也可以是指生起地獄「中有」了。

(3)釋「求住中間無所止」

「無中有論者」以「求住中間無所止」的偈語為證，主張定

---

❸ 「中有」是方便，乃毘婆沙師一向之主張，參見《阿毘達磨大毘婆沙論》：「如說七有：一地獄有、二傍生有、三鬼界有、四天有、五人有、六業有、七中有。彼說五趣及彼因、彼方便名有。謂地獄有等，即是五趣。業有是彼因，中有是彼方便。」(T27, no. 1545, p. 309, b15-19)

無「中有」。論主針對此教證和敵方辯論：

　　（論主）此頌意顯彼於人中，速歸磨滅，無暫停義。

　　　　　　或彼中有，為至所生，亦無暫停，行無礙故。

　　（敵方）寧知經意如此非餘？

　　（論主）汝復焉知如餘非此？

　　（敵方）二責既等，何乃偏徵？

（T29, no. 1558, p.45, b25-28）

　　論主認為這段偈語的本意在說明人生短暫，迅速消逝，剎那不住；而「中有」階段，為了往生應生之處，能突破所有障礙，也是剎那不住的。

　　於是辯論雙方互相質問對方，為什麼一定要那樣解釋，而不這樣理解？針對這樣的責難，論主提出了一段頗值得玩味的結辯：

　　二釋於經並無違害，如何偏證中有是無？凡引證言，理無異趣。此有異趣，為證不成。

（T29, no. 1558, p. 45, b28-c1）

　　既然雙方對經文的解釋都有道理，為什麼要偏執自家的主張，而否定他家的看法呢？論主在這裡提出了一條辯論雙方都應遵守的規則：凡是用來作為證據的資料，必須只有一種意義，如果有不同的意義，那就不能用來作為證成主張的根據。問題是，如果根據這一條規則，檢視論辯雙方的所有教證，可能都將面臨不能成立的窘境，這真是一個值得玩味的觀點。

　　茲將本論論證「有中有」之理由和方法表列如下：

《阿毘達磨俱舍論》論證「有中有」之理由

1. 理證	2. 教證	3. 反駁「無中有論」	
		（1）異解教證	（2）破斥理證
死生之間必須有具顯之色法聯繫	（1）七有 （2）健達縛現前 （3）知受胎時之來者 （4）中般涅槃 （5）三品「中般涅槃」	（1）釋「現身墮無間地獄」 （2）釋「無間生地獄」 （3）釋「求住中間無所止」	破鏡像有間續生之喻： （1）像非實法，不能類比 （2）即使像是實法，但能喻所喻之存在條件不相當，仍不能類比

部派論典主張「無中有」之論證內容

一、《舍利弗阿毘曇論》之論證

在這部較古型的上座部論書《舍利弗阿毘曇論》〈非問分．緣品第五〉中，當解釋到十二因緣的「行緣識」時，提及「最後識滅，初識續餘道生」的情形是：「最後識滅已，初識即生，無有中間。」（T28, p. 608, a18）論主接著針對這前滅後生，無有中間的意思，提出三點進一步的說明：

1. 日影無間相續喻

喻如影移日續，日移影續，影之與日無有中間。

如是，最後識滅，初識續餘道生。後識滅已，即受初識，無有中間。

（T28, no. 1548, p. 608, a18-21）

論主說好比影子和日光的移動，二者緊密相隨，之間並無間隔。最後識滅，初識即生也是一樣，這前滅後生之間，是完全沒有間隔的。

2. 前識雖不至後識而可轉移喻

若最初識，若最後識相應法，不至後識。喻如眼識滅已，生耳識；耳識滅已，生眼識。眼識相應法不至耳識，耳識相

應法不至眼識。如是，最後識、最後識相應法不至初識，初
識相應法不至後識。後識滅已，即生初識。

(T28, no. 1548, p. 608, a21-26)

論主針對已滅之今生最後識，和繼起之來生最初識之間的移
轉關係，再做進一步的說明，認為已滅之識及其心所法，並不轉
移至繼起之識。例如眼識滅後，生起耳識時，眼識及其心所法，
並不轉移至耳識；耳識滅後，生起眼識時，耳識及其心所法，並
不轉移至眼識。已滅之最後識，及其心所法，也並不移轉至繼起
的來生最初識。

3. 今生來世非一非異，業緣相續

既然前識及其心所法，不移轉至後識，那麼，前後世之間又
如何建立其相續的關係呢？論主的主張是：

謂此滅彼生，謂此終彼始。非彼命彼身，非異命異身。非
常非斷。非去非來。非變，非無因，非天作。非此作此受，
非異作異受。知有去來，知有生死，知有業相續，知有說
法，知有緣。無有從此至彼者，無有從彼至此者。何以故？
業緣相續生。

(T28, no. 1548, p. 608, a26-b2)

今生來世的生命，既非同一亦非別異；生命的存在，既非常
住亦非斷滅。雖然明明有生死輪迴，但是，並無不滅之實體由此
去彼，或由彼來此；這些看似有去有來、有死有生的輪迴現象，
都是因緣所生，既非無因而有，亦非造物主所創，既非自作自
受，亦非他作他受。而使生死相續不斷的因緣，就是業力。

茲將本論論證「無中有」之理由表列如下：

《舍利弗阿毘曇論》論證「無中有」之理由
1. 日影無間相續喻
2. 前識雖不至後識而可轉移喻
3. 今生來世非一非異，業緣相續

（二）南傳《論事》之論證

《論事》第八品‧第二章〈中有論〉，（南傳大藏經62，《論事》二，pp. 59-64）其中共有十三段問答，提出有「中有」說不能成立的理由，大致可歸納出四點：

1. 三界皆無「中有」

這包括了一至三的三段問答，❶論主認為「中有」既非三有，又不存在於欲有、色有之間，也不存在於色有與無色有之間，可見「中有」並不存在於三界之中，所以不應說有「中有」。

2.「中有」不具備存有之五種條件

如果「中有」非三有，而仍要說有「中有」的話，則「中有」便成了第五生、第六趣、第八識住、第十有情居，那就超

---

❶ 《論事》第八品‧第二章〈中有論〉：一、（自）有中有耶？（他）然。（自）是欲有耶？……是色有耶？……是無色有耶？（他）實不應如是言……乃至…；二、（自）有中有耶？（他）然。（自）於欲有與色有之中間有中有耶？…於色有與無色有之中間有中有耶？（他）實不應如是言……乃至……；三、（自）於欲有與色有之中間無中有耶？（他）然。（自）若「於欲有與色有之中間無中有」者，汝不應言有中有。（自）於色有與無色有之中間無中有耶？（他）然。（自）若「於色有與無色有之中間無中有」者，汝不應言有中有。（《論事》二，p. 59）

出了聖教對一切存在的分析範圍了。❷這包括了四至七的四段問答，（《論事》二，pp.59-62）論主從五方面來駁斥「有中有」說：（1）如果「中有」是有、趣、有情居、識住所攝，那應該有輪迴、有生、有自體，而事實卻不然；❸（2）一切「有」皆由業所感得，卻沒有可感得中有之業；❹（3）既沒有投生至「中有」之有情眾生，可見「中有」並不存在；❺（4）一切「有」皆會生老死，乃至死後再生。而「中有」階段之有情卻無生老死及死後再生，可見「中有」並不存在；❻（5）三有皆具足可見之五蘊（無色有但具受想行識四蘊），「中有」卻不具可見之五蘊，❼故不可說有「中有」。論主並進而檢視三界中實存之生命現象，即所謂欲有、色有、無色有者，則一一皆具備這五方面的條件（其中無色有但具四蘊）。可見，不具備此五種條件的「中有」，並

---

❷ 《論事》第八品·第二章〈中有論〉：四、（自）有中有耶？（他）然。（自）是第五生、第六趣、第八識住、第十有情居耶？（他）實不應如是言……乃至……。（《論事》二，p. 59）

❸ 《論事》第八品·第二章〈中有論〉：四、……（自）中有是有、趣、有情居、輪迴、生、識住、得自體耶？（他）實不應如是言……乃至……。（《論事》二，p. 59, L. -1-p. 60, L.1）

❹ 《論事》第八品·第二章〈中有論〉：四、……（自）有至中有之業耶？（他）實不應如是言……乃至……。（《論事》二，p. 60, L. 1-p. 60, L. 2）

❺ 《論事》第八品·第二章〈中有論〉：四、……（自）有至中有之有情耶？（他）實不應如是言……乃至……。（《論事》二，p. 60, L. 2-p. 60, L. 3）

❻ 《論事》第八品·第二章〈中有論〉：四、……（自）於中有之有情有生、老、死、沒、再生耶？（他）實不應如是言……乃至……。（《論事》二，p. 60, L. 3-p. 60, L. 4）

❼ 《論事》第八品·第二章〈中有論〉：四、……（自）於中有有色受想行識耶？……（自）中有是五蘊有耶？（他）實不應如是言……乃至……。（《論事》二，p. 60, L. 4-p. 60, L. 5）此中，「有中有論者」認爲：「中有之有情是（微細）不可見而色受等亦不如他粗大。」（《論事》二，p. 64 註3）

不存在。

3. 非一切有情之轉生都必須有「中有」

如果不是一切有情之轉生都必須有「中有」的話，就不應說爲了轉生，必須有「中有」。這包括了八至十一的四段問答，（《論事》二，pp. 62-63）論主舉出墮無間地獄、或投生無想天、或投生無色界之補特伽羅，都無「中有」，可見轉生過程不一定非得靠「中有」的轉介不可，否則一切有情都應該要有「中有」才行。

4. 並無「有行有」、「無行有」、「上流有」

如果因「有中般涅槃補特伽羅」而說有「中有」，那麼，豈不是也應該有「生有」、「有行有」、「無行有」？這包括十二、十三兩段問答，（《論事》二，p. 63）論主針對「有中有論者」最常引以證明「中有」存在的五不還聖者中的「中般涅槃」之說，加以評破。論主認爲若因「中般涅槃補特伽羅」而說有「中有」，那麼，相對應於其他四種補特伽羅，所謂生般涅槃補特伽羅、有行般涅槃補特伽羅、無行般涅槃補特伽羅、上流般涅槃補特伽羅，也應該依次而有「生有」、「有行有」、「無行有」、「上流有」。而事實上，並無此等諸有，所以，不能只根據「中般涅槃補特伽羅」而說有「中有」。

茲將本論論證「無中有」之理由表列如下：

南傳《論事》論證「無中有」之理由
1. 三界皆無「中有」
2.「中有」不具備存有之五種條件
（1）「中有」無輪迴、無生、無自體
（2）沒有可感得「中有」之業
（3）沒有投生至「中有」之有情
（4）沒有生老死，乃至死後再生
（5）不具可見之五蘊
3. 非一切有情之轉生都必須有「中有」
4. 並無「有行有」、「無行有」、「上流有」

（三）《三彌底部論》之論證

　　《三彌底部論》卷下，（T32, p. 469, b2-p. 471, c6）「無中有論者」提出十點「中有」不能成立的理由；接著，由「有中有論者」一一加以反駁，並且提出十點必須有「中有」之理由；然後，「無中有論者」再一一加以反駁；最後，由「有中有論者」提出二個定有「中有」的理由，結束討論。綜括「無中有論者」之主張，依理證和教證二方面加以歸納如下：

1. 理證

　　「無中有論者」共提出三點定無「中有」之理由：

（1）有「中有」將墮無窮過

　　復次，無定故。若死生有處，是其中間，名為中間有者；中間有於生有處，其間復應有中間有。是故，諸部見無中間有如是。

　　　　　　　　　　　　　　　　　（T32, no. 1649, p. 469, c5-8）

　　「無中有論者」認為如果於「死有」和「生有」之間，可以安立「中有」的話，那麼，在「中有」和「生有」之間，也可以再安立「中有」，結果將可成立無窮無盡的「中有」。可見主張在死有和生有之間，有「中有」，將犯無窮過。

　　「有中有論者」則舉佛說初禪和二禪之間有「中間禪」為例，認為既然能確立「中間禪」而不會犯無窮過，那麼，於死有和生有之間安立「中有」，當然也不會有此過失。❽

（2）「中有」無任何實存之意義

　　復次，無用故。言有中陰者，此言無用。何以故？中間有處，無長短壽，病不病亦無，受苦不受苦業亦無，愛不愛色聲香味觸亦無，服飾莊嚴亦無。是故，若言有中間有者，此言無用。

（T32, no. 1649, p. 469, c8-12）

　　「無中有論者」認為「中有」無任何實質的存在意義，因為凡是具有實質意義的存在，必然有壽限、老病，會造作善不善業，對五塵境產生愛不愛等貪著心，而且有服飾莊嚴其身等等。但是，「中有」卻完全沒有上述這些特性，可見「中有」並無實存之意義。

　　「有中有論者」則指出「中有」是作為從此生歿後，轉生到下一世之用的，並非無用。❾

（3）「中有」與「生有」一異皆成過失

　　復次，同法生、不同法生故。若中間有共生一法者，是其

---

❽ 《三彌底部論》：「如佛所說，有中間禪，非是不定。如第一第二禪，是其中處，佛說有中間禪。中間禪中，佛不說更有中間禪。如是應知，中間有非不定。」（T32, no. 1649, p. 470, a24-27）

❾ 《三彌底部論》：「應到彼，故有用。用中間有故，往彼受生。是故，中間有非無用。」（T32, no. 1649, p. 470, a28-b1）

生有，非是中間有。若不同法，生成別道名，如八正道。如
是，同法、不同法成過，是故無中間有如是。

(T32, no. 1649, p. 469, c13-16)

「無中有論者」詰問所謂「中有」和「生有」二者究竟是一
或異呢？如果二者是一，那麼，死後所現起的，就是「生有」，
而非「中有」。如果二者是異，那就是各不相干的二種存在，就
像生死輪迴和解脫道的八正道不相干一樣如果「中有」和「生
有」無關則無法成立業果相續的關係。所以無論主張「中有」和
「生有」二者是一或異，都有過失。

「有中有論者」針對此說提出反駁，認為「中有」和「生
有」二者既可說是同，也可說是異。如果從二者受生之處而言，
二者屬同一界，所以可說二者是相同的。如果從二者的性質而
言，「中有」好比是通往某目的地的車乘，「生有」則是目的
地，所以二者是不相同的。因此，無論「中有」和「生有」二者
是一或異，都可以成立。❿

2. 教證

「無中有論者」共舉出七個教說，以證明實無「中有」：

(1) 佛不說「中有」之道處

道處不說故。佛語舍利弗：地獄我知，人往地獄我亦知，
可往地獄道我亦知，乃至眾生往到涅槃我亦知。佛不說我知
中間有，不說我知眾生往中間有，不說道可往中間有。

(T32, no. 1649, p. 469, b8-13)

---

❿ 《三彌底部論》：「二處生故。生中間有處、往受生處，此二處同法、不同
法。云何同法？同界故。云何不同法？乘與生處異故。是故，不可言無中間
有。」(T32, no. 1649, p. 470, b4-6)

「無中有論者」舉佛對舍利弗所說的話爲證，佛只提到地獄等五處（即五趣），以及眾生投生五處的情形，和所以流轉五處之道，乃至證入涅槃之道。佛並未提及「中有」處，以及眾生投生「中有」處的情形，和所以投生「中有」處之道等。可見並無「中有」存在。

「有中有論者」針對此說提出反駁，認爲「中有」是載運眾生到五處受生的車乘，並不等同於五處之類，所以不能因佛說五處時，沒有同時說有「中有」處，就認定無「中有」。⓫

（2）佛不曾授記生於「中有」處

> 復次，生處佛不記故。生五處佛悉記，如佛記調達應入地獄、記都提婆羅門生畜生處、記姑羅柯生餓鬼處、記給孤獨氏生天、記儴佉王生人處。如是等記，不記一人生中間有。
>
> （T32, no. 1649, p. 469, b15-18）

「無中有論者」以佛曾爲人指出五種來生的去處爲證，例如佛指出有人來生或入地獄、或生畜生處、或生餓鬼處、或生天、人等處，卻不曾說有任何人生到「中有」處，可見並無「中有」。

「有中有論者」針對此說的解釋是，「中有」只是轉生過程，並非異熟果報之實體。而五處則是眾生命根所寄，是眞實承受種種苦樂果報、造作種種善惡業之處所。佛所授記的生處，是指此眞實處所而言，所以當然不會說有人生到「中有」處。⓬

⓫ 《三彌底部論》：「不說五道處乘故，是故佛不說中間有，非是無中間有故。如從此城往彼城，不說乘應至彼處。不可以不說乘應至彼處，言無乘。中間有亦如是。」（T32, no. 1649, p. 470, a2-5）

⓬ 《三彌底部論》：「不住處故，佛不記中間有。是處眾生，命根苦樂、法非法交關勝處，是佛所記。是故，佛不記中間有。」（T32, no. 1649, p. 470, a8-10）

（3）佛不說受「中有」果報之業

　　復次，佛說業故。此業應受地獄、此業應受畜生、餓鬼、人、天五道，如是等五道生處，佛說業。中間有，佛不說業。

（T32, no. 1649, p. 469, b21-23）

　　「無中有論者」以佛分別說能感得地獄等五道果報諸業，卻不曾說感得「中有」果報之業爲證，而主張定無「中有」。

　　「有中有論者」針對此說的解釋是，「中有」由感得來生之業所成，藉以乘至受生之處。而能感得來生之業，即是受生五道之業，所以佛不必另說「中有」業。因此不應以佛未說「中有」業而否定「中有」之存在。❸

（4）佛不曾說確有「中有」

　　復次，佛說此定是實有五道故。此是地獄、畜生、餓鬼、人、天等，不說此定是中間有。

（T32, no. 1649, p. 469, b25-26）

　　「無中有論者」以佛說確實有五道，卻不說確實有「中有」爲證，而主張無「中有」。「有中有論者」針對此說的解釋是，佛說法有「應說卻不說」的情形，例如佛曾對葉波國人說：「應多有所告，而我不說。」可見，並不能因佛不曾說有「中有」，就認爲「中有」不存在。❹

（5）佛說造五逆罪者直入無間地獄

　　復次，生無間故。佛言：人造五逆罪，身壞直入無間地

---

❸　《三彌底部論》：「是人積聚造業，應受六道、生色界無色界。是其所向道，以此業成中間有，乘至受生。是故，佛不說中間有業。佛不說中間有業故，是故無中間有，不應爾。」（T32, no. 1649, p. 470, a12-15）

❹　《三彌底部論》：「應說不說故。如佛語葉波國人：應多有所告，而我不說。不可以佛不定說故，言無法可說。是故，佛不定說中間有故。是故，不可說無中間有可知。」（T32, no. 1649, p. 470, a17-20）

獄。若有中間有者，佛不應説直入無間地獄。

（T32, no. 1649, p. 469, b29-c2）

「無中有論者」以佛曾說造五逆重罪者，身壞命終直入無間地獄爲證，主張無「中有」。

「有中有論者」針對此說之解釋是，佛陀的本意是爲了遮除往生他道的可能性，目的在強調凡是造五逆重罪者，來生必墮無間地獄，而不可能轉生他道。⑮

（6）佛不曾說「中有」相

復次，不說相故。佛說有五道相，中間有相，佛不説。

（T32, no. 1649, p. 469, c17-18）

「無中有論者」以佛只說五道之相，卻不曾說「中有」之相爲證，主張定無「中有」。「有中有論者」針對此說的反駁是，如果佛明白說有「中有」的話，會產生許多歧見，爲了避免增長論諍，故不回應有無「中有」的問題。所以，不可因佛未說「中有」相，而認爲無「中有」。⑯

（7）佛說有衆生現身落無間地獄

復次，自身生故。佛説有衆生從其身落無間，一念中受生。佛説一念受生，不説中間有處可生。

（T32, no. 1649, p. 469, c20-22）

「無中有論者」以佛陀曾指出有衆生就其現生之身，直墮無間地獄，於一念中受生他處爲例，⑰主張不可說有「中有」。

---

⑮ 《三彌底部論》：「斷異道故，佛說無間。是故不可說無中間有。」（T32, no. 1649, p. 470, a22-23）

⑯ 《三彌底部論》：「多論處不應說此語。若佛說有中間有，生多論處，不應問有中間有、無中間有。是故，不可說無中間有。」（T32, no. 1649, p. 470, b8-10）又，有關此段之解釋，參考加治洋一，1987：36上。

⑰ 參見《中阿含‧降魔經》：「彼時，惡魔便於彼處，其身即墮無缺大地獄。」

　　「有中有論者」針對此說的解釋是，當看到地獄之火焚身時，事實上還未生於地獄，而是在墮地獄的過程中，出現「中有」，由「中有」才能到達受生處。此「中有」自見其身極細微柔滑，如在世無異，這是隨「中有」所具的貪愛法則，依於對其身之願求而形成的。因此，不應以此說否定「中有」之存在。 ⓳

　　茲將本論論證「無中有」之理由，表列如下：

《三彌底部論》論證「無中有」之理由

理證	教證
1. 有「中有」將墮無窮過 2.「中有」無任何實存意義 3.「中有」與「生有」一異皆成過失	1. 佛不說「中有」之道處 2. 佛不曾授記生於「中有」處 3. 佛不說受「中有」果報之業 4. 佛不曾說確有「中有」 5. 佛說造五逆重罪無間入地獄 6. 佛不曾說「中有」相 7. 佛說有眾生現身落無間地獄

四、《成實論》之論證

　　從經部流出而折衷大眾分別說系的《成實論》，（釋印順，1992：148）針對有無「中有」的問題，顯然是站在大眾分別說系「無中有」的立場，批判說一切有部等實有「中有」之主張。所

（T01, no. 26, p. 622, a17-18）

⓳ 《三彌底部論》：「未生彼故。是其身應生彼而未至生，中間有生生。從種類中落受空處中間有，自見其身細微細滑，如在地無異。彼隨愛制故，依願樂其身。是故以此語不斷中間有。」（T32, no. 1649, p. 470, b12-15）又，有關此段之解釋，參考加治洋一，1987：36下。

以，本論雖分別立〈有中陰〉和〈無中陰〉二品，但是置〈無中陰品〉於〈有中陰品〉之後，針對有「中陰」之主張一一加以駁斥，而總結實無「中陰」。因此，這裡以「無中有論者」之立場為主，將二品合併考察，並且分三方面來探討：

1. 反駁「有中有」之論證

《成實論》第二十四品〈有中陰品〉，共提出了十二點有「中陰」的理由。第二十五品〈無中陰品〉則首先針對此十二點理由，一一加以反駁而攝為十一條：

（1）異解《阿輸羅耶那經》⑲

「有中有論者」以《阿輸羅耶那經》中說父母交會時，有「香陰」到來為證，主張有「中有」。⑳「無中有論者」以同一經文加以反駁：

> 是事不然，所以者何？若是聖人不知此為是誰？從何處來？則無中陰。若有者，何故不知？
>
> （T32, no. 1646, p. 256, c3-5）

此《阿輸羅耶那經》，相當於《中阿含‧梵志阿攝惒經》，經中提到：「阿私羅復問諸仙人曰：汝等頗自知受胎耶？彼諸仙人答曰：知也！以三事等，合會受胎。父母合會、無漏堪耐、香陰已至。阿私羅！此事等會，入於母胎。阿私羅復問諸仙人曰：頗知受生為男？為女？知所從來？為從剎利族來？梵志、居士、工師族來耶？為從東方、南方、西方、北方來耶？彼諸仙人答

---

⑲ 參見《中阿含經》（一五一）〈梵志阿攝惒經〉第十（M. 93. Assalāyana.，[No. 71]）（T01, no. 26, p. 663, b25）。

⑳ 《成實論》：「《阿輸羅耶那經》中說：若父母會時，眾住隨何處來，依止其中。是故知有中陰。」（T32, no. 1646, p. 256, b14-15）

曰：不知！」（T01, p. 666, a8-15）對於同樣一段經文，「無中有論者」認為既然無法認出身分、來處，可見並無具體之「中有」存在。

（2）異解《和蹉經》

「有中有論者」以《和蹉經》中提到眾生捨此陰已，未受生之間，有以愛為因緣之身生起為證，主張有「中有」。❷「無中有論者」的反駁是：

> 是經中問異答異，是和蹉梵志所計身異神異，故如是答：中陰中有五陰。

（T32, no. 1646, p. 256, c6-8）

「無中有論者」指出，這是經典中佛陀依提問者之不同狀況，做不同回答的結果，因為和蹉梵志執著身與神異，為了對治其偏執，所以佛陀才會特別強調在未受生之間，有以愛為因緣所執取的五蘊身生起，以表示神與身不異。

（3）異解「中般涅槃」

「有中有論者」舉七善人的中般涅槃聖者為證，主張有「中有」。❷然而，「無中有論者」對此說的看法是：

> 是人於欲色界中間受身，於此中滅，故名中有滅也。所以者何？如經中說：若人死何處，去何處，在何處。是義無異。

（T32, no. 1646, p. 256, c8-11）

「無中有論者」認為所謂「中般涅槃」的意思，應是指有一類不還果聖者，是在欲界和色界之間受生，並於該處般涅槃。所以「中」是指出涅槃之所在，就像佛經中指出某人的死處、去

---

❷ 《成實論》：「《和蹉經》說：若眾生捨此陰已，未受心生身，於是中間，我說愛為因緣，是名中陰。」（T32, no. 1646, p. 256, b16-17）
❷ 《成實論》：「又七善人中，有中有滅者。」（T32, no. 1646, p. 256, b18）

處、所在處一樣，並不是說另有「中有」的存在。

（4）異解「雜受身、雜生世間」

「有中有論者」以「雜起業、雜受身、雜生世間」之經說爲證，認爲在善惡趣之外，應有「中有」存在。❸「無中有論者」對此說的反駁是：

> 汝言雜受身、雜生世間者，若言受身、言生世間，是義不異。

　　　　　　　　　　　　　　　（T32, no. 1646, p. 256, c11-12）

「無中有論者」認爲所謂「雜受身、雜生世間」，和「受身、生世間」一樣，只是加強說明所受身及所生世間，是善惡苦樂相雜而已，所以不能依此說有「中有」的存在。

（5）駁「四有」和「七有」說

「有中有論者」提出「四有」和「七有」之經證，證明實有「中有」。❹「無中有論者」直接反駁此經說有問題，因爲所安立的名相，與一向所受持者不合：

> 汝言四有七有者，是經不然，以不順法相故。

　　　　　　　　　　　　　　　（T32, no. 1646, p. 256, c12-14）

（6）異解「閻王所訶責者」

「有中有論者」以閻王訶責罪人，令墮地獄爲證，說此罪人

---

❸ 《成實論》：「又經中說：雜起業、雜受身、雜生世間。當知有中陰。」（T32, no. 1646, p. 256, b18-19）

❹ 《成實論》：「又經中說四有：本有、死有、中有、生有。又說七有：五道有、業有、中有。」（T32, no. 1646, p. 256, b19-21）四有並未見於原始經典中，七有則見於《長阿含十報法經》：「第三七法當知：七有：一爲不可有、二爲畜生有、三爲餓鬼有、四爲人有、五爲天有、六爲行有、七爲中有。」（T01, no. 13, p. 236, b14-16）

即是「中陰」。❷「無中有論者」認為閻王所訶責者,即是「生
有」,並非「中有」。

> 汝言閻王呵責者,此在生有,非中有也。

(T32, no. 1646, p. 256, c14-15)

(7)異解「佛知眾生宿命」

「有中有論者」以佛知眾生宿命為證,認為正是因為有「中
陰」,佛才能知某人生此處、某人生彼處。❷「無中有論者」則
反駁說:

> 汝言佛因中陰知宿命者,是事不然。聖智力爾,雖不相
> 續,亦能念知。

(T32, no. 1646, p. 256, c15-16)

「無中有論者」認為佛是以聖智力,而知眾生宿命的。佛雖
沒有看到某人前世今生相續生起的狀態,但還是可以依聖智力
覺察到其人的宿世因緣;所以,並不需要透過「中陰」了知眾生
宿命。

(8)異解「天眼所見」

「有中有論者」以天眼見眾生死時、生時為證,認為天眼所
見即是「中陰」身。❷「無中有論者」反駁說:

> 汝言天眼見死時生時者,欲生名生時,將死名死時,非中
> 陰也。

---

❷ 《成實論》:「閻王呵責中陰罪人,令顛倒墮。」(T32, no. 1646, p. 256, b21-
22)有關閻王訶責罪人之經典,參見《中阿含經》(T01, p. 503, c22-p. 504,
c22)、《閻羅王五天使者經》(T01, p. 828, c6- p. 829, b1)等。

❷ 《成實論》:「又,佛因中陰,知眾生宿命。謂此眾生生此處,彼眾生生彼
處。」(T32, no. 1646, p. 256, b22-23)

❷ 《成實論》:「又經中說:以天眼見諸眾生死時、生時。」(T32, no. 1646, p.
256, b23-24)

（T32, no. 1646, p. 256, c16-18）

「無中有論者」認爲天眼所見之「生時、死時」，單純就是指將生、將死之時，並不必因此而另說所見爲「中陰」身。

（9）異解「眾生爲陰所縛」

「有中有論者」以眾生爲五蘊所繫縛，故從此世間轉生至彼世間爲證，認爲由此轉至彼，爲五蘊所繫縛者，即是指「中陰」身。❷「無中有論者」反駁說：

　　汝言眾生為陰所縛，從此至彼者，示有後世，故如是説。不明有中陰也。

（T32, no. 1646, p. 256, c18-20）

「無中有論者」認爲「爲陰所縛，從此至彼」的眞正意思，只在表示凡爲五陰所繫縛者，必有來世，並不是指「中陰」身。

（10）駁「死時有微四大離去」之說

「有中有論者」更舉一般世人相信人死之際，有微細四大從壞滅的五蘊身離去爲證，而主張此微細四大即是「中陰」身。❷「無中有論者」反駁說：

　　汝言死時有微四大去者，世人所見，不可信也。此非用因。

（T32, no. 1646, p. 256, c20-21）

「無中有論者」對於死時有微細四大離去的說法，認爲乃是「世人所見，不可信」，所以不能用來證明「中有」的存在。

---

❷ 《成實論》：「眾生爲陰所縛故，從此世間，至彼世間。」（T32, no. 1646, p. 256, b24-25）

❷ 印度六派哲學中的數論派，即於可見的粗身之外，別立細身作爲輪迴主體。（木村泰賢，1978：583）另參見《金七十論》：「臨死，細身棄捨麁身。此麁身，父母所生，或鳥噉食、或復爛壞、或火所燒。癡者細身，輪轉生死。」（T54, no. 2137, p. 1255, a1-3）《成實論》：「又，世人亦信有中陰。言若人死時，有微四大從此陰去。」（T32, no. 1646, p. 256, b25-27）

（11）駁「轉生若無中陰則無法相續」說

「有中有論者」認爲如果沒有「中陰」，將造成轉世過程的中斷現象，所以一定要有「中陰」，才能確保在捨離此世的五蘊之後，到來世受生五蘊之前，還能相續不斷。❸「無中有論者」反駁說：

> 汝言若無中陰，中間應斷者。以業力故，此人生此，彼人生彼。如過去未來，雖不相續，而能憶念。是故，無有中陰。
>
> （T32, no. 1646, p. 256, c21-24）

「無中有論者」認爲，過去未來的相續，並不必依靠「中陰」，而只依靠「業力」即可聯繫，就像一個人雖已處於不同的時空中，而仍可憶念起曾發生過的事情一樣。所以，成立轉世輪迴，並不一定要有「中陰」。

2. 教證方面

《成實論》〈無中陰品〉在針對〈有中陰品〉中的論證一一加以駁斥之後，接著提出二點教證，以論證實無「中有」：

（1）佛不說有人住中陰

> 宿命智中說，知此人此間死，彼間生，不說住中陰中。
>
> （T32, no. 1646, p. 256, c24-25）

「無中有論者」提出佛以宿命智，說某人死於此，生於彼，卻不曾說有人住於「中陰」，可見並無「中陰」。

（2）佛不說有中陰報業

> 佛說三種業：現報、生報、及後報業。不說有中陰報業。
>
> （T32, no. 1646, p. 256, c25-27）

---

❸ 《成實論》：「若有中陰，則有後世。若無中陰者，捨此身已，未受後身，中間應斷。以是故知有中陰。」（T32, no. 1646, p. 256, b27-29）

「無中有論者」以佛只說三種業為證，三種業即：現世受報的「現報業」、來生受報的「生報業」，以及隔越多生受報的「後報業」。佛並未說有「中陰報業」，可見並無「中陰」。

3. 理證方面

《成實論》〈無中陰品〉所提出的理證，主要有二方面：

(1)「中有」和「生有」無法區別

針對二者無法區別的問題，「無中有論者」提出四點論證：

①中陰有觸即是生有

> 若中陰有觸，即名生有。若不能觸，是則無觸，觸無故受等亦無，如是何所有耶？

（T32, no. 1646, p. 256, c27-29）

「無中有論者」針對「中陰」的性質提出第一個問難，如果「中陰」具備六根，能緣六境，產生六識，根境識三和合而生觸的話，那麼，這已是具體的生命狀態了，應該叫作「生有」。反之，若「中陰」不能觸，便無受等種種生命存在之特質，也就不能算是一種生命狀態了。所以，如果「中陰」無觸，則「中陰」並不存在；如果有觸，就是「生有」，而不能叫作「中陰」。

②受中陰形即是受生

> 若眾生受中陰形，即名受生。如經中說：若人捨此身，受餘身者，我說名生。若不受身，則無中陰。

（T32, no. 1646, p. 256, c29-p. 257, a2）

「無中有論者」根據經說，主張當捨去此世的五蘊身，再受生另一五蘊身，即名為「生」。所以，如果說眾生死後，受生具有五蘊之中陰形，即與「生有」無異。如果未受生五蘊身，即是未生，亦無「中陰」。

③中陰有滅即名為生

　　若中陰有退，即名為生。所以者何？要先生後退故。若無
退，是則為常。

（T32, no. 1646, p. 257, a2-4）

　　「無中有論者」認爲「中陰」既然會滅，就與「生」無異，
因爲有生才會有滅。如果說「中陰」不同於「生」，那麼，無生
就無滅；如果「中陰」無滅，豈不成爲常住之「中陰」了。

④業力所生即是生有

　　若中陰從業成者，即是生有，如說業因緣生。若不從業
成，何由而有？是應速答！答曰：我以生有差別，説名中
陰，是故無如上過。是人雖中陰生，亦與生有異。能令識到
迦羅羅中，是名中陰。

（T32, no. 1646, p. 257, a4-9）

　　「無中有論者」認爲凡是由業因緣所生者，即名爲「生
有」。所以，如果「中陰」是從業因緣生，即與「生有」無異。
如果「中陰」不從業因緣生，那又從何而生呢？

　　「有中有論者」針對上述四點有關「中有」和「生有」混同
的問題，提出答辯：我方正是從「生有」的性質中，再細分出「中
陰」的，二者性質相近是正常的，所以不會有上述的過失。但二
者還是有不同，「中陰」是在此世五陰壞滅後，能令識轉生至下
一世之迦羅羅者，亦即是聯繫「死有」和「生有」之間的轉接者。

（2）業力能至，不需要「中陰」

　　難曰：以業力能至，何用分別説中陰耶？又，心無所至，
以業因緣故，從此間滅，於彼處生。又，現見心不相續生，
如人刺足，頭中覺痛。此足中識，無有因緣，至於頭中，以
近遠眾緣，和合生心。是故，不應分別計有中陰。

（T32, no. 1646, p. 257, a9-14）

　　針對「有中有論者」主張爲了接續此生來世，所以必須另立「中陰」的答辯，「無中有論者」認爲只依業力，就足以成立生死輪迴，沒有另立「中有」之必要，因爲眾生輪迴轉世的心識，是受到業力因緣的牽引，從此間滅而投生彼處。而且，心識是由遠近眾因緣和合而生，並不一定要有相續連貫的表顯色法才能生起，就像刺人足部，卻在頭部感到疼痛一樣，足部的痛覺意識，並無任何可見的表顯色法之接續，便到達了頭部。眾生之從此生彼亦然，但依業力因緣即可到達，並不需要再依靠「中陰」的媒介。

　　茲將本論論證「無中有」之理由表列如下：

《成實論》論證「無中有」之理由

1. 駁「有中有」之論證	2. 理證	3. 教證
（1）異解《阿輸羅耶那經》	（1）「中有」和「生有」無法區別：	（1）佛不說有人住中陰
（2）異解《和蹉經》	①中陰有觸即是生有	（2）佛不說有中陰報業
（3）異解「中般涅槃」	②受中陰形即是受生	
（4）異解「雜受身、雜生世間」	③中陰有滅即名為生	
（5）駁「四有」和「七有」說	④業力所生即是生有	
（6）異解「閻王所訶責者」	（2）業力能至，不需要「中陰」。	
（7）異解「佛知眾生宿命」		
（8）異解「天眼所見」		
（9）異解「眾生為陰所縛」		
（10）駁「死時有微四大離去」		
（11）駁「轉生若無中陰則無法相續」		

智慧海 60

佛教中陰身思想之源流與發展
Origin and Development of the Buddhist Idea of
Antrā-bhava (intermediate existence)

著者	釋常延
出版	法鼓文化
總監	釋果賢
總編輯	陳重光
編輯	詹忠謀
封面設計	江宏達
內頁美編	小工
地址	臺北市北投區公館路186號5樓
電話	(02)2893-4646
傳真	(02)2896-0731
網址	http://www.ddc.com.tw
E-mail	market@ddc.com.tw
讀者服務專線	(02)2896-1600
初版一刷	2016年5月
初版四刷	2023年9月
建議售價	新臺幣380元
郵撥帳號	50013371
戶名	財團法人法鼓山文教基金會—法鼓文化
北美經銷處	紐約東初禪寺
	Chan Meditation Center (New York, USA)
	Tel: (718)592-6593 E-mail:chancenter@gmail.com

法鼓文化

國家圖書館出版品預行編目資料

佛教中陰身思想之源流與發展 / 釋常延著. -- 初
版. -- 臺北市 : 法鼓文化, 2016. 05
　　面 ； 公分
　　ISBN 978-957-598-710-7（平裝）

1.佛教 2.生死觀 3.死亡

220.113　　　　　　　　　　　　105005974